吉林市龙潭区政协文史资料
乌拉历史文化研究丛书

乌拉记忆

——松阿里乌拉寻迹

龙潭区政协社会事业和文史工作委员会　编

吉林大学出版社
·长春·

图书在版编目（CIP）数据

乌拉记忆：松阿里乌拉寻迹/龙潭区政协社会事业
和文史工作委员会编.－－长春：吉林大学出版社，
2023.7

ISBN 978-7-5768-1971-7

Ⅰ.①乌… Ⅱ.①龙… Ⅲ.①松花江－流域－文化史
Ⅳ.①K293.4

中国国家版本馆CIP数据核字(2023)第144101号

书　　　名：乌拉记忆——松阿里乌拉寻迹
WULA JIYI——SONG'ALIWULA XUNJI

作　　　者：龙潭区政协社会事业和文史工作委员会
策划编辑：高珊珊
责任编辑：高珊珊
责任校对：冀　洋
装帧设计：丁庆凯
出版发行：吉林大学出版社
社　　　址：长春市人民大街4059号
邮政编码：130021
发行电话：0431-89580028/29/21
网　　　址：http://www.jlup.com.cn
电子邮箱：jldxcbs@sina.com
印　　　刷：吉林市海阔工贸有限公司
开　　　本：787mm×1092mm　　1/16
印　　　张：17.25
字　　　数：300千字
版　　　次：2023年7月　第1版
印　　　次：2023年7月　第1次
书　　　号：ISBN 978-7-5768-1971-7
定　　　价：69.00元

编 委 会

主　任：孙　璐

副主任：王少琰　商华君　朱永华　刘　伟

编　委：（以姓氏笔画为序）

　　　　丁庆凯　于化冰　朱一鹏　赵冬林　徐海霞　郭淑云

主　编：丁庆凯　李桂华

撰稿人：李桂华

编撰合作团队：吉林市龙潭区政协社会事业和文史工作委员会

　　　　　　　吉林省乌拉文化研究会

序：松阿里乌拉新画卷

高振环

李桂华曾自称是一位历史的拾荒者。

因为几千年时间风尘的淹埋，曾经的历史风景确已变得荒芜。多少人物被遮蔽了，多少故事变零碎了，多少华丽与辉煌在时光的拍抚下走形了……曾经的风采华姿，只存于卧土残碑；曾经的宫墙与歌台，今也只剩颓垣；曾经的辞赋歌吟，竟然变为轶闻。一个历史拾荒者的责任，不只是搜寻，不仅是拾取，不光是发掘，还需在搜寻中有所发现，在拾取时辨真去伪，在不断的发掘中将历史的碎片织为锦衣，补缀成章。需要识见，需要坐冷板凳的坚韧，需要对乡邦历史文化的热爱和奉献之心。

现在，这一部《乌拉记忆——松阿里乌拉寻迹》，就是一位历史的拾荒者费十数年之心力，苦苦发现，勤勤探索，不倦缝缀，从历史大荒中采撷而来，奉献给我们的一部力作，是经其整理一新的一幅有景致、有情感的历史新画卷，一段曾经模糊的历史因之变得清晰，一些将要丢失的记忆因此得以存续……

在近年关于吉林市历史文化研究的著述中，李桂华的这一部《乌拉记忆——松阿里乌拉寻迹》可称是厚重之作。说其厚重，是因她笔下的这些选题，许多是开拓性的研究，是对松阿里乌拉其名其史其间的人群溯源性探索。看看本书前两辑的内容就知道了：第一辑"追寻"，曾名"肃慎遗迹与满族源流"；第二辑"叩问"，曾名"濊貊族系往事探寻"。地域历史文化寻根，文献资料缺乏，考证发现亦不多，对于一个非专业的文史研究者来说，其难度就不言而喻了。但是，一篇篇依序读下去，我们就会发现，在对往事的探寻中，在对那些遗迹与源流的追溯里，她每每以新的发现惊异了我们的目光。

本书的第一辑"追寻"，是作者多年潜心探索的结晶，是对乌拉大地古老族群历史和族群文化的追寻。作者追溯这些史事，意在通过历史的蛛丝马迹，厘清松花江流域古民族的兴替与演变。作者以此史事为点，阐幽发微，从经济、文化、社会生活以及地理等多个方面剖分缕析，考论了肃慎氏与濊人、挹娄与夫余之间的关系，清晰展现了这些古民族的社会生活形态以及他们与当时中原各王朝的复杂关系。

在东北地域这一典型的地理空间，清代的打牲乌拉无疑是一页重要的历史断面。"……无论世事怎样更迭，这些家族的存在，也是打牲乌拉历史、文化与精神在乌拉土地上的延续。从这个意义上可以说，打牲乌拉可谓他们的前世，他们是打牲乌拉的今生。"

本辑中，《扈伦四部与乌拉那拉氏》《打牲乌拉与打牲家族》《乌拉镶蓝旗赵氏祭祖续谱仪式》《镶蓝旗武木普赵氏家族源流考》《满族瓜尔佳氏与乌拉蒙文关源流》《汉姓赵氏寻找丢失的满族老姓》《吉林他塔拉氏与魁升》等多篇作品，则是在此一空间坐标内对一个个古老家族的点状透视。

诚如作者所言，这些家族的历史，"反映的不仅是一个家族的血脉关系，不仅是一个家族与打牲乌拉的关系，还反映了打牲家族与东北的关系，乃至与中国东北开发史的关系"。"他们的生命已深深地扎根在他们生息的土地，与大地融为一体，成为这块大地历史的书写者与延续者，也是创造者和见证人。"书写这些家族的历史，也就是在书写大地的史诗。透过这些书写，乌拉厚重的历史得以被开掘，乌拉的风采与光芒得以彰显。从这一角度说，本辑这些作品的价值已无须赘言。

本书第一辑，接连的追寻，不仅自成一说，亦撬开了观察历史风景的又一重门。历史的多少谜团，正是在这样的敲打和叩问下才得以解开。这种精神，至为可贵。在《乌拉街——松花江古今民族兴替的缩影》等篇中，作者则以乌拉这个地理单元为坐标，呈辐射状透视了一个地域民族的历史演进。"河流是文明的母体，东北文明与松花江密不可分是毋庸置疑的。从不同历史时期不同族群或政权对其不同称谓以及态度，亦可见东北民族与历史的复杂性。对其复杂性的探究，从古至今，都是东北史研究中一个重要课题。这个课题，在学术界仍论争不断，对普通读者来说，诸如肃慎、濊貊、东胡等族系的含义以及民族间的关系大多一头雾水。相当多的人知道这条江满语名'松阿里乌拉'，视松花江流域为满族的发祥地，往往忽视它在东北民族漫长的历史进程中，也曾是其他族群的故乡和多民族交融的演兵场……最具代表性的历史现场，乌拉街无疑是最不可忽视的一个典型。某种意义上可以说，乌拉街，可谓松花江历史与文化的缩影。"

在第二辑中，如《"子欲居"的"九夷"之地与西团山文化》《东北民族史上最早的诗人——类利和他的夫余故国》《古之"鹿山"今之龙潭山之谜》等篇，都是在对历史的涵泳中展开一幅幅画卷。

阅读李桂华的这一部书稿时，笔者曾概括性地给每一辑做了简洁命名，第一辑名之"追寻"，是因作者在这里集束性地深度发掘了古族肃慎和乌拉家族的历史渊源；第二辑名之"叩问"，是因在这一辑里作者对西团山文化与夫余文化作出了一些前所未见的求证；第三辑名之"记录"，是因作者于此重点记录了乌拉地域最为重要的国家级非物质文化遗产，记录了龙潭山作为吉林一座名山的历史和它的文化效应。

这里，最为精彩的是第三辑，曾名"独特的文化瑰宝"，许多是以现场记录的形式，为我们存写了一项非物质文化遗产的精魂与风采。

作为国家级非遗项目的"乌拉陈汉军旗单鼓舞"，其文化源流、表现形态、传承现状，经作者的记录得以精彩呈现，经作者的挖掘而更广阔地展示了这一文化的地域空间和历史背景——"所属地域——即乌拉，所属人群——即乌拉地域的陈汉军旗人"。

最为可贵的是，这些记录，有许多是抢救性的记录。王学坛传承人张忠华在2017年病故；常学坛传承人张俊文2015年逝世……但是，因为作者的抢救性记录，这些非遗项目的神韵形态留下了，一代传承人的精神风貌也留下了，成为一段历史的珍贵截片。读张忠华对旧时乌拉的回忆，张俊文对少年时因病入坛班的经历……便愈感这些记录具有不可复制的价值：记录的是历史，也必然被历史记录。蕴藏于文字间的一片深情，其实也就

3

是作者对乡邦历史文化的感情。有情文字，当然也即赋予历史以热血的温度。看着这些记录，我们也只能因之感慨：请珍惜我们的历史，珍惜我们的文化……

20多年来，李桂华踏访了吉林地区许许多多的历史文化遗存，读书则先秦史籍以至近现代文献、当代考古无所不包，将新闻记者求真写实的职业精神，在文史研究中化育为探索、质疑、求证的严谨学术品格，是一位真正的学者。因此，在其笔下，才有对这块土地那些文化遗产的厚重记录，才有对那些深藏谱牒间的家族作跨越时空的追寻，才有对那些疑案与谜团的千年历史叩问。这些记录，必会为我们城市新时代的文化永远珍藏；这些追寻和叩问，则肯定会不断引起学界的关注，因为，它们是那样直击了历史的脉搏……

在吉林市文史研究领域，李桂华堪称是一位佼佼者。近年来，她是大型电视纪录片《发现龙潭山》的总撰稿人，出版了《乌拉陈汉军旗单鼓舞内涵探析与传承人访谈》一书，参与了我市大型历史文化丛书《经典吉林·史话卷》和《伊尔根觉罗赵氏家族史》的撰稿，并在省内外报刊发表作品近百篇，可谓成果丰硕。

这个世界，人会死，书也会死。古往今来，有多少书籍被淘汰为尘埃呢？可是，相信这一部《乌拉记忆——松阿里乌拉寻迹》是不会死的。因为，这里储存了太多的历史记忆，保留了许多的文化信息，有着关于一个城市的深厚蕴藏，是一部真正的历史与文化的"档案"。而档案的价值，就在于历久弥新。在吉林市的文化库藏中，这一部"档案"必会日渐彰显它的价值。

前　言

在喜迎党的二十大胜利召开之际，龙潭区政协主持编辑的乌拉历史文化研究系列丛书第四辑《乌拉记忆——松阿里乌拉寻迹》即将付梓印刷了。这是区政协"乌拉史话"品牌建设的又一成果，是新时代政协文史工作"两个转变"的生动实践。

习近平总书记强调："历史文化是城市的灵魂，要像爱惜自己的生命一样保护好城市历史文化遗产。"正因如此，龙潭区政协坚持把挖掘、出版优质文化史料作为政协文史工作的重要内容，遵循亲历、亲见、亲闻原则，会同多方力量，先后编撰出版乌拉历史文化研究丛书，逐步形成了"乌拉史话"这个政协文史工作品牌。通过品牌建设，着力以丰富多彩的民族民间传统文化解析乌拉历史的经脉和骨骼，留住乡愁记忆、传承文化肌理。同时，在文史资料征集、调研、协商、编辑、出版、利用的过程中，赢得了来自区党委和政府、专家学者、民俗文化爱好者等各方面的政治认同、思想认同、理论认同和情感认同，在凝聚共识中扩大了政协文史工作的朋友圈，推动政协文史工作不断地实起来、动起来。

乌拉街是满族发祥地之一、著名的满族乡镇，是松花江（即松阿里乌拉）的江畔明珠，众多的遗迹犹如一部精彩的地书，刻画着几千年来松花江流域重要的历史过程，值得追寻和记录。《乌拉记忆——松阿里乌拉寻迹》凝结了撰稿人李桂华20多年对松花江历史的文化研究成果，既有口述体例纪实内容，又有学术性理论研究，字里行间中流淌着她对乌拉文化的挚爱和对松花江的情愫，呈现出丰满的"乌拉记忆"，具有"补档案之缺、辅史学之证"的积极意义。

吉林市素有"先有乌拉，后有吉林""乌拉先建城，吉林后建城；

乌拉先统辖吉林，吉林后统辖乌拉"之说。龙潭区乌拉街满族镇因重要的历史沿革、众多历史名人和独特的北方渔猎文化民俗使其卓尔不群，应成为吉林市特色小镇建设的领头羊。笔者深信，在区委、区政府的重视支持下，在编撰合作团队、民俗专家学者的共同努力下，乌拉文化的魅力在《乌拉记忆——松阿里乌拉寻迹》中会犹如蜿蜒奔腾的松花江水，将蕴染乌拉街特色小镇建设的底色。区政协文史工作也将进一步提高文化品格和文化活力，讲好"乌拉史话"，助推龙潭区全域旅游事业发展、实现乡村振兴目标。

编　者

2022年9月28日

目 录 **CONTENTS**

第二辑　叩问

乌拉记忆——松阿里乌拉寻迹

第三辑　记录

目　录

第一辑　追寻

　　乌拉大地，最丰富的篇章，是以水名部的乌拉国和继其后的打牲乌拉的历史。乌拉国民以及打牲家族，是乌拉历史最鲜活的细节，是现代满族历史的缩影。

乌拉街——松花江古今民族交替的历史缩影

松花江，东北最重要的母亲河。它以长白山天池为正源源头，其干流独特的走向——东南、西北流转西南、东北流入黑龙江，流经地域生活其间的不同历史人群，曾赋予它不同的名字。从辽朝开始，将这条大水从源头直到入海，统称为"混同江"。直到东北最古老的族群——肃慎氏后裔建立的清朝统驭时期，始终视松花江为东北亚最大河流，认为黑龙江、乌苏里江等均为其支流。从这个意义上，今天视为第六大水系的松花江，在古代中华版图为第四大水系。清末至日伪时期，随着列强对东北的殖民侵略，松花江干流的上游段与中下游段曾被称为"第二松花江"与"第一松花江"。这种有着殖民色彩的称谓，在中华人民共和国成立后，几经明文公布已废止，学术界多以"西流松花江"或"北流松花江"与"东流松花江"别称上游与下游。上游松花江即西流松花江或"北流松花江"流经范围，主要在吉林省吉长地区。

河流是文明的母体，东北文明与松花江密不可分是毋庸置疑的。从不同历史时期不同族群或政权对其不同称谓以及态度，亦可见东北民族与历史的复杂性。对其复杂性的探究，从古至今，都是东北史研究中一个重要课题。这个课题，在学术界仍论争不断，对普通读者来说，诸如肃慎、濊貊、东胡等族系的含义以及民族间的关系大多一头雾水。相当多的人知道这条江满语名"松阿里乌拉"，视松花江流域为满族的发祥地，往往忽视它在东北民族漫长的历史进程中，也曾是其他族群的故乡和多民族交融的演兵场。

任何一条伟大河流涵养的民族与创造的历史从来不是单一的，松花江亦不例外。它独特的地理位置与特别的自然流向，亦是东北民族史倍显独特与复杂的一个重要前提。立足其最具代表性的某一历史现场，追溯其在不同历史时期可能有的真实面貌，无疑是认识松花江的捷径。

最具代表性的历史现场，乌拉街无疑是最不可忽视的一个典型。某种意义上可以说，乌拉街，可谓松花江历史与文化的缩影。因此，乌拉街即乌拉街满族镇，在2008年获得"中国历史文化名镇"荣名，2017年国家住建部公示全国第二批特色小镇，乌拉街又位列其中。

在此背景下，五十年前从乌拉街起步的文化学者尹郁山先生，集他对乌拉街数十年关注与研究的全部心血，所著《中国历史文化名镇——乌拉街》（以下简称《乌拉街》），2018年由吉林人民出版社出版。2018年9月15日，由吉林省松花江研究会主办、吉林市瀚拓咨询有限责任公司与吉林市虹翔小白山酒业有限公司承办的《中国历史文化名镇——乌拉街》研讨会在吉林市举行。与会的吉林省社会科学院民族所、北华大学历史学院、吉林市文物管理处、吉林市满族联谊会、吉林省松花江文化研究会文史专委会等单位与团体的专家学者，以尹郁山先生这本新著为对象，围绕"中国历史文化名镇乌拉街"所承载的"乌拉文化"应有的内涵与外延展开深入研讨。

乌拉街，作为中国历史文化名镇，长期以来，它的存在本身，不仅是乌拉街人，也是吉林省包括吉林市太多人心中分量很重的情结。然而，人们对乌拉街似乎无比熟悉，实则并不真正了解，甚至存在很多认识误区。比如原本作为乌拉文化一部分的"满族文化"，在很多人心目中，几于乌拉全部的历史文化，进而使松花江养育的丰饶的乌拉大地太多不该忽视的内涵成为盲点。

"乌拉"，以源于明时海西女真乌拉部在此建立"乌拉国"部城而闻名。其后，乌拉一名所涵盖的地理范围不同时期亦有变化，内涵也不同。今以"乌拉街满族镇"所辖28个街（村）66个自然屯、188平方千米范围，认识松花江历史文化之一斑。

据尹郁山先生《乌拉街》盘点，乌拉街已发现的古遗址（含墓葬地、窑址）计10处，其中被列入"国保"单位的1处；古城址（含烽燧址）计6处，其中被列入"国保"单位的4处；古建筑址（含寺庙址）计5处，被列入"国保"单位的4处……

乌拉街的西团山文化与夫余文化　参照中国历史纪年，相当于三千多年前商末周初时期，吉林松花江的历史，开启了一个全新的篇章——青铜器时代。松花江流域的青铜器时代，以著名考古学文化——西团山文化为代表，在吉林松花江流域延续千年，至西汉初年，作为夫余文化的母体，开启了东北文明的一个伟大篇章。西团山文化与夫余文化前后相续，长达一千五百余年，是远古松花江流域历史的核心，也是东北历史最不可忽视的章节。这一时期的今乌拉街范围，得天独厚的地理形胜，亦是西团山文化与夫余文化主人青睐的家园。他们在这一范围留下的遗迹，也是西团山文化与夫余文化的典型代表，是西团山文化与夫余文化考古与研究的重要内容。

《乌拉街》称"濊人第一村"的"前阿拉南山"遗址，是乌拉街首次发现的一处西团山文化遗址。此遗址位于乌拉街镇中心东北7.5千米，为半山区，"与张老、学古两村山岗呈节毗一脉关系。站在山头上，整个乌拉街尽收眼底"；《乌拉街》称"濊人第二村"的"学古老山头"遗址，位于学古村，西距乌拉街镇中心4千米。学古老山头下，松花江支岔张老河在此北折，山头海拔170米，高出河面30米，"站在山头上，整个乌拉街尽收眼底"。此处遗址是西团山文化与夫余文化重要发现之一，学术简报刊发于《考古》杂志1981年第六期。其文化内涵有两种，分上层与下层，均为屯落址，下层文化主人是濊人，上层文化主人是夫余人。上下两层的叠压关系——同一人群在同一地点的不同时期前后相续遗迹，是西团山文化与夫余文化同源关系的重要证明。位于学古村的另一遗址"学古河南夫余武官坟"，所出铜器与铁器，是夫余历史的重要佐证。其中铜釜（俗称"军用吊锅"），是墓主人武将身份的证明，铜镜是所处历史时期断代的依据。该铜镜史称"昭明镜"，流行于汉武帝在位期间（公元前141年至公元前87年）。此外距乌拉街镇东北6.5千米的大郑村康屯砖厂遗址，虽破坏严重，考古工作者从中识别出上下两层文化——下层是濊人、上层是夫余人留下的，也是处于不同时期的两种文化前后相续的显现。

生息于东北大地的古代民族，依源流不同，学界将其分为三大族系（除汉族外）：肃慎族系、濊貊族系与东胡族系。三大族系的历史与中华历史并行，在漫长的历史时期，三大族系彼此对峙、融合，共同书写着东北大地的历史，且与中华历史密不可分。互相消长中，不断为中华历史注入活力。其中的东胡族系的鲜卑、契丹、蒙古与肃慎族系的女真与满族，一次次带着自己有生力量融入中原，进而成为中华历史主人，分别开启过中华历史新纪元。三大族系中，西团山文化与夫余文化主人——濊貊人，是三大族系最早建立民族政权、开启东北文明时代的族群，也是推动其他族系文明进程以及发展壮大的重要力量。这个族系以西团山文化与夫余文化为代表，在吉林松花江流域、长白山地区以及松嫩平原，作为文化主人长达1500余年。

当肃慎族系后裔——勿吉人开始进入濊貊故地直至成为松花江流域的新主人，濊貊族系在松花江流域曾创造的一切也随时代变迁不断被湮没。随着现代考古学兴起，西团山文化被发现以后，在不短的时间里，仍有许多考古专家与学者将其视为肃慎族系的文化。

乌拉街杨屯村一处名之为"大海猛"①的遗址，可谓两个族系兴废交替的缩影。

杨屯村南距乌拉街镇中心4.5千米，南与旧街村毗邻，遗址跨杨屯与旧街两村。此处为考古界最为关注因而也最为有名的遗址，被称为"东北地书"。《乌拉街》一书写道：其特殊性，"莫过于在1.6米的厚土里，蕴藏着濊人、夫余人、靺鞨人、清代人四个不同历史时期的文化。前两种文化是屯落，后两种文化是墓葬……出土文物数千件，时空跨度长达一千一二百年。这无疑是东北大地上的一个历史奇迹"。该遗址自1971年被发现后，省市县考古工作者历经多次发掘，尹郁山先生是发掘者之一。其下层文化层中，除发现西团山文化主人濊人的屯落与墓葬，在一个陶罐内，还发现食用炭化物。经中国农业科学院碳十四测定，炭化物为稷和沫

---

① 大海猛遗址由中华人民共和国国务院2019年10月16日公布为"全国重点文物保护单位"。

石豆，距今两千四五百年。沭石豆是大豆的祖先，又称菽。《三国志》等史料记载，夫余"土宜五谷"，稷与大豆分别为五谷之一。这一发现，证明早在西团山文化时期，豆与谷已是生息于松花江流域的古濊人的食物，为全国性重大发现，载入《中国农业志》。该遗址中层文化层，考古发现为是与西团山文化相承的夫余文化。

在夫余文化层之上，为靺鞨人墓葬。今为吉林市镇馆之宝的"双人驭马"铜饰，出于这一文化层。这一文化层的墓葬特点以及遗物，证明文化主人已经变更为肃慎族系致使夫余国灭国的"勿吉"后裔粟末靺鞨。所出"开元通宝"铜钱，流行时间在公元713年至公元741年之间，可为断代依据。"依粟末水以居"的粟末部，为后来建立渤海国（698—926年）的主体族群，吉林地区松花江流域，包括乌拉街，为渤海国独奏州"涑州"所辖。从此松花江见于正史的名字叫"粟末水"或"涑沫水"。有学者推测，粟末水为"濊貊水"的音转。

肃慎族系与乌拉满族　公元494年夫余国为肃慎族系的"勿吉所逐"，696年高句丽为唐朝所灭以后，在吉林松花江流域生息1500余年的濊貊族系退出历史舞台，东北大地包括松花江流域，成为肃慎族系与东胡族系对峙、消长的现场。肃慎族系的粟末靺鞨建立的渤海国，为东胡族系契丹建立的大辽所灭，契丹统治者将渤海遗民迁往松花江以西及辽东，加速汉化和契丹化。当时生活在松花江东岸的人群，据《乌拉街》所述，"一次性被令迁到今辽宁省金县、复县、盖县和岫岩等地……在考古学文化中，大江东岸没有辽女真人文化遗存"。

距乌拉街镇中心6千米的"张老瓦块地遗址"，为辽女真人迁走前的孤村。其后肃慎系的黑水女真人南下进入空虚的松花江流域，起兵灭辽建立大金后，满族先世女真人开始成为松花江流域真正的主人。这一时期，在乌拉街境内，有亮屯后岗子、大常锡兰城、腰三家子老城、旧站屯北金兵墓地、富尔大城子、侯屯金代砖瓦窑等许多金代遗迹。明时，乌拉街为海西女真乌拉部都城所在。

后金时期，后金政权以女真人为主体融合各族建立满洲共同体，空前整合东北大地数千年来众多族群的纷争与对峙，建立八旗体制，编旗入户，聚合各族，入主中原——奉肃慎氏为最远祖先的满族统治者，带着东北祖居地的有生力量，成为中华历史上最后一个封建王朝的主角。

满族入主中原后，总体而言，松花江流域以及长白山地区均可称为满族故乡与发祥地。清王朝在乌拉街设立打牲乌拉总管衙门，作为王朝生活的后院，几与清王朝历史相始终。清亡以后的百年来，东北包括松花江流域的民族成分也彻底打破，最具代表性的满族文化也迅速走向消亡。在全球文化高度一体化的当代，乌拉满族是相对例外。

今天的乌拉满族，大多为打牲家族后裔。清王朝的历史虽已远去，他们仍生生不息地存在着，也是乌拉街能够成为满族镇的重要原因。乌拉街就像松花江流域乃至东北文化的标本，它承载并延续的许多文化，被视为活化石，受到社会各界关注，是学术研究的重要对象。特别是它最鲜活的历史，仍在所属村屯和具体家族中延续。

在《乌拉街》中，尹郁山先生概括为"村村有史，家家有话"——"乌拉街共有66个自然屯。早期的为明屯，中期的为清屯，晚期的为民国年间屯。凡明屯都是当年乌拉部的人，因部灭而降归，为避家难潜居在松花江支流（张老河）密林之中的流亡者、难民。凡清屯又都是当年为了打牲朝贡从另地命迁而来后，编入旗佐，指令定居，便于存放采珠、捕鱼船只的旗人。唯有民国时期立屯者，一类是闯关东的民人，一类是由朝鲜半岛直接或间接迁来的游民。相对而言，明屯之人才是土著者。"

其下择取几个村屯和其中的姓氏与家族，可见乌拉满族成分之一斑。

富尔村 由前富尔、后富尔两屯组成，村名源出一座金代松花江防线上的重要军事城"富尔哈城"。该城明代时为乌拉部沿用，乌拉部被灭后，富尔哈城被废。今富尔两屯，虽没有建在古城内，但还是以该城之名命名。

地名，是写在大地上的历史。富尔村两屯的名字由来，也是其更久远历史的见证。"富尔哈"先出女真语，汉译为"白杨"，满语汉译为"杨"。"富尔"为省称，已失去其意。富尔村村名的来历，也是乌拉街及清代打牲乌拉总管衙门所辖松花江两岸村屯满族历史的缩影。

首先该村赵氏家族，本姓呼伦觉罗氏，属于明代海西女真辉发部人。顺治初年因打牲乌拉采贡需要，被拨迁乌拉，编入打牲八旗镶蓝旗，卜居南蓝旗屯（今金珠乡南兰村），稍后一支移居富尔屯，奉武木普（又写乌穆普）为始迁祖。

石氏家族，本姓石克特里氏，出自海西女真辉发部，始祖吉巴库原为内务府太仆寺总珠轩达，年迈休职，带跟班人及家属（共五户）投到乌拉，均以"石"为姓，编入佛满洲正黄旗，后分别拨居五屯，富尔为其之一。

李氏家族，本系汉人，祖籍地为河北保定府定兴县李哥庄，自称"唐宗门第"，受清顺治十四年（1657年）"北闱科场案"牵连，流放宁古塔。顺治十七年（1660年），始迁祖李世美、李世恭兄弟二人奉命迁往打牲乌拉，令居富尔，以种地为务。三世祖时被编入打牲乌拉新汉军正红旗。

弓通村　原名"弓箭通"或"弓匠通"，因打牲乌拉任弓匠之职的张氏家族落户于此而得名。张氏本系汉人，祖籍地在山东登州府莱阳县，始祖张德耀明时采挖参枝来到辽东，加入后金，随努尔哈赤迁往辽阳城，再迁沈阳城，隶属盛京内务府，入满洲镶黄旗籍。顺治八年（1651年），三世祖奉旨携五子迁往乌拉，任弓匠，卜居弓通。今弓通张氏占该村人口的百分之八十以上。国家级非物质文化遗产"乌拉陈汉军旗单鼓舞"国家级传承人张洪年出自这个家族。

该村赵氏，本姓乌拉那拉氏，后因故改姓伊尔根觉罗氏，为海西女真乌拉部主那拉氏第十世中的一支，为打牲乌拉佛满洲正白旗。赵氏在弓通村今只有一户。

大郑村　由大郑、康屯、侯屯三个自然屯组成，以占山户郑氏家族而得名。郑氏家族原系汉人，祖籍地在山东登州府莱阳县，顺治二年（1645年）由山东迁入乌拉，后编入新汉军镶黄旗，居大郑屯。本族另一居地（位于大口钦满族镇前团村）名小郑屯，与大郑相对而称。

康氏家族原系汉人，祖籍地在山东登州府莱阳县康家庄，顺治二年迁往乌拉，卜居康屯，成为占山户，后编入新汉军镶黄旗。

侯氏家族原亦系汉人，祖籍地在山东登州府莱阳县，明时因驻防来到辽阳城，后金时归降努尔哈赤，编入满洲八旗，成为"陈汉军"人。顺治八年迁入乌拉城，居康屯，编入汉军八旗镶蓝旗籍……

2018年10月

扈伦四部与乌拉那拉氏

今吉林人对"先有乌拉，后有吉林"的说法，已成共识。此俗语中的乌拉，指清代乌拉城，亦指明代乌拉部城。清代乌拉城，作为直属清廷内务府的打牲乌拉总管衙门所在，是以明代乌拉国都城为基础兴建的。

明代东北女真依地域与族群不同，分三部分，即建州女真、海西女真、野人女真。出于建州女真的努尔哈赤，统一女真各部，建立金（史称后金），皇太极时改女真为满洲，终结了女真作为族称的历史。

海西女真史上又称"扈伦四部"，即乌拉、哈达、叶赫、辉发。四部均以"扈伦"为国名，以"那拉（或纳喇）氏"为国姓，史上以乌拉那拉氏、哈达那拉氏、叶赫那拉氏、辉发那拉氏相区别。

清王朝终结了扈伦四部包括乌拉国的历史，但四部国民及其诸那拉氏的历史没有消亡，就像建州女真兼并海西女真，如两河相汇，进入满洲（今称满族）共同体。从此海西女真即扈伦四部诸那拉氏，成为清王朝问鼎中原的重要力量，与爱新觉罗氏彼此不绝的血脉姻亲关系，对清王朝的历史也产生不容忽视的影响。直到今天，乌拉美女嫁入清宫，仍是吉林人常说常新的佳话。

乌拉、哈达、叶赫、辉发四部与"扈伦"是什么关系，扈伦的含义是什么，各部部主为何均尊"那拉"为姓氏，甚至不惜放弃本姓改姓那拉？

扈伦国（族）与满洲国（族）　关于扈伦国，至今是中国东北民族史上的一个难解的谜题。如果说东北民族史曾经存在过一个叫"扈伦国"的部国或族群，史籍中又难觅其确切的踪迹；如果说不曾存在过一个扈伦国（或族），深有影响的明代海西女真何以又有"扈伦四部"之名？

笔者2010年有机缘参加乌拉满族赵姓武木普后裔仲支的祭祖与续谱典仪，开始接触这个有着深厚传统的满族大家族。从其族谱记载可知，这个家族出于扈伦四部之辉发部，本姓呼伦（扈伦）觉罗，笔者开始对满族姓氏源流的追寻，同时亦留意有关扈伦国的蛛丝马迹。虽然至今仍未找到充分证据，但可以合理猜想。

在富饶辽阔的东北大地，古往今来有许多族群在此繁衍生息，创造了这块土地独有的历史与文化。因来源不同，史学界普遍认同将之划分为四大族系——肃慎族系、东胡族系、濊貊族系和汉族系。

四大族系中的肃慎，即肃慎—挹娄—勿吉—靺鞨（渤海）—女真—满族族系，堪称东北最为古老、历史最为悠久的族群，且是各大族系中最早与中原王朝建立职贡关系而被记入中国史籍，远在帝舜时代，就留下以"楛矢石砮"入贡中原的记载。周朝时，肃慎氏的这一贡物，是周王为彰显"令德"，将之分配给异姓诸侯王使之"无忘服"的标志物。孔子周游列国时到了陈国，在陈王的府库里还见到过"肃慎氏之矢"。这个族系树大根深，自然不断分支，并与他族融合。肃慎族系这棵大树，在数千年的时间里，一是因巨大纷繁，一是因历时久远，在中国历史中的存在，不容置疑又面目不清。有意谓的是，中国政治舞台不断更换主角，每一个王朝，都认识肃慎氏这一贡物，而对进献这一贡物的人（族群），却总是语焉不详。但是，在肃慎族系内，虽然族部众多，但所奉共祖，各自一定都是清楚的，就像乌拉赵氏家族，从清初开始以武木普为始祖析分三大支，各支尊武木普为共祖，又各尊自己的二世祖为分支始祖。直到300余年后的今天，各支不论分居异地还是混住一村，都不会弄错自己所属的支系。

至隋唐时，肃慎后裔被称为"靺鞨"，后来又被称为"女真"，以两大支系显著于史——一为粟末靺鞨，一为黑水靺鞨。这两大支系，一以建立"海东盛国"的渤海国而显著于世，一以建立大金和大清而成为中国正史的主角。

大金国的建立，就是以女真完颜部联合女真诸部反抗辽王朝为开端，开创了肃慎族系成为中原主人并以北京为都城的先例。完颜部的崛起，使世界不能再忽视这个源远流长的民族，他们突然绽放的强烈光芒，使许许多多女真部（国）失色，甚至使许多女真部（国）可能丰富的历史在史籍中仍然空白，其中包括扈伦国与满洲国，或者说扈伦族与满洲族。有学者认为，满洲，就是肃慎的女真语音转——这也是皇太极统一女真各部后，颁布改族称为"满洲"的原因，是女真各部族都能接受与认同的称谓。

扈伦与满洲，曾经应该是与完颜部并列的女真部落，完颜部崛起建立大金后，像其他女真部落一样，成为完颜部属。扈伦族或扈伦国的历史，史中没有明确记载，但作为一个历经悠久岁月和生生不息血脉传承的族群，无论生命还是精神的基因均不会轻易泯灭，总会有其传递方式。扈伦族不容泯灭的存在信息，以生命和记载生命的族谱，确凿可信地传递下来。

乌拉那拉氏本姓与扈伦四部　源于远古肃慎的东北满族，其姓氏，是现实血缘关系的纽带与标识，往往也是其祖先来源的历史标记。清朝定鼎中原以后，虽然汉化程度不断加深，致使满汉姓氏难以区分，但于雍正、乾隆时期即倡行的祭祖续谱习俗，使许多家族姓氏及历史，在家谱中得以保存，而今作为宝贵的人类非物质文化遗产，成为补历史之阙的难得而可信资料。乌拉国被灭后，其国族乌拉那拉氏，在清代仍然是备受关注的显赫家族。《八旗满洲氏族通谱》对这个家族的来历记载较详，于民国年间由吉林三杰之徐鼐霖主修的《永吉县志》，不仅将这个家族放在"氏族表"之首位，并将一世祖至十九世的世系表载录其上。

始于雍正十三年（1735年）、竣于乾隆九年（1744年）的《八旗满洲氏族通谱》对乌拉部的记载如下：

乌喇地方纳喇氏：乌喇，本国名，初名扈伦。其始祖名纳齐布禄。独处辉发、乌喇两界之启尔撒河源。有闻其墨尔根名。自虎密雅拉库河来访者。纳齐布禄留之为弟。名之曰德叶库。居无几，德叶库别去。其传说声誉。蒙古可汗闻之，令兵百人往访，欲迎归，以女妻之，锡之户口产畜。纳齐布禄诳云，携父母偕往。遂登高峰不下。蒙古兵衣甲趋上。纳齐布禄射之。矢无虚发，兵不能上。问其姓，随口应之曰纳喇氏。遂相传纳喇氏云。蒙古兵退。避居乌拉河滨。乌拉居人，讶上流有羽毛逐流而下，使二十人往视焉。纳齐布禄赠以所猎获禽兽皮肉羽毛。二十人归白其众众迎归，奉为部主。纳齐布禄纳一女子，生商坚多尔和齐，继为乌拉部主。商坚多尔和齐卒，子嘉穆喀硕朱古继。嘉穆喀硕朱古卒，子都尔希继。都尔希卒，子古对珠颜继。古对珠颜卒，子太兰继。太兰卒，子布颜继，尽服乌拉诸部。筑城于乌喇河岸洪尼地方，自称为贝勒。布颜卒，子布干继，布干卒，子满泰继。太祖高皇帝纳其女为大妃。满泰卒，弟布瞻泰继，以公主降焉。嘉木喀硕朱古第四子绥屯生克习纳都督，克习纳生辙辙木，辙辙木生万。万别为哈达部主。又一支因移伊罕山，遂别为伊拉理氏。

此记载可知，乌拉国初名扈伦，以国为姓，至始祖纳齐布禄，值元朝时，在蒙古兵的逼迫下，随口应之"纳喇氏"而隐瞒了自己的本姓，传至六世时析分出乌拉、哈达，即乌拉与哈达部主均为纳齐布禄后裔。

《永吉县志》对那拉氏始祖来历记载比《八旗满州氏族通谱》记载较略，在"遂相传纳喇氏云"之后，"九传至布瞻泰，与九部相联，以抗满洲兵，兵败被擒，后虽释归，终奔叶赫，乌喇以亡。满洲对于诸部，本以招怀为主。故纳喇氏亡国，后裔多为满清佐命立功之臣，显在朝野。八旗通谱断自归清以后。兹为探本溯源，通其世系，列为一表，以见纳喇氏族之盛焉"，可与《八旗满州氏族通谱》互补。

《八旗满州氏族通谱》关于哈达地方那拉氏，记载如下：

哈达部主万，系乌喇贝勒纳齐布禄之六世孙，其国原名扈伦，后建国于哈达地方，因名为哈达纳喇。万之祖克习纳都督，为族人巴代达尔汉所害，万奔席北部相近之绥哈城居焉。其叔旺济外兰……其子博尔坤舍进，诛叛者以报父仇。又至绥哈城迎兄万归，仍奉为部主。万于是攻近抚远，国势遂盛……

乌拉那拉氏与哈达那拉氏在明代析分并各自建有部国，不仅有国时均尊纳齐布禄为始祖，乌拉国与哈达国被灭后，以赵、那、伊等为姓，族谱仍以纳齐布禄为老祖。

当今对那拉氏研究中，最受关注的是那拉氏后人传续下来的谱序。除以上相似内容外，关于这个家族始祖来历和扈伦一族缘起的信息更值得重视。

1657年本的《那谱》谱序，有这样的记载："乌拉地方纳喇姓，先世居住于长白山，赋国十二世，老祖讳纳齐布禄，移居混同江西、扈尔奇山以东克尔萨河源处，独自居焉……"

乌拉街弓通赵氏1914年由满文汉译的谱序这样记载："始祖大妈发倭罗逊姓氏，锡伯起东夷，发祥莫勒根，巴压那拉氏纳齐布禄，伊父母祖居锡伯……"留下了纳齐布禄原本姓"倭罗逊"的记载。倭罗逊即"忽刺温"蒙古语音转，即扈伦的来历。

以水名族或以族名水，是古代东北民族的特点。忽刺温江即今从哈尔滨北入松花江的呼兰河。这条河因萧红和她的《呼兰河传》而被人们熟知，但这条河以及发祥于此的一个族群的历史，已为时间淹没了。

许多学者认为，呼兰河是乌拉那拉氏始祖纳齐布禄先世扈伦族的发祥地。

扈伦国（族）以河为族名，还是河以族而得名，有待考证。从《那谱》记载，至乌拉始祖纳齐布禄时，扈伦国已传十二世。从时间上推算，纳齐布禄当为元末明初人，活动时间在14世纪中叶，上推十二世，以300年计，为11世纪中叶，时间上限当早于完颜阿骨打起兵反辽之前，大金时成为完颜氏属部。金为元灭后，扈伦国亦分散，离开呼兰河流域，国族迁徙到松花江上游包括辉发河一带，因故开始改姓那拉氏。

那拉（那刺、纳喇、纳兰），大金时期即有此姓氏，是金朝九十九姓之一，汉姓冠高姓和康姓。纳齐布禄在特定情况下虽随口"应之曰纳喇氏"，其后裔及扈伦国民均知此那拉氏与彼那拉氏即非同祖亦非同宗，属于扈伦那拉氏。今乌拉满族七关八赵中，罗关本姓即呼伦瓜尔佳，南兰武木普赵氏本姓呼伦（扈伦）觉罗。那拉氏因成为扈伦国姓，而掩盖原本的那拉氏而显著于世，其所冠汉姓亦有别，扈伦那拉氏不以高、康冠之，多冠以赵、那、伊等姓。

叶赫、辉发国族本不姓那拉氏　扈伦四部叶赫与辉发国（部）族原本不姓那拉，来源不同，且各有本姓。《八旗满洲氏族通谱》对叶赫那拉氏的记载如下：

叶赫地方纳喇氏：

先有蒙古人星根达尔汉者。原姓土默特。初灭扈伦国所居张地之纳喇姓部。据其地因姓纳喇氏。后迁于叶赫河岸遂号叶赫国……

此记载可知，叶赫国族，原姓土默特，为蒙古人，始祖为星根达尔汉。

灭扈伦国居住在张地的那拉氏，取代那拉氏统治张地的扈伦国民。之所以改姓那拉氏，自然是为便于统治，或者说，张地的扈伦人只认那拉氏。

《八旗满洲氏族通谱》对辉发部的记载如下：

辉发本国名。原姓益克特里。系黑龙江尼马察部人。其始祖昂古里、星古里，自黑龙江载木主迁于扎鲁居焉。因住居张地方之扈伦人噶扬噶土墨图，姓纳喇氏，遂附其姓，宰七牛祭天，改姓纳喇。星古力生子二，长曰留臣、次曰备臣……备臣五世孙王机砮降服辉发诸部，于辉发河边扈尔奇山筑城居之，因名辉发国贝勒。

此记载辉发国族，原为尼马察部人，属东海野人女真，本姓益克特里。从黑龙江迁到扈伦人居住的地方，与其地的那拉氏行祭天之礼，而改附其姓。

在东北民族史上，一个族姓进入另一族群，为求得更好的生存条件与地位，改附所入族群显姓并不鲜见。大金始祖函普从高丽来到安楚虎水完颜部居地，化解了完颜部与邻部的一场交恶争斗，为完颜部接纳，并娶完颜老女，随其部姓，被推举为完颜部主，七传至完颜阿骨打。阿骨打就是以完颜部为基础，建立大金国，使完颜成为大金国姓。叶赫、辉发与此相似，在国姓那拉的扈伦人中，改附那拉，以扈伦族群为基础，分别建立起以那拉为国姓的叶赫国（部）与辉发国（部）。

后记：扈伦又写作霍伦、呼笼、呼兰，女真语意为烟囱。扈伦国的历史消失在历史变迁中，但是其曾经的存在，不仅在乌拉那拉氏、呼伦觉罗、罗关瓜尔佳等满族家族史中有迹可循，直到今天，仍有不止一条以呼兰河为名的河流可证。除了流经黑龙江省萧红故乡、位于松花江中游左岸、属于扈伦族发祥地的呼兰河，在吉林地区，从东南到西北贯穿舒兰全境汇入拉林河的一条河流也叫呼兰河，其所流经的河谷，清代为打牲乌拉重要的采贡地，名"霍伦川"；今流经磐石境内的饮马河上源，亦名"呼兰河"，这条河流经的小镇，名"呼兰镇"……这些河流与地名，或可是扈伦人留在大地上的历史踪迹。

2016年

乌拉古城最隐秘的一段秘史与赵氏家族来源

2020年夏，满族说部国家级代表性传承人赵东升先生，在九台区松江村锦州屯赵家大院，为族人讲述了一段家族秘史——也是有关乌拉古城和乌拉那拉氏的秘史。家族十大支中的八大支均有代表参加，讲述的主要内容是乌拉那拉氏沉埋三百多年的往事——洪匡失国和后裔赵氏十大支的由来。

这件事在清史中被有意抹去，却为赵氏族人以生生不息的血脉秘传下来。直到20世纪80年代，这段秘史的神秘面纱才开始被揭开，一度成为满族研究以及明代海西女真研究的重大发现。

这是一段隐秘而又充满悲情的历史，被有意忘记却终没有被湮灭。今已89岁高龄的赵东升先生，作为那段历史主人公的后人和秘史传承者，以巨大的责任感与使命感，竭数十年心血与精力，依据家族秘传、家谱、家族档册、谱序，寻访各地那拉氏，结合史料研究，著成《扈伦传奇》与《乌拉秘史》两部作品，成为吉林省国家级非物质文化遗产项目《满族口头遗产传统说部丛书》代表作项目，赵东升先生亦因之成为继傅英仁与富育光之后这一非物质文化遗产第三位也是当今唯一健在的国家级代表性传承人。

松花江畔的锦州屯与乌拉国那拉氏后裔赵氏家族　笔者闻知赵东升先生讲述家族史的消息，专程前往赵氏家族祖居地长春市九台区莽卡乡松江村锦州屯。按现在的行政区划，这个村庄虽已不属吉林市，但无论从地理、历史、血源还是文化，与乌拉街都是一衣带水，血脉相连的。

从乌拉古城顺松花江干流北行，约五六千米，江流为一小山——哈达砬子所阻，转东西走向。小山踞于松花江北岸，山顶有一古城，与乌拉国都城——今乌拉古城隔松花江南北相望。山下有一村庄，本名"锦州"

（或"小锦州"），1962年正式改名"松江村"，"锦州"属该村一屯，为松江村村委会驻地。据传，此处原称"金州城"，"金""锦"音相近，渐渐讹变为"锦州"。查《九台县文物志》"古城址"一节，记载的第一座城，即在此山山顶，称"松江山城"："城址位于莽卡乡松江村小锦州屯西侧的山顶，松花江水自南向东北环山脚东南流过……"1961年被公布为市级重点文物保护单位。"金州城"一名，是否与山上的古城遗址有关，有待考证。《乌拉秘史》提到此城，讲到城中曾有乌拉国的烽火台。在当地，至今"锦州"与"松江"通用。前往该村的路上，设置导航，无"锦州"一名，但往来这里的公共汽车，到站标识有"锦州"无"松江"。位置因在乌拉街北，乌拉街人习惯称这里为"北锦州"。

北锦州虽然不属乌拉街，但在乌拉街非常"著名"——这里可谓乌拉国最后落幕之地。

明朝中晚期，建州女真与海西女真扈伦四部的对峙与融合，是清前史重要的一章。历史结局是，建州女真先后征服辉发部、哈达部、乌拉部、叶赫部，进而统一纷争不断的女真世界和东北各族，建立大金（史称后金）。乌拉国亡国时间，历史记载是1613年，乌拉王城为努尔哈赤攻破，国王布瞻泰逃往叶赫。努尔哈赤在乌拉城驻留十日，将国族那拉氏及乌拉国部民编入八旗，带往辽东，乌拉城人走城空，顿失生机。皇太极时将亲信富察氏迈图家族派到这里，管理乌拉地面，筹建打牲乌拉。但是，在乌拉街满族镇有一段与此说有出入、清史不见记载的传说——洪匡失国，广为流传。

传说中，洪匡为乌拉国最后一位部主布瞻泰第八子，不甘乌拉国被灭，复国失败，从乌拉王城北逃到松花江对岸哈达山上的金州城，登上山顶遥望乌拉城，见城中火光冲天，自知复国无望，自缢而亡。后人因之改那拉氏为伊尔根觉罗，汉姓赵姓，潜于民间。

这种传说，备受学界关注，也备受质疑。至今仍有学者怀疑洪匡其人的真实性，笔者也曾是怀疑者。闻知赵东升先生在锦州屯为族人讲述这段秘史的消息，专程前往。这里是赵氏家族的祖居地，族人虽大多散居各地，但祖茔、家谱在这里。进入村中询问"赵家大院"，村民热情引导。秘史的讲述，在赵家大院进行。大院所在的村路两侧，房舍规整，看上去与周围院落没有大的差别，明显不同的是院门的门楼，较为宽敞高大，成为标志。大院主人赵显彤是转业军人，不常住在这里，这个大院实则主要是乌拉那拉氏赵姓族人寻根问祖聚集之所，赵姓谱图、档册、祭具等供奉于此，下一个虎年家族祭祖、续谱亦将在这里举行。长期留守于此的是生于斯长于斯的家族"显"字辈赵显阁，他是家族祖居地留守者，也是虎年祭祖续谱筹委会的主要成员。

赵氏家谱"谱图"与《乌拉哈萨虎贝勒档册》　走进赵家正房大厅，最夺人眼目的，是悬挂在西墙上的巨幅家谱谱图。满族普遍传统，在非续谱祭祖期间，没有特殊情况，族谱不允许打开。赵东升先生此次向族人讲述满族说部《乌拉秘史》，以谱图为背景，可见对家族来说有着多么不寻常的意义。

这件谱图是赵氏家族1964年祭祖续谱时的汉文谱，与《乌拉哈萨虎贝勒档册》抄本，在20世纪80年代一同被发现，曾是省内外学术界轰动一时的大事。后来作为重要史料，收入李树田主编的长白丛书第二集《海西女真史料》。该集史料最后，在《乌拉哈萨虎贝勒档册》（以下简称《档册》）开篇"按"中这样记述发现经过："一九八四年三月一日，张晓光同志在吉林省永吉县乌拉街满族镇弓通村发现甲辰年（1964年）正月初九日抄本《乌拉哈萨虎贝勒后十一辈花名档册》（以下简称《弓本》）一份；五月二日又在吉林省九台县莽卡乡锦州村发现甲辰年正月初三日重订《乌拉哈萨虎后辈档册》（以下简称《锦本》）一份、汉文谱图一幅、清末满文谱图一幅。现刊印《谱序》《谱原序》《乌拉哈萨虎贝勒世系表》及其校释，以飨同好。"关于"哈萨虎"一词，文后注，是满语音译，汉译为"左"。据赵东升先生介绍，这次发现之后，吉林省社会科学院与中国社会科学院在吉林市西关宾馆召开了一次规模很大的研讨会，他作为家族代表，参加了这次大会。从此以后，作为乌拉国王族那拉氏一支赵姓的存在才开始为外界所知，《谱序》所记"洪匪失国"，为传说提供了确实证据。不仅如此，满文和汉文谱图、《档册》与《谱序》，不仅是明代海西女真研究的重要史料、清前史研究的重要补充，还是有关乌拉满族以及打牲乌拉历史的宝贵文献。

据《乌拉秘史》讲述，最早的乌拉城为大金完颜氏所建，初名"洪尼罗城"。金元更替，完颜氏建立的大金为蒙古族建立的大元所灭，部族分散。乌拉那拉氏始祖纳齐布禄本完颜氏后裔，姓"倭勒逊"，建国号"扈伦"。纳齐布禄的故事，乾隆时期编纂的《满洲八旗氏族通谱》（以下简称《通谱》）中"乌拉地方那拉氏""哈达地方那拉氏"均有较详细的记述，他是扈伦四部乌拉部与哈达部那拉氏共同敬奉的始祖。关于改姓"那拉"，《通谱》记载是不肯归附元朝，为蒙古兵所逼，为掩饰本姓，而改姓"纳喇"。

《档册》抄本《谱序》这样记道："太祖大妈发倭罗逊姓氏，名纳齐布禄，祖父母居住在锡伯。纳齐布禄少有勇力，善骑射，保锡伯王，并娶锡伯王之女，为驸马……"后来他脱离锡伯王。被锡伯王派兵追到哈达国境内一高山，在山下问道："你是何人？"答道："那哈拉，纳齐布禄。"之后，"……奔回原籍乌拉洪尼罗城，设立乌拉国，王传九世，至洪匡失国"。那拉是女真族一显姓，为大金时期九十九姓之一，是一个古老姓氏。纳齐布禄改姓那拉，但他的族人及其后裔，均知自己这个那拉氏（纳喇氏）非彼"那拉氏"，是特殊历史境遇下为自隐身份的改姓。

在赵家大院，赵东升先生作为说部故事背景的这幅谱图，就是1964年谱。谱图上，最上位置是乌拉那拉氏与哈达那拉氏共同始祖纳齐布禄，至第四世分支（长支承续乌拉国，四世二、三、四支别为哈达国，后裔未录。或许这是哈萨虎即"左"的本意，即纳齐布禄乌拉一脉后裔），谱图所录为乌拉那拉氏一脉。从谱图下寻至第八世布干，有三子，为九世——布丹、满泰、布瞻泰。

满泰、布瞻泰两兄弟，相继为乌拉部主，是与努尔哈赤争雄女真世界不可缺少的历史人物。特别是布瞻泰与努尔哈赤的争斗，也是清前史的重要章节。结局是，乌拉国为建州女真努尔哈赤所灭。实际上，所谓灭国，被灭的往往只是政权，不等于灭族。之于乌拉国，国族那拉氏后裔，始终生生不息，《弓本》《锦本》及谱图为证。

谱图上，布瞻泰八子——打拉哈、达拉穆、阿拉木、巴彦、布彦托、妙莫勒根、嘎图浑、洪匡清晰可见。家族"秘史"的第一主人公，就是洪匡。洪匡之后，即《乌拉哈萨虎贝勒后十一辈花名档册》所记，即指从十一世乌隆阿直到二十一世洪匡后裔。二十世赵东升，二十一世赵显彤、赵显阁等在座家族多位年长者的名字都在上面，他们都曾是甲辰年祭祖续谱的参与者。

谱图上前十辈，都属乌拉国王族乌拉那拉氏的先人，其中多位，曾是明代女真的重要历史人物，多种史料有迹可循。近年，乌拉国与努尔哈赤的恩怨故事不断被讲述被演绎，其中最绕不开的人物是乌拉国主布瞻泰，最吸引人的是乌拉公主阿巴亥。阿巴亥作为努尔哈赤的大妃，多铎、多尔衮、阿济格三位皇子的母亲，被放大、被丰富、被过多演绎。阿巴亥为布瞻泰之兄、前任乌拉国王满泰的女儿，布瞻泰的侄女。从亲属关系，她的儿子，都是乌拉那拉氏布瞻泰的外甥，与布瞻泰的儿子们是表兄弟。

《八旗满洲氏族通谱》在卷之二十三《乌喇地方纳喇氏》部分（简称《通谱》），关于布瞻泰八子，对其中七子有记载。长子达尔汉，赵氏谱记为打拉哈；次子图乐赛，赵氏谱为达拉穆；三子阿拉穆，赵氏谱记为阿拉木；四子巴彦，与赵氏谱相同；五子布彦图，赵氏谱记为布彦托；六子茂墨尔根，赵谱记为妙莫勒根——两谱关于布瞻泰长子至六子出入不大，也鲜有争议。令人疑惑的是，关于第七子与第八子。第七子《通谱》只字未提，亦无一字解释，赵氏谱记为嘎图浑；《通谱》第八子为噶都浑，显然为赵氏谱第七子。《通谱》与赵氏谱对照，似乎《通谱》笔误将第七子误写成第八子，第七子无意被遗落了。篇秩浩瀚的《通谱》巨制，这失误可谓微小得不值一提。在赵氏族人心中，实则是清统治者有意遮掩的证明。遮掩的原因，即是秘密本身。

据赵东升先生讲述，1613年努尔哈赤攻破乌拉王城，国主布瞻泰逃亡叶赫后，努尔哈赤将强壮的乌拉兵民编入八旗带往辽东，并没有焚毁乌拉城，而是将布瞻泰第八子、努尔哈赤钟爱的一个外孙洪匡留下，封为"乌拉布特哈贝勒"，为乌拉城主，管理乌拉地面并守护那拉氏宗庙。

从这个意义上，洪匡作为纳齐布禄裔孙，是乌拉城最后一位主人。《乌拉哈萨虎贝勒后十一辈花名档册》，所指"后十一辈"，均是他的子孙。《档册》订立时间，当在清朝建立初年，清朝历史上一个特定历史缝隙。

据赵东升先生介绍，《档册》不属于家谱，是宗族花名册，类似今天的户口簿，赶上办谱之年，后出生的人口，一律记入《档册》，也就是"上档子"。乌拉国亡国前那拉氏从始祖纳齐布禄直到十辈的档册与家谱，供奉于乌拉城宗庙，因"洪匡失国"被毁。布瞻泰第八子洪匡复国失败身死，乌拉城被焚，布瞻泰另七个儿子中除一子战死，其他并未受牵连，且在满洲八旗，或因军功、或因世袭，均有职位。满族入关，乌拉公主阿巴亥之子多尔衮摄政时期，乌拉那拉氏亡国后第一次在乌拉城举办了规模很大的祭祖续谱，除了乌拉那拉氏各支，哈达那拉氏亦有人参加。续谱召集人，图达里——时任镶白旗副都统的布瞻泰长兄布丹第三子、阿布泰——时任都统兼佐领的布瞻泰次兄满泰第三子、达尔汉（打拉哈）——时任都统衔二等轻车都尉的布瞻泰长子。洪匡之子乌隆阿也参加了这次续谱祭祖，得以认祖归宗，并上了谱图和档册。

"八太妈妈坟"与乌隆阿后裔 清初那拉氏家族在乌拉续谱祭祖之后，将满文书写的谱图和档册复制多份，分别交与各支保存，其中一份交与乌隆阿——即是赵氏保存下来的最早的谱图与档册。期间那拉氏在乌拉还举行了一些活动，将在洪匡事件中被努尔哈赤所杀的那拉氏族人及亲信500多人的名字勒石刻碑，并将碑埋于城内点将台下，以志不忘。

此次续谱祭祖影响很大，引起清廷注意，随后不久，多尔衮死亡及相关变故，乌拉那拉氏祭祖续谱及在乌拉的活动，受到严厉追查。从此仍留在乌拉的乌隆阿一支，改姓赵，与其他那拉氏失去联系，之后三百多年，这一支那拉氏销声匿迹，仿佛不曾存在。

改姓赵氏的乌拉那拉氏，一代代从未忘记自己是谁，从哪里来，一辈辈先人的名讳记在花名档册里，家族曾经的往事，作为秘密在族中口传。继清初之后再次祭祖续谱，已是清朝灭亡后的1914年。这次续谱，把原满文图谱及档册翻译成汉文，以后历次续谱均以汉文谱及档册为本。除了赵东升先生讲述乌拉秘史作为背景的甲辰（1964年）谱图，家族保存的《锦本》与《弓本》档册，均是1914年抄本。

谱图与《档册》的发现，不仅接续了"哈萨虎贝勒后十一辈"的血脉，还是今天乌拉满族源于乌拉那拉氏的赵氏家族的有力证据。

明朝中晚期，东北女真各部彼此争雄，各部部主争相采用联姻手段。据赵东升先生统计，乌拉国有国时期，努尔哈赤与乌拉那拉氏互通婚姻就达13次之多。仅努尔哈赤与布瞻泰之间，努尔哈赤曾将三位建州公主嫁与布瞻泰，其中一位是他的亲生女儿。《通谱》记道：布瞻泰"第四子巴彦、第五子布颜图，具和硕公主所生，第六子茂墨尔根、第八子噶都浑，具公主所生"，实际上，《通谱》未记的一子洪匡，亦为建州公主所生，曾为努尔哈赤钟爱，后来将自己养在身边非常喜爱的孙女——长子褚英之女嫁给了这个外孙。

深度联姻，从未影响布瞻泰与努尔哈赤两位女真英雄意欲征服对方进而征服天下的雄心。以他们为代表的海西女真与建州女真的对峙与融合，无论之于乌拉国史（包括海西女真扈伦四部）还是清前史，都是重要篇章。历史结局是布瞻泰失败。乌拉被灭逃亡到叶赫国的国主布瞻泰，国虽亡，至死心不甘。他不甘亡国的心智不仅为洪匡所继承，还是儿子洪匡反叛努尔哈赤进行复国行动的主使和推动力量。从实力上，这时已将扈伦四部灭掉三部的努尔哈赤，已强大到准备与大明王朝对决，原本不必将年仅28岁仅仅是个孤立城主的小小反抗当回事，之所以无法容忍大动干戈亲征的根本原因，是这个外孙骨子里那种努尔哈赤非常熟悉的、和他的父亲布瞻泰一样不甘被征服的意志。这意志里，有那拉氏源自老祖纳齐布禄不甘被征服的骄傲和对这位无人敢冒犯的成功者的轻蔑——这是努尔哈赤不能容忍的。

努尔哈赤因外孙洪匡的反叛再征乌拉，洪匡无力抵抗，逃出乌拉城，过松花江逃往金州城。他本欲前往科尔沁借兵，继续复国大业。在山顶眺望，乌拉城火光冲天，知无力回天，自缢而死。据赵东升先生讲述，洪匡时年28岁，时间为1625年，这也是乌拉城被毁的准确时间。《谱序》记道："布瞻泰八子洪匡（又译洪括）袭爵布他哈乌拉贝勒，由于两匹良马现满洲皇帝冲突，阴历正月十七日被哨口渡江，洪匡战败后弃城北逃，涉水渡松花江至哈达碰子山，登高瞭望，见乌拉城中火起，因而自杀。洪匡有二子，长子乌隆阿年方七岁，城破时被巴巴得利（满语大恩人之意）救出，后生十子。洪匡次子乌拉布他哈由宫主（公主）带归沈阳，后改姓讷。"被巴巴得利所救的乌隆阿，辗转来到锦州屯定居下来，为那拉氏赵姓始祖。乌拉满族有"七关八赵"之说，其中赵姓各有来源，有部（国）姓，有赐姓，同姓不同宗。洪匡后人改姓赵，与其他赵氏不同，即非国姓亦非赐姓。

乌隆阿生子十人，为今那拉氏赵姓十大支始祖。多支后来离开锦州，散处各地，但均以锦州为祖居地。1984年张晓光在弓通发现的谱图与《档册》，保存在当时任弓通村书记的赵振升家中。这支赵氏，是乌隆阿第三子喜才的后裔。

赵东升先生在赵家大院的讲述结束后，特别约请赵显阁带我们去探访早就耳闻的"八太妈妈坟"。从称谓，顾名思义，墓主人当是一位老妇，实则这是一座故意让人误会以隐去真相的称谓。

坟茔位于锦州屯西一座小山的山坡。

这座小山可谓这个江畔村庄最醒目的标志，静卧于松花江左岸。想象在以江河为通衢的时代，从乌拉城顺松花江北行，浩浩江流，两岸无际的平川沃野间，小山临江，突兀而起，独特的地理位置，在冷兵器时代，无疑是不可忽视的军事要地。站在山顶俯瞰，松花江南来北去，不仅尽收眼底，辽阔的乌拉大地亦一览无余。功能上，此城与松花江右岸的乌拉城，一北一南，隔江相望，遥相呼应……如今，这座小山早已没有军事功能，除了尚有不知属于何时的古城址可寻，有名有迹的，就是这座"八太妈妈坟"。墓茔很小，隐在山间荒草中，平常无比，且无碑也没有标记。从清初至今，赵氏家族每当祭祀，必先祭这座坟茔，然后再祭距此两千米的赵氏十大支祖先乌隆阿和辈辈故去的先人。

乌隆阿的子孙，亦是清代打牲乌拉总管衙门所属打牲家族。

赵东升先生，是乌隆阿第八子倭拉霍后人。家族秘史在这一支的传承，倭拉霍传曾孙德明（曾是五品官），德明传其侄霍隆阿（曾任笔帖式）和富隆阿，富隆阿传子双庆（五品官），双庆传子崇禄（八品委官）及侄德录，崇禄为赵东升祖父。他讲述的秘史，得祖父亲传。

2020年11月

第一辑　追寻

打牲乌拉与打牲家族

打牲乌拉是一个历史概念，也是一个现实概念。

打牲乌拉，是清代设在今天吉林市乌拉街满族镇直属清廷内务府的机构——"打牲乌拉总管衙门"的省称。从这个意义上来说，打牲乌拉是一个历史概念，是随着一个王朝的兴而兴，随着一个王朝的消亡而终结的历史性存在。然而，之于现实存在而言，所谓消亡，其实质只是一个政权或机构随着时代的变迁而消亡或解体，政权统御的族群或家族不会消亡，在新的历史环境下，仍会以族群固有的方式，继续繁衍生息。

打牲乌拉总管衙门是在明代乌拉国都城旧址上设立的。明代乌拉城应该是一座繁华的城市，连同拱卫都城的沿江五城，加之乌拉那拉氏争雄东北乃至天下的野心，可以想见乌拉国时期的吉林松花江及其两岸并不荒凉。但是随着乌拉国的覆灭，那氏族谱记载："乙卯年（1615年），太祖复编旗籍，将我族支长幼、臣民俱分编八旗牛录隶属……"只有少数避居山中草莽，一度乌拉城及其他城池，皆人走城空。直到康熙二十一年（1682年）皇帝东巡至乌拉，扈从至此的比利时传教士南怀仁，在他的《鞑靼旅行记》中，这样记述他眼中所见："乌喇是全州中最著名的城市，古代各鞑靼王居住之地，王宫废墟，犹可看见。"这时距打牲乌拉总管衙门（1657年）设立不过25年。为筹建并充实打牲乌拉，清政府向乌拉拨民，也是基本国策。

从这个意义上可以说，清代乌拉是一个"移民"地区。

打牲乌拉打牲家族的来源，也是东北民族史值得关注的问题。这些来源各不相同的家族因一个王朝打牲的需要，汇集到乌拉，分布于打牲乌拉总管衙门所属的松花江两岸的广大地域，扎根繁衍，发展壮大，使原本异乡的乌拉，成为打牲家族及其后裔的故乡。

打牲乌拉是中国历史特别是东北史的一个重要的篇章，这一章节与中国最后一个王朝密切相连。某种程度上可以说，打牲乌拉就是清王朝的历史后院——既是其生命与精神的重要给养地，也是护卫王权的大后方。打牲家族是给养的生产者与供给者，也是维护国家安全的兵备库。仅此，一个打牲家族的历史，可以说是打牲乌拉历史的缩影或分支。

然而打牲乌拉的历史只是中国历史及东北大地一个特定时段的存在。清王朝及打牲乌拉消亡后，打牲家族的血脉从未止息地传递到今天，并且还会传续下去。其生生不息的血脉，是现实不可忽视的存在，也是历史曾经存在的载体。无论世事怎样更迭，这些家族的存在，也是打牲乌拉历史、文化与精神在乌拉土地上的延续。从这个意义上可以说，打牲乌拉可谓他们的前世，他们是打牲乌拉的今生。

随着时间的流逝，打牲乌拉的历史不仅是吉林历史不可忽视的篇章，在东北史乃至中国历史中越来越显示出它应有的价值。然而，打牲乌拉太多的历史真实与细节都随时间及社会和时代的变迁而湮灭，特别是随着人类现代文明的加速发展，大地原生的面貌不断被改变，人类在这块土地历经漫长时间形成的文化传统与生活方式，亦受到毁灭性冲击。原本像乌拉大地一样丰厚的历史与文化，而今已成为亟待抢救的物质与非物质文化遗产。

今天乌拉街满族镇及其相邻村镇，是打牲乌拉历史的核心区域，也是备受瞩目的满族文化遗存最丰厚的区域之一。生活在这个区域的打牲家族，是发掘非物质文化遗产的重点目标。这些家族不只有血脉，还有在这块土地上生活所积淀的传统与风俗，包括祭祖、续谱、聚合亲族的活动和因之传续的家族史料——作为家族史料的家谱（包括谱牒、谱单）、家祭仪式及口传历史，是这块土地的记忆，是急需抢救与保护的对象。

乌拉与吉林，不论过去还是现在，都被视为满族的故乡。在漫长的历史时期，这里都是满族及其先世女真人生活之地。随着人类现代化进程的加速，许多有着悠久历史与深厚传统的文化，迅速走向消亡。特别是在东北大地上，经历了数千年积淀的满族及其先世的文化，已几近湮灭，踪迹难寻。同时，乌拉的满族文化备受关注，成为满族历史、习俗、信仰等的研究基地，成为越来越多的满族人寻根问祖、探究满族老姓不可忽视的地方。

满族的汉化首先体现在姓氏上，现在绝大多数冠汉姓的满族人，已不清楚自己的满姓。探寻一个家族的历史，首先要追寻其民族姓氏。特别是满族，其姓氏是现实血缘关系的纽带与标识，也是其祖先来源的历史标记。

瓜尔佳氏（多以关为汉姓）、觉罗氏（多以赵为汉姓）可谓人数最多的满族大姓。特别是瓜尔佳，无论过去还是现在，堪称满族第一大姓，可与之一比的，当为觉罗氏。满族及其先世有多个觉罗氏，伊尔根觉罗氏是诸觉罗氏之一。清乾隆年间编纂的《八旗满洲氏族通谱》记载："觉罗为满族著姓，内有伊尔根觉罗、舒舒觉罗、西林觉罗、通颜觉罗、阿颜觉罗、呼伦觉罗、阿哈觉罗、察喇觉罗等。"在打牲乌拉时代直到今天的吉林市松花江两岸，赵姓与关姓，也是满族最著名的大姓，有"七关八赵"之说。在《八旗满洲氏族通谱》中，瓜尔佳氏排在诸姓之首位，其来源有：苏完地方瓜尔佳氏、安褚拉库地方瓜尔佳氏、尼马察地方瓜尔佳氏、瓦尔喀地方瓜尔佳氏、嘉木湖地方瓜尔佳氏、长白山地方瓜尔佳氏、蜚悠城地方瓜尔佳氏、辉发地方瓜尔佳氏等。在打牲乌拉范围内，七关有"侯关""大户（苏完）关""蒙文关""罗关（呼伦关）""乌苏关""讷音关""佛关"等（实则不只七关）；所谓"八赵"，有"伊尔根觉罗"（别称"平民赵"，此觉罗在《八旗满洲氏族通谱》中就记有十几种之多）、呼伦觉罗、爱新觉罗、通颜觉罗（别称佟赵）等，大多都冠汉姓"赵"。每一赵姓都各有渊源。以伊尔根觉罗赵为例，今天居于土城子乡土城子村的"于赵氏"，其祖先曾世居在松花江东岸，是乌拉部的部民。努尔哈赤统一乌拉部后，被编入佛满洲镶黄旗，赐姓"伊尔根觉罗氏"，加入努尔哈赤统一女真的队伍而离开乌拉。康熙平三藩之乱后，因负责押送"藩兵"和"藩属"回到乌拉，定居土城子，成为打牲乌拉中的一员。这个家族在传袭中形成一辈姓"于"，一辈姓"赵"的传统，而被称

"于、赵"以区别于其他伊尔根觉罗；打牲乌拉著名总管云生家族，汉军旗人，本姓李，因有功于清廷，赐姓伊尔根觉罗。乌拉国姓那拉氏，乌拉国被灭后，留居此地的那拉氏一支为避祸，加入打牲乌拉旗籍时改姓伊尔根觉罗，汉姓赵……

追寻这些家族的历史，即是对打牲乌拉和吉林不可忽视的历史的追寻，也是对清代中国东北史乃至中国历史一段不可或缺章节的补充。

古往今来，一个政权的所谓消亡，实则是被另一个政权所取代。清王朝灭亡了，人民仍生生不息。打牲乌拉总管衙门解体了，但是打牲人及其家族历经二百多年，已长成枝繁叶茂的大树。他们的生命已深深地扎根在他们生息的土地，与大地融为一体，成为这块大地历史的书写者与延续者，也是创造者和见证人。这些因清王朝和打牲乌拉兴而兴的打牲家族，打牲乌拉的历史是他们用生命书写的，而乌拉大地也像养育万千事物一样，让扎根于此的家族生生不息。

他们是清代乌拉大地的开发者，而今仍是乌拉大地真正的主人。

乌拉镶蓝旗赵氏祭祖续谱仪式

2010年为农历虎年，是乌拉传统普遍重视的祭祖续谱年份。4月18日，乌拉街满族镇富尔屯的佛满洲镶蓝旗伊尔根觉罗氏（赵姓）举行隆重的祭祖续谱仪式。

仪式在富尔屯进行，是富尔屯临近的南蓝旗屯和亮屯赵姓族人共同的一件大事。去往富尔屯的路上，我们的车途经南蓝旗屯问路，南蓝旗屯的老乡就说，是不是参加老赵家祭祖？得到确认后，其中一人说，捎上我吧，我给你们带路，我也是老赵家的。一进富尔屯口，就见一幅醒目的红底黄字的条幅高悬，上写"圣满洲伊尔根觉罗氏（赵姓）欢迎您"。在举行仪式的院落，临时搭就的祭坛前，也悬挂着红底黄字的"圣满洲伊尔根觉罗氏（赵姓）祭祖续谱仪式"条幅。

条幅中的"圣满洲"是一个令人疑惑的概念，向赵氏族人了解到，赵氏族人对"佛满洲"字样中的"佛"字与佛教中的"佛"是同一个字有异议，祭祖续谱仪式筹委会便临时用"圣"字代替了"佛"字。佛满洲的"佛"为满语，汉意为"旧"或"陈旧"之意，与"伊彻满洲（新满洲）"相对应。一般的划分法是，努尔哈赤时期被编入八旗或清入关前所编的八旗满洲为"佛满洲（陈满洲）"，而在清入关后被编入八旗满洲者则称为"伊彻满洲（新满洲）"，佛满洲的"佛"字与佛教无关。这个细节也反映了这些佛满洲的后人和满族历史的一种隔膜。

这种隔膜不仅是现代伊尔根觉罗氏才有的现象，也是许许多多满族人和生活在这里的各族人民，对满族历史和自己生息的这块土地的历史备感陌生的反映。许多我们不知的、史籍也不可考的历史，记录在传递家族血脉的谱牒里。随着时间的流逝和世事的变迁，越来越多的文化传统和历史遗迹消失之后，这些谱牒记录的一切，不只是一个姓氏一个家族的历史，它还是一个民族传统的明证和丧失的历史的补充，因此，谱牒已成为人类非物质文化遗产——一个家族的历史，也是一个民族部分历史的缩影。

历史上，清王朝视吉林为自己的龙兴之地，世界越来越共识吉林为满族的故乡。其实，这支"佛满洲镶蓝旗伊尔根觉罗氏（赵姓）"，他们的存在和祭祀祖先的行为，也是对这些历史内涵的诠释——赵氏族人真实地证明着，吉林乌拉不仅是他们的故乡，而且始终是他们的家乡。从祖先扎根在这里开始直到今天，这支赵氏族人多数留在了这块土地并继续在这里繁衍生息。他们是这块土地的开发者，这块土地历史的继承者和见证者。这不仅保存在赵氏族人的记忆中，也记录在赵氏相传至今的谱牒里。

赵氏最早的谱牒是用满文写成的，像久远的岁月一样，我们已不能识读，另一修于20世纪初的"叔支"谱牒叙，记述了这支觉罗氏（汉姓赵）最远可溯为海西女真扈伦四部，为辉发部的部民。努尔哈赤统一女真各部后，将收服的女真人编入八旗，这支来源于辉发部的觉罗氏，被编入镶蓝旗旗籍之中。这支辉发部民的祖先成为八旗兵后，随努尔哈赤征战，曾在盛京南一个叫榆树堡的地方安居下来。顺治年间奉调到打牲乌拉应差，"寄迹松花江右通溪屯住止三年，后渡江左卜地燕居，名曰镶蓝旗屯，始立宗谱，分辈按名排书……"由谱牒叙可知，赵氏在乌拉初立祖之地叫"镶蓝旗屯"。据赵氏族人介绍，祖先被编入满洲八旗镶蓝旗派驻到这里，因以旗名为地名而有镶蓝旗屯。今天赵姓老人还记得，到民国初年，全屯有一百多口人，有14个大门，除了一家姓宋一家姓王的，其余人家全姓赵。镶蓝旗曾有关、赵两族，关姓居乌拉街之北，赵氏居乌拉街南，两姓所居之地，约定俗成以"北蓝旗屯"（简称北兰）和"南蓝旗屯"（简称南兰）分别称之，今天北兰村与南兰村由此而来。

赵姓在南蓝旗屯立武木普为始祖，到第三代分有三支，今住富尔村的族人是从南蓝旗屯分出的部分"叔支"，族谱因保存在现住富尔村的第十三代赵忠友家，祭祖续谱仪式在这里举行，居住南兰、亮屯、陈屯、打渔楼等村屯和散居在哈尔滨、长春、吉林市等"叔支"后人也都聚集而来。其中第十代赵魁文，是叔支赵姓辈分最高也最年长者，已97岁，参加仪式最小的只有4岁。老谱牒上记录到第十代，而今这里的赵氏已传至第十七代了。仪式上人们依辈分向祖先三叩首后，未入谱的300余族人，将被一一续写到谱牒中，然后谱牒将被转至第十四代赵明学家中保存，从此他也将担当起族长的职责。

　　仪式上，满族学者尹郁山先生依据对赵氏族谱的研究，讲述了赵氏族人作为清代打牲乌拉"七关八赵"之一对乌拉开发的历史贡献。经赵氏族人同意，他代表吉林师范大学历史文化学院的"清代八旗谱牒馆"，宣布"佛满洲镶蓝旗伊尔根觉罗氏（赵姓）"谱牒的复制资料将被该馆永久收藏，并向赵氏族人颁发了收藏证书——从此，这部满族镶蓝旗的家族历史，不只在乌拉富尔屯赵氏家族内传承……

2010年4月

镶蓝旗武木普赵氏家族源流考

乌拉满族，素有"七关八赵"之说。以武木普（家谱写为"乌穆普"，墓碑为"武木普"）为始祖的赵氏家族，无疑是"八赵"之一赵，今家族共识为"伊尔根觉罗"。这一赵氏满族老姓到底意味什么，与其他伊尔根觉罗有何不同？

追溯镶蓝旗武木普赵氏家族的来源，家族保留至今的族谱，是最重要的依据。这一史料不仅是探寻武木普先世的依据，它也向我们洞开了打牲乌拉打牲家族来历之一源。以之为路标，或许还可能联结起清前史以及东北民族史更久远的被尘封、被忽视的一页历史真相。

武木普赵氏家族来历　今武木普后裔是一个繁盛的大家族，析分三大支。以武木普之子穆青额的三子为三世祖，而有大太支（伯支）、二太支（仲支）、三太支（叔支），并分别立谱。伯支谱序，起首"我镶蓝旗伊尔根觉罗氏原籍系……"仲支与叔支谱序，起首都为"我觉罗氏原籍……"三支谱序以下内容完全相同。

赵氏族谱仲支与叔支谱序记载如下：

我觉罗氏原籍辽东长白山附近辉发城部落满洲国祖居辉发旧岗子结迁兴京城坦平沟嗣因随龙至盛京城南距四十里榆树堡安居封王拔兵以先祖辈世远无可追寻于顺治年间奉文调遣打牲乌拉脽差寄迹松花江右通溪屯住址止三年后渡江左卜地燕居名曰镶蓝旗屯始立宗谱分辈按名排书流传万世以启我后昆永远之纪念云尔

暂且不论伯支与仲支、叔支何以不同，可以肯定，武木普及其先世，曾是辉发部人。辉发部为明代海西女真扈伦四部（乌拉、哈达、叶赫、辉发）之一。四部均尊"扈伦"为国名，部主均以"纳喇氏"为姓，史上被统称为扈伦（呼伦、呼兰）四部。

笔者2010年有机缘参加武木普后裔仲支的祭祖与续谱典仪，开始接触这个有着深厚传统的满族大家族，从此对武木普家族赵氏等满族姓氏源流开始追寻。

辉发国有41个姓氏，其中姓"觉罗"的，有"呼伦觉罗"和"阿哈觉罗"两姓。

赵氏仲支与叔支谱序起首"我觉罗氏原籍辽东长白山附近辉发城部落"，所称"觉罗氏"究属哪个觉罗，为此笔者分别访问过尹郁山与关云蛟两位对满族姓氏深有研究的先生。他们都认为，乌拉镶蓝旗赵氏，本姓应为"呼伦觉罗"。尹郁山先生说，其中呼伦为国姓，别称"国赵"；阿哈有奴仆之意，别称"奴才赵"。他遇到过汉姓冠"鲁"，称"鲁赵"的"阿哈觉罗"。关云蛟先生认为，这个"觉罗"赵姓，与他的"瓜尔佳"关姓渊源相同。他所出自的瓜尔佳，在乌拉"七关"中被称"罗关"，即"扈伦瓜尔佳"之意，"罗"是扈伦的省读。其先祖也出自辉发部，来到乌拉，隶属打牲乌拉镶红旗。打牲八旗初建时，罗关先祖首任镶红旗首领，是打牲乌拉时代一个著名的大家族。

明朝初期，在东北设立奴尔干都司，对东北各族，施行羁縻政策，设立卫所，以分布不同地域、不同族群的各部族首领为卫、所长。明中期开始，随着明朝统治的衰微，分散于白山黑水的女真各部，如小溪入大河般，重新聚合成三大部落集团，即海西女真、建州女真和东海野人女真，并掀起大规模南下迁徙的潮流。至明朝末年，形成所谓海西女真和建州女真——实则是扈伦部（族）与满洲部（族）两大势力的较量与对决。

那氏族谱不仅记述了乌拉、哈达的源起与结局，对改姓那拉氏的辉发部的来龙去脉也有记述，对其结局，这样记道："万历三十四年（1606年）十一月，闻太祖兴师招抚诸部，而镇讨远方，（辉发部主）令其弟通贵康喀赖，献表以举部臣民、土地投归太祖。太祖俱以公主降焉。寻授爵职，并予袭替，分隶子孙、族众，编旗充差。"这次努尔哈赤对辉发部"寻授爵职"，呼伦觉罗（赵氏）"封王拨兵以先"当在此时。

赵氏谱序所记"辉发城部落满洲国祖居辉发旧岗子"，初读时颇令人疑惑。辉发部与满洲国什么关系？还原其历史背景方能明了，辉发部归附后，辉发部的臣民、土地均归了努尔哈赤，扈伦国辉发部民从此成为满洲国民。归附后，赵氏先祖仍居住在祖居地"辉发旧岗子"，至少十年后的1616年，努尔哈赤定都兴京城，赵氏才"结迁兴京城坦平沟"。1625年努尔哈赤将都城从辽阳迁至盛京，赵氏"嗣因随龙至盛京城"，在"奉文调遣"打牲乌拉前，在"盛京城南距四十里榆树堡安居"。

族谱记道，"祖辈世远无可追寻"。其"无可追寻"也与女真世界的大变革和后金对收服各部施行的政策有关——对收服的各部民众"编旗充差"，原有的聚族而居的血脉关系，往往因分隶不同的旗佐，失去联络。今赵氏族人都知道老祖武木普迁乌拉时，有一兄弟留在沈阳，但至今仍未与这一支族取得联系。但"奉文调遣"打牲乌拉后，家族的历史，在族谱上有迹可循。

镶蓝旗赵氏家族与"南兰"　赵氏谱序记载，赵氏始祖"于顺治年间奉文调遣打牲乌拉膺差寄迹松花江右通溪屯住址止三年后渡江左卜地燕居名曰镶蓝旗屯始立宗谱……"谱中提到顺治年间奉调乌拉，至于顺治哪一年没有明确。但是从谱序结合打牲乌拉历史，其来到松花江边的通溪屯时间是可以推知的。

打牲乌拉总管衙门设立于顺治十四年（1657年），打牲八旗的设立是在顺治十八年（1661年）。赵氏始祖武木普家族"奉文调遣打牲乌拉膺差"，说明其来时，打牲乌拉总管衙门已经设立，他们是专为打牲乌拉膺差而来。武木普家族来时乌拉打牲八旗还没有成立，旗地还没有划分，因此族谱称"寄迹"通溪屯，属临时性居地。赵氏在通溪屯居住三年后，至顺治十八年，正式迁入打牲八旗镶蓝旗居地。由此可知，武木普家族应是在顺治十五年（1658年）拨迁乌拉的。

武木普家族在初居地松花江左岸的通溪屯渡江到右岸（今南兰村）也不是偶然的，实则是打牲八旗成立后按所属旗分进行的政策性安置。这种安置的背景与起因，据"罗关"家族族谱记载："迄于顺治辛丑年（1661年）……经盛京将军英寿副都统那穆采阅乌拉地面山环水绕，土地膏肥，堪以设置安旗，专司打牲一部。当经呈请奉准部咨遂执乌拉居住猎户挑选八名旗人八大户编联八旗，每旗捡放莫尔根一名为首领（即领催）……"

罗关族谱还记载，罗关祖先捡放为镶红旗首领（即领催），镶蓝旗首领为瓜尔佳氏（别称蒙文关）祖先，今北兰村因这个家族初居于此而得名。

赵氏定居的历史，也是对乌拉大地三百五十多年前面貌有价值的证明。从赵氏族谱可知，赵氏始迁祖从通溪屯渡江迁此无人居住的富饶之地，先"卜地"，在选好的地方建造宜居的屋舍，落户扎根，成为此地最早的开发者与居民。居地初以所属旗分，名"镶蓝旗屯"。其时同为镶蓝旗且担任首领的瓜尔佳氏——即蒙文关，与武木普家族分别居于乌拉街一北一南，居地亦名"镶蓝旗屯"。为区别两个镶蓝旗人的居地，约定俗成以"北兰"与"南兰"别称两屯，今乌拉街满族镇两个行政村"南兰村"与"北兰村"由此而来。从此南兰村所在成为赵氏祖居地，始立宗谱，始建祖墓（省级文物保护单位武木普墓即立于此）。

觉罗赵氏始祖武木普，来乌拉膺差时的年龄与身份没有记载，在打牲八旗中有无职位无从可考。但他的儿子赵氏二世祖穆青额，以"珠轩达"记在家谱上。其后，家族越来越繁盛，一辈辈赵氏男丁的名字、在打牲乌拉的身份、命运以及荣耀，都在家谱上有迹可循。

这不仅是打牲乌拉历史的一部分，无疑也是对打牲乌拉残缺的历史重要而宝贵的补充。

武木普家族无疑是打牲家族的典型代表。

赵氏始祖武木普应打牲乌拉事业膺差而来乌拉时，其所居的松花江两岸富饶，人迹寥落。赵氏定居的镶蓝旗屯所在，从他们到来，才始有人居而渐成村落。

随着打牲乌拉历史的发展，这个家族也不断壮大，族众从一个村屯（南兰），发展壮大到多个村屯。除了南兰，松花江右岸的富尔村、亮屯村和左岸的通溪村、陈屯村都是武木普后裔的世居地。此外，赵氏几大支还有散居在打渔楼村以及乌拉街、吉林市等地。

在清代，这个家族的男丁，除打牲、务农，还是国家征兵对象。历史上对东北满族先世渤海和女真有这样的概括：渤海三人当一虎，女真满万不可敌。不可敌的女真建立满洲共同体（即满族）成功入主中原，成为统治民族。在有清一代，乌拉与吉林的满族在维护国家统一与安定上，以骁勇善战创下了"吉林劲旅天下最"之誉。吉林三杰之成多禄在《香馀诗钞》中曾这样写道："吉林为关外劲武之区。高皇帝发祥长白，由一隅而有天下，其时佐命勋臣，吉林几夺其半。""以武功战绩膺侯、封拥疆寄者，亦复踵接翩联、棨戟相望……"打牲家族是重要兵源，武木普的后裔从军、披甲、担任各种军职的人数众多。因功"封拥疆寄者"与战死疆场者均被记载在家谱上。

虽然清代及打牲乌拉历史已终结，但打牲家族的历史却不会随之结束。无论历史与时代怎样兴替，生生不息的打牲家族，都以最本质的生命活力，努力保有满族及祖先传续的家族传统，积极参与时代生活，并发生应有的影响。

赵氏家族有案可查的一场祭仪　镶蓝旗赵氏家族，从始迁乌拉，直到打牲乌拉终结，这个家族繁衍生息立谱祭祖传统的确立，都无从考稽。但可以肯定，从以武木普为始祖始立族谱开始，直到新中国成立前，这个家族举行过多次修谱祭祖。

民国以后及日本侵占东北时期，日本为了侵略和对东北各族施行统治的目的，曾对东北各民族的信仰与习俗，进行全面调查。1995年由中央民族大学出版社出版的《北方民族与萨满文化——东北民族的人类学调查》一书，其中有关于满族的两篇，一篇调查对象是黑龙江省黑河市瑷珲大五家子村；一篇是对武木普后裔赵氏家族祭祀的记录与研究。作者大山彦一在调查中，详细记述了赵氏家族一场历时三天的家祭仪式，时间为1939年。

在记述这次祭仪之先，作者将这个家族传承的每年作为定例必行的仪式也做了记录。内容如下：

1. 元日日行礼仪；2. 新正月磕头仪；3. 春秋二季官俸禄祭神仪（春在

二月朔，秋在八月朔）；4. 春秋二季祭神仪（春在三月，秋在十月）；5. 祭天还愿仪；6. 做米酒仪；7. 撒糕仪；8. 三月打糕仪；9. 六月苏子叶饽饽仪；10. 换锁用鱼祭神仪；11. 用鹅祭神树仪；12. 除夕日换香炉灰仪。

这个记录也传达了，这些作为定例每年必行的仪式，不只是赵氏一族所尊行的，曾经所有满族旗人——不论达官贵人还是普通人家都会如此。

然赵氏此次祭仪不是举族为续谱祭祖举行的典仪，是族中以某户为主的家祭。此次事主为赵鸿志一家。赵鸿志为当时赵氏家族大太支的当家人。这次祭礼事出有因。赵鸿志原住陈家屯（今陈屯村）的家失火，所供神龛、祭具及家谱一并被焚（至今赵氏年长族人还记得陈屯大太支的这场大火）。火后赵鸿志于吉林市牛马行另建新居。这场家祭就是在新居建成后举行的。

据赵氏族人回忆，赵氏家族的祭祀，曾有专用祭田。今97岁的赵鸿庭老人，生于1928年，与赵鸿志是一爷公孙。赵鸿志1939年在牛马行举行祭祀时，赵鸿庭时年11岁，对这次祭祀还有印象。关于家族后来的情况，他的记忆和讲述记录，与日本人大山彦一的记录高度吻合。

大山彦一的这篇记述中，还极为珍贵地保留了赵鸿志后裔居于陈屯的大太支的一支的生活境况，反映了这个家族在20世纪30年代的生活概貌。文中记道：

我所调查的地点为吉林市牛马行复成店东胡同二号赵鸿志的住宅，时间，从康德六年（伪满洲国年号，即1939年）阴历十月十二日（阳历11月22日）到同月十五日（阳历11月25日）。

大同元年（伪满洲国元年，即1932年），在陈家屯（今陈屯村）的赵氏（满族姓伊尔根觉罗）住宅起火，神龛及祭具等一切烧尽，当年在上述场所盖新房移居，一切都是重新安排，旧住宅的日用器具等一切是古色古香的，而新宅日用器具有些已行简化。该家族家主为赵鸿志（43岁），母亲（继母）赵曹氏，妻赵杨玉环，儿子赵福田、赵永田。女儿赵淑乡和赵淑贤都已嫁人。如下所述，参加该家祭的人员有二百名（包括宗族64名，亲戚31名，朋友105名），但不管这种活动如何盛况空前，除了相当多的近亲之外，其他人就不一定闻知其家祭举行的消息。而我有幸听到这一消息，并得到列席该家祭的机会，因为这是一种"秘仪"。

因为赵鸿志是赵姓宗族的宗家，属镶蓝旗，是继承祖宗官职的家庭。所以其祖父曾在京师任官。现在他们是占有四十坰土地的地主。他们种的主要农作物为粟、高粱、大豆等，一坰地收二石粮食，所以每年收粮八十石。当时一石粮食收入为二十圆，一年农作物收入为一千六百圆。除此之外，还有一些出租的房屋。他们作为满族人，是富裕之家，主人辞去吉林省警务厅的官职，过着舒适的生活，而他是今年刚43岁的中年人。

我于阴历十月十二日访问了赵鸿志的家。那天他们的两个神龛上放着祖宗盒。两个神龛，一设在作为神堂的正室北炕墙壁上部，面向南，一设在西炕墙壁上部，面向东。各神龛上放着祖宗盒……

来参加家祭的赵氏家族人，禁忌在赵鸿志家以外的地方吃饭，并要共同进餐，亲属间保持和气状态。在神堂里的和蔼气氛中，从很远的乌拉街、陈家屯、蓝旗屯来的同族朋友（最近朋友的数量有所增加）们围坐一席谈笑风生，以此沟通感情、交换信息、立相互扶助契约等等。这就是通过家祭，又以此为机缘而进行的满族人社会的自律性统制……

大山彦一在翔实记述祭仪过程中，还介绍了来参加祭祀的赵氏族人的来历以及祭礼主人的背景：

……以赵鸿志家为中心的宗族，在家祭上集聚者为宗族64名、亲戚31名，计95名，朋友105名，计200名。其中除朋友之外，居住在吉林市的44名，住在陈家屯的38名、蓝旗屯7名、乌拉街4名。朋友，住在吉林市的64名，住在陈家屯的37名，住在乌拉街的20名。就是说纯赵姓有20户，在近亲中请了能请到的人。如果要加上远亲宗族亲戚达500人。他们居住在以陈家屯、蓝旗屯为中心的吉林市、乌拉街、亮子屯（今亮屯村）、富尔河屯（今富尔村）等地。以陈家屯来说只由陈姓和赵姓组成的。他们是以赵鸿志家为中心来组成分支家族的。他们平常共患难，拥有共同的墓地。而他们现在的亲属范围包括父、祖父、曾祖父、子、孙、曾孙等同一血缘关系的人。从其曾祖父发展而来的家有十三家，在陈家屯有十家，吉林市有三家，家族成员有143名。赵鸿志的曾祖父曾任将军，祖父任佐领，父亲是吉林县仓官……

从记述中，赵氏以家祭为核心的家族传统仍非常牢固，但是时代等其他文化对其家族的离析作用也已不可抗拒地在发生。参加仪式的大山彦一也注意到外来文化对满族家庭深刻的影响。他记道：

旗人特别重视的祭祀以（一）家祭、（二）墓祭、（三）佛（庙）祭、娘娘祭为顺序。但现在家祭正在被庙祭夺取其盛运。即从以血缘为中心的家祭转移到以地缘为中心的庙祭。但是夺取家祭盛运，破坏其家族制度背景的是天主教的渗透……在这次赵鸿志的家祭时天主教信奉者同宗族的赵鸿钧一族即赵鸿钧及其子赵守田、赵有田没来参加……

大山彦一亲历并记述的有关武木普家族的这场祭礼，是赵氏家族有据可查的一场隆重的家祭，也是以这个家族为代表的打牲家族在打牲乌拉事业终结后的生活珍贵的见证。

此外，大山彦一的记述，或许可以帮我们找到，这个家族的姓氏何以从原本的呼伦觉罗，变成"伊尔根觉罗"的原因。

从"觉罗"到"伊尔根觉罗" 1932年赵鸿志家的那场大火，祖龛（家谱在其内）、祭器一并被焚。从现在赵氏保存的家谱，伯支的家谱是从仲支或叔支的家谱抄录的。抄录时全依原本，只在谱序起首"觉罗氏"前加上了"镶蓝旗伊尔根"几个字。

这也说明，这个几乎与打牲乌拉历史相始终的家族，至打牲乌拉终结以后，受汉文化的影响，对自己的满族姓氏已经模糊了，不明了呼伦觉罗、伊尔根觉罗及其他觉罗姓氏的区别。从大山彦一的记述可见，时代的变迁、外来文化的渗透对一个家族不可抗拒的离析作用。而随着全球性现代文明的加速发展，从根本上改变着这个满族家族政治、经济以及生活格局，世界各民族历经数百甚至数千年积淀的传统与文化，如坚冰化水，迅速被瓦解。这时的中国，几经世界列强的侵略与战争，数千年形成的文化传统，变得支离破碎。加之近半个世纪以来，一轮又一轮的运动，使原本破碎的文化，不仅没有机会修复，反而遭到更为彻底的摧毁。

随着全球性人类物质与非物质文化遗产保护与抢救工程启动，近20多年来，抢救与保护人类文化遗产，成为全世界共同的主题。

吉林赵氏家族——即武木普及其后裔，是打牲乌拉打牲家族中一个具有代表性的存在。这个家族的来源与打牲时代的历史及打牲历史终结后的变迁，是打牲历史的缩影，也是东北民族特别是满族变迁史的典型。

2016年8月

第一辑　追寻

满族瓜尔佳氏与乌拉蒙文关源流

2014年11月9日，一个世居吉林的满族关姓家族——蒙文瓜尔佳氏（又称蒙文关），在前苇村为家族吉林始迁祖举行隆重的立碑祭祖仪式。这是吉林一个满族家族的大事，也是作为满族发祥地的乌拉与吉林值得特别关注的事。

这个家族追寻自己家族的历史、睦亲收族、赞颂祖先功德之举，客观上也是代表全体满族的寻根之举。这个家族的历史，是吉林满族一个重要源流，也是满族历史的一部分。它的由来与变迁，是对吉林满族特别是打牲乌拉历史的重要补充；它的未解之谜，也是当今值得挖掘与探究的满族民族问题之一；它的立碑与祭祖仪式，更是这个满族家族对自己祖先最庄重的崇祀，也代表后来者对吉林大地开发者功绩的礼赞。

瓜尔佳氏源流　蒙文关是满族诸多瓜尔佳氏的一支。瓜尔佳氏是当今满族最大的姓氏，以来源不同，仅在吉林地区，就有十几个之多。瓜尔佳氏的历史也是最悠久的，远可追至东北最古老的肃慎氏。

肃慎氏，是最早见著中国历史的东北民族，这个远在尧舜时代就以贡献"楛矢石砮"而闻名中原的族群，被公认为是满族最远的先世。肃慎—挹娄—勿吉—靺鞨—女真—满洲，这个东北民族史最悠久的族系——肃慎氏，无疑是这一族系最远的源头。如树大分支，在漫长的历史演进中，肃慎氏不断分出新的族群与姓氏。金以前的肃慎氏后裔姓氏史迹难觅，但其生生不息的血脉，从未间断地传递至今。乾隆时期编纂的《八旗满洲氏族通谱》记载了645个满族姓氏，据统计，今天满族姓氏已达千余。肃慎系在发展与历史变迁中，不断与其他族系发生融合，如皇太极时以兼并的女真各部为基础，吸纳东北许多族群，改族称为满洲共同体，即满洲族（后简称满族）。民族融合的结果，虽然不一定所有的满族姓氏都是肃慎氏的后裔，但其中世代生息于东北、有着悠久历史和深厚传统的大姓，一定有肃慎氏的直系血脉，瓜尔佳氏应该是其中之一。

瓜尔佳氏在满族姓氏中，像汉族的张、王、李、赵一样，是满族八大姓之一。这个姓氏可以上溯到金代。乾隆皇帝敕修的《满洲源流考》，认为金代"古里甲氏"即瓜尔佳氏。

有学者认为，"肃慎"为"地穴"或"穴居人"之意。中原史料记载这个东北海之外、大荒之中的"肃慎氏之国"，为避苦寒和猛兽的侵害，穴居是其主要居住方式。汉魏时期的肃慎氏后裔挹娄，居住方式演进为"半地穴"。现代考古发现，在三江平原的肃慎、挹娄故地，不仅半地穴居住址很普遍，众多城址的存在也是重要证明。有人从女真语研究推测，瓜尔佳氏之"瓜尔"，有"馆""阁""城"之意，"瓜尔佳"即"城之家""居房之家"或"城居之人"。如果确实如此的话，至少在汉魏时期，瓜尔佳氏的先人就已是一个以城居而显、支脉繁盛的族群。

然而瓜尔佳氏及许多满族姓氏在金代及以前的历史中史迹难觅。直到清代自乾隆年间兴起的修谱风尚，肃慎氏后裔通行以文字（初以满文后以汉文）记录家族史实，使以血缘为纽带的同姓氏族如大树般，根脉有依，传承有序，盛衰清晰。这些以同姓血亲构成的家族史，是满族民族史最真实最翔实的细节，承载着一个民族最鲜活的变迁、生活方式、精神与习俗等丰富内容，因此许多族谱具有破解满族历史之谜、补正史所缺的意义，是人类非物质文化遗产抢救工程备受关注的对象。

关姓在吉林满族中也是大姓，与满族赵姓，在清代乌拉有"七关八赵"之说。七关指"蒙文关""罗关""侯关""大户（苏完）关""乌苏关""佛关"等（实则不只七关），以示同姓但不同宗。这些关姓各有祖先，源流不同。比如"罗关"，为呼伦瓜尔佳。"呼伦"省读"罗"，而被省称罗关。每一关姓都各有渊源，多半以迁来之前所居之地冠于姓前，如"苏完关""乌苏关""安图关"等。这些家族的由来与历史，是一个家族的往事，往往也承载着其所处地域与时代的诸多往事与秘密，蒙文关也不例外。

蒙文关与始迁祖阿音佈禄　蒙文关始迁祖为阿音佈禄。这支瓜尔佳从哪里、何时来到乌拉？何以得"蒙文关"以区别其他瓜尔佳氏？至今还是满族姓氏中一个待解之谜。

关于自己族姓的由来，世居吉林松花江两岸的蒙文关氏已无人说得清。族中有人说，是清室赐姓，意思是"银"关；族中还有老人说自己是"蒙古关"。因何赐姓，或因何冠以"蒙文"都止于猜测。

据满族姓氏研究专家尹郁山先生考证：在所有瓜尔佳氏之中，唯独蒙文瓜尔佳氏是赐姓所致，所以别称蒙文关。蒙文关也叫"银"关。"蒙文"一词，在金代女真语汇中，汉译为"银"，在清代满语中，也汉译为"银"。这个银字，出自清皇族爱新觉罗氏的恩赐……

满族研究学者关云蛟先生认为，蒙文关是对"蒙古关"的误读。这个瓜尔佳像"安图瓜尔佳""讷音瓜尔佳"一样，是从蒙古之地而来的瓜尔佳，应是"蒙古关"，被误读成蒙文关。

关于这个家族的来历，蒙文关1940年正月所修家谱谱序是这样记载的——谱序从右至左竖排，内容如下：

清室先皇诗序列左

白山双山之安图后居住之

尊先祖阿音佈禄在辉发打牲为业，又在库伦青山居住采猎。由青山迁至和业穆居住以前，随驾出征，在前锋有功，调遣先祖嗣赴莫尔根奉旨设立旗佐八部。又于酉年三月五日到乌拉，设立八旗，奉旨开设贡山。赐赴三姓城，在威德利山、色穆肯山按本分都助清室先皇做事云。永垂不朽，书谱为云。

明朝时期，原居松花江中下游和黑龙江下游的海西女真大举南迁，在长白山地区松花江上游、辉发河及叶赫河流域，逐渐形成乌拉、哈达、叶赫、辉发四部，即扈伦四部。南迁途中，众多的瓜尔佳氏曾在长白山安图一带居住。这些瓜尔佳氏在努尔哈赤统一女真各部后，随之南迁。迁到其他地方后，多以"安图瓜尔佳"为姓。从序"白山双山之安图后居住之"可知，蒙文瓜尔佳的先世亦在南下迁徙中经"白山""双山"，曾在安图居住过，是安图瓜尔佳的一支，本姓应为"安图瓜尔佳"。蒙文关所尊始迁祖阿音佈禄来到（或安葬）乌拉前，亦几经迁徙——先在辉发部聚居地以打猎为业，后来在辉发之地的库伦青山中居住下来，以采集打猎为生，后又从库伦青山到"和业穆"之地居住。阿音佈禄迁徙的时间当在努尔哈赤统一女真各部时期，是辉发部民或遗民。他在库伦青山时，曾加入了努尔哈赤对各族的征战，即"随驾出征"。谱序记录了所尊先祖阿音佈禄"在前锋有功"。这一支瓜尔佳何以在乌拉得姓"蒙文关"，谱中没有明确记载，亦没有与"赐姓"相关的些许信息。

从谱序关于阿音佈禄迁徙经历看，阿音佈禄生前似乎与乌拉并无关系。作为以狩猎为业的出色猎人，因"在前锋有功"，所建功勋泽及子孙，也泽及乌拉这块土地。阿音佈禄共有七子，其中除第四子迁居京城外，其余六子，成为繁盛的蒙文关六大支的二世祖先。

族谱记载清廷因阿音佈禄的功绩，调遣、择用他的后人赴莫尔根（今嫩江，清代索伦八旗总管衙门所在）"奉旨设立旗佐八部"。阿音佈禄的后人何时到莫尔根不详，但从莫尔根到乌拉的时间，谱序记述得非常具体——酉年三月五日，应为顺治十四年（1657年）的丁酉年，这一年清廷在乌拉正式设立打牲乌拉总管衙门。谱序之"设立八旗，奉旨开设贡山"，指顺治十八年（1661年），乌拉设立打牲八旗，首领从各旗中选出一名"莫尔根"（一种称号，有勇敢的猎手或英雄之意）担任。据"罗关"家族族谱记载："迄于顺治辛丑年（1661年）……经盛京将军英寿副都统那穆采阅乌拉地面山环水绕，土地膏肥，堪以设置安旗，专司打牲一部。当经呈请奉准部咨遂执乌拉居住猎户挑选八名旗人八大户编联八旗，每旗捡放莫尔根一名为首领（即领催）……"罗关家谱除了记载自己家族的祖先被拣放为镶红旗首领，还分别记述了其他七旗被选出的莫尔根。阿音佈禄长子爱喜被拣选为镶蓝旗首领。

打牲乌拉历史上有些"贡山"，应该是作为打猎世家出身的爱喜带领打牲镶蓝旗"奉旨"开设的。其后，代代蒙文瓜尔佳在镶蓝旗中，以渔猎为业，为打牲乌拉采贡事业的中坚力量。今居于前苇村70岁的蒙文关十二世关振泽老人，仍然真切记得他二爷讲述的当年送贡的往事：二爷赶着插有皇清贡旗的马车，去往京师的路上所经驿站供吃供住，礼遇有加。最后一趟送完贡是宣统时候了，回来时先是坐火车从北京到长春，再从长春回到乌拉的。

蒙文关与乌拉"北兰" 乌拉打牲八旗以爱喜为首领的镶蓝旗瓜尔佳氏，到乌拉前因来自莫尔根（那里属于蒙古地），而被冠以"蒙古文"，以区别旗内其他瓜尔佳氏，这个推论似更合理。

阿音佈禄的子孙以镶蓝旗定居乌拉后，将阿音佈禄遗骨和其子二世行三那蜜的遗骨安葬在乌拉旧街四通碑。后辈繁盛的子孙，奉此地为祖茔，奉阿音佈禄为头辈祖先。据保存在渔楼村蒙文关第十三世关佰清家的二世行五支家谱，除二世行四"随驾奉公赐旨官显护部士郎于京落户后茔原在京后世支代见荣"扎根在京外，其余六子为今六大支二世祖，茔地及后世子孙均记在谱书与谱单上。

乌拉"北兰"与"南兰"，即因最早为镶蓝旗旗民居地而得名。北南之别，就源于镶蓝旗关姓（即蒙文关）居北，同为镶蓝旗的武木普赵氏家族居南，而被分称北兰（关姓）、南兰（赵姓）。

今天的蒙文关，以阿音佈禄为头辈祖，已传至十六世。从顺治十四年（1657年）初到乌拉扎根，至今已三百五十余年。家族繁盛，已几经分支，所居除以打牲乌拉所辖松花江两岸村屯如乌拉街、亮屯、杨屯、北兰、韩屯、渔楼村、莽卡乡、石屯、张庄子、小周村等较为集中外，还散居于吉林市及北京、天津、黑龙江、辽宁、浙江、江西等地。为始祖立碑，许多人从各地赶来参加仪式。

始祖阿音佈禄在乌拉初葬之地，族谱记载为"头世茔园在乌拉旧街西北松花江左岸距离二百弓许内有坟墓两座，坐寅向申石碑一面，碑右祖茔二世行三茔原列左"，1980年的平坟运动，居于北兰、前苇子沟、渔楼村、石屯、南泡子沿、韩屯等46位族人，用马车将两位祖先运到前苇村的家族墓地。而今又过去三十多年，族中辈分最高的十一世关致中和其子关怀、关峰倡议并积极出资，为祖先重立墓碑。前苇村十二世关振泽、关振良两位老人，特别选择离自己家不远的元宝山下为茔地，族人关佰庆、关庆发、关世友、关振超、关佰阳、关山越等出资出力，组织族人修建陵区和道路……

满族大家族立碑祭祖仪式，是对祖先的追念，也是对自己民族的追忆。

满族，这个东北大地具有最悠久历史与传统的伟大民族，由于历史与时代的原因，历经数千年积淀形成的独具特色的语言、文化、传统与习俗，在仅仅数十年时间，几近消亡，成为呕待抢救的对象。

以一个家族之力，为祖先立如此巨碑，在吉林满族中前所未有，立碑仪式亦是当今罕见的——凭借依稀的记忆与对满族传统生活的理解，试图再现祖先骑马、驾鹰的气象，重温渔猎时代祖先生活的气息……

这是蒙文瓜尔佳氏对祖先生活的模仿和想象，亦是今日满族重拾已逝去的民族记忆的尝试与努力。

而对祖先的祭奠与崇祀，是重拾和追忆民族历史与文化最好也最重要的契机。

2014年12月

乌拉部民伊尔根觉罗氏（于赵）寅虎年修谱印象

　　2010年3月13日，星期六，吉林市正北30千米处位于松花江左岸的土城子乡土城子村，有一个规模盛大的聚会。聚会的主题，与我以往参加过的大大小小的聚会都不同，这是一次以血源与姓氏为纽带的聚会，这时，我才懂得"寅虎"年的特别含义。

　　为迎接"寅虎"年的到来，我例行工作，编辑了一个版面。为强调虎年的主题，做了一个醒目的63磅超粗黑体通栏大标题。标题是我撰写的，"寅虎从风至，大地春早回"。正月初一发行的时候，这几个字被印成大红色，以之装点新年的喜庆和春节的春意。如今寅虎已过了一个多月，大地仍没有春回的迹象。当然这并不需我为自己撰写的文字不合实际负责——今年春来晚。而如果没有3月13日的经历，我已忘记我曾使用过"寅虎"这个词了。

　　3月13日，虎年的正月二十八。显然这个日子，是被这个家族精心选择的——"佛满洲镶黄旗伊尔根觉罗氏（于赵姓）修谱仪式"红底黄字的条幅，醒目地显现了聚会的主旨。

　　在这醒目的条幅前，300余位老老少少男男女女，面对绘有祖先名讳的谱单和为逝去的祖先设立的祭坛，依辈分先后，三叩头。

　　我站在这些跪倒在地的人们的后面，感慨万千。特别是正当壮年和青年的"明"字辈与"文"字辈叩首的时候，他们的背影，就像黑色的江水，连成一片……

　　这些连成一片的背影，在我的眼里没有分别，我面对他们也分不出他们谁是谁——当然每个人都像我一样，有自己的名字、自己的社会身份、自己的职业、自己的生活方式、自己的情感经历等等。但是和我（包括其他在这个场合里没有跪拜的人们）不一样的，他们之间有一条看不见的线连接了每个人，就像大树深处的根须，就像同一条河流的水滴——所有在祖先祭坛前跪下的人，在他们自己的名字里，都会有"华祝荣光耀，福禄纪恩泽，云明文科显，安允敬诚怀"中的一个字——拥有同一个字的是兄弟，不同字的则为父子（侄孙）……每个人的名字都记在谱单上，仪式之后，十年前的龙年修谱后出生的子孙也将被记在上面——这个从一个叫"三泰"的祖先开始的家族，他的十一世直到十五世子孙，将多达一千余人。这一千多人，还会衍生十六世、十七世、十八世……像不息的河流一样。

我以采访者的身份进入其间，实际上我不是也不能是他们中的一员，我是一个旁观者。看着他们所做的一切，熟悉而又陌生。他们像我的父兄姐妹，我听得懂他们的乡音，明白他们的讲述，同时我又对"佛满洲""镶黄旗""伊尔根觉罗氏""于赵姓"备感隔膜。这些语汇就像来自另一个世界的语言，就像我听不懂的松花江的流水声。

《佛满洲镶黄旗伊尔根觉罗氏（于赵氏）谱书序》记载：

溯我于赵氏家族系佛满洲镶黄旗伊尔根觉罗氏，清朝时期隶司于打牲乌拉总管衙门，捕鱼世家。我祖籍地在松花江东岸，系明代海西女真人，扈伦四部之一乌拉部的部民。1613年农历正月初七，努尔哈赤率建州部女真人统一乌拉部。乌拉部民被编入佛满洲镶黄旗，并恩赐为"伊尔根觉罗氏"，故我祖茔地在乌拉街……

从谱书序可知，这支"于赵氏"最早祖先来自海西女真乌拉部。

关于"觉罗"，长白丛书《吉林满俗研究》记载：觉罗姓氏，辽代称加古，金至元代称夹古，明代称夹温，清代称觉罗氏。称此姓者最多，分为爱新觉罗氏、伊尔根觉罗氏、舒舒觉罗氏、西林觉罗氏、通颜觉罗氏、阿颜觉罗氏、呼伦觉罗氏、阿哈觉罗氏、察喇觉罗氏等。其中爱新觉罗氏，世居俄多里（今黑龙江省东部）、赫图阿拉（辽宁新宾）两地，系清太祖努尔哈赤的皇族姓……伊尔根觉罗氏，世居地在穆溪、叶赫、嘉木湖、松江花（今土城子渔楼一带），现改佟、赵二姓……

从谱书序中可知，于赵氏的族源与这些伊尔根觉罗氏不同，不是今天于赵氏的本姓，而是乌拉部被努尔哈赤统一后的赐姓。伊尔根觉罗氏原为建州女真部落的平民——即觉罗的平民百姓。三泰的后人只是众多被赐伊尔根觉罗氏中的一支，他的先人，像乌拉部以及乌拉本身一样，其历史和历史中的存在，仍像谜一样，读不懂的不只我一个人……

2010年3月

汉姓赵氏寻找丢失的满族老姓

2003年年末的一天，一位叫赵百生的读者给编者打来电话。说他是"文化档案"版的忠实读者，许多年来有一个巨大的疑问困扰着他和他的众多亲人。

赵先生现年五十多岁，他和家族的诸多亲人土生土长于吉林，祖上是满族人，他的太爷赵宽曾是大清军人，战死长沙，归葬吉林，墓地在今小绥河兰旗屯附近的小红土。作为满族人，他们不仅有汉姓，还有满姓，在太爷时满姓和汉姓还同时使用。后来记载家族历史的家谱在"文革"中被毁，记载太爷满族姓名和旗属的墓碑也早已不知去向。他想知道，他和他的家族满姓姓什么，属于哪个旗。

赵先生提出的问题，对于吉林乃至关东相当多的满族人来说，是一个很普遍的问题。

没有现成的文献或有关文字资料可以给出具体的答案。带着同样的疑问，我们向满族民俗专家关云蛟先生寻求帮助，并随同他一起进行了一次"寻根"采访。

满族作为中华民族大家庭的重要成员，它曾创造了中国漫长封建时代最后的辉煌。回望满族在人类历史上曾经强大的时期，无疑，姓氏曾是其民族的一个重要特征。以爱新觉罗氏为首，满族姓氏在流传数千年的华夏百家姓之上尊贵了数百年。

满族姓氏形成的历史也是悠久的，上溯起来，也不比一些汉姓短。但是它的消失却是迅速的，之于历史，仿佛一夜之间就没了踪影。

在满族的历史上，曾历经了两次大规模的改姓。

第一次改姓是在满族最为强大的时候。满族成功地入主中原成为统治民族之后，为了巩固政权和更好地接受汉族先进文化的需要，清王朝提倡满汉一家，一时满族改汉姓成为时尚。但是这一次的改姓，并不是真正意义的"改姓"——不是以汉姓取代满姓，而是满姓与汉姓共用，更彰显着民族的优越感。每一个满族人，不仅仍以他的满姓为尊，他的汉姓出处，也是依据他满姓中的某个音或义附会汉姓而成。如最为著名的满姓"爱新觉罗"，这个姓氏改成的有"金"和"赵"等十多个汉姓。爱新觉罗改金姓，是依满语"爱新"的意译为"金"；改赵姓，是"觉罗"的发音与汉字的"赵"的音相似。

满族的第二次改姓，是它作为统治民族退出历史舞台的时候——这是满族失去它重要民族特征——姓氏的真正原因。辛亥革命推翻了清王朝的统治。孙中山的"驱逐鞑虏"口号，令拥有满姓和汉姓的满族人，在全国范围内，几乎不谋而合地放弃了满姓。从此汉姓成为他们唯一的姓氏。

由于种种历史的、社会的、政治的原因，满族人这次完全的改姓，不仅改掉了他们具有血缘标志的种族特征，同时也几乎令他们放弃了与自己民族有关的记忆。赵百生先生说，他的父亲因为曾在伪满警察所里工作过，新中国成立后，填写工作履历表时，在民族一栏，甚至没敢如实写上满族，至今赵先生一家的户口簿的民族一栏里仍是汉族。

赵先生的父亲赵象理是赵家众亲人中最年长的，今已87岁高龄，神智已不太清晰，常常糊涂得不知道他身边的儿子是谁。但是老人却能清楚地说出他的父亲和祖父的名字，每到年节仍不忘催促他的儿孙们到这些先人的坟上去祭奠。老人似乎对他祖父的记忆更为刻骨铭心，也许因为这位先人是这个家族记忆中尚能追忆起的最远的祖先。可是，依老人的记忆，他能提供的关于他满族姓氏的有价值的讯息，只有：曾是大户人家，有人为官，属于镶蓝旗，曾世居松花江南的"江西阿什"。

访问了赵先生的父亲和他的家人，获得的"镶蓝旗""世居江西阿什"、过去是个满族富户而且家族有很多人充军或当官……这零星线索，想要解决赵先生和他的家人追寻的问题似乎仍很渺茫，但是对于多年从事吉林满族民俗（包括姓氏）研究的关云蛟先生已足够重要了。关先生据此做出了推断。

历史上，满族由679个满姓变成144个汉姓。其中有几个满姓变成一个汉姓，也有同一个满姓变成几个汉姓。关于满族赵姓的来源，有多种情况，以赵先生家族现在提供的线索，关先生以排除法，将赵先生的满姓确定在两个姓氏内，一为伊尔根觉罗，一为扈伦（或辉发）觉罗。

觉罗是关东民族的一个古老哈拉（民间称母姓），辽金时称"加古"，明代称"夹温"，清时叫"觉罗"。清时个体满族姓氏，往往以母姓与家族居地构成族属或穆昆。关云蛟先生以自己的姓氏为例：他的世系母姓是瓜尔佳，但族属是呼伦，所以他的满姓就是呼伦瓜尔佳。改汉姓时称罗族关氏。

初步确定了赵先生的世系母姓为"觉罗氏"，但是他属于哪个"觉罗"呢？关云蛟先生建议，去江西阿什进行实地访问。

我们先来到丰满区孟家村村委会，寻访这里所属的江东或江西阿什满族赵姓人家。在一位老者的指引下，我们找到了曾住江西阿什的一位现年63岁的老人赵振武。老人是阿什真正的坐地老户，他说他的祖上从明末清初就来到这里，至今已有几百年了。祖上属于镶蓝旗，祖籍地是磐石黑石镇小黑山，后辗转迁到吉林。至于他们的满族姓氏，这里所有的满族人都不记得了。

关先生根据赵振武老人的叙述，得出了如下结论：曾居磐石小黑山的赵姓即赵振武祖先的迁徙轨迹应是从小黑山因当时军事需要迁到沈阳。到沈阳的满族赵姓又迁徙到通溪（今九站），通溪的赵姓被编入打牲乌拉镶蓝旗迁到南兰（今金珠乡）。在南兰的赵氏后裔一小部分迁到丰满阿什（江西阿什）等地方。阿什赵姓后又分支。在南兰的赵氏后来有一支迁到吉长公路一线的小绥河的小红土，即赵百生太祖父所居地（赵家祖坟仍在小红土）。

关云蛟先生拿出笔来，在纸上认真地写下了几个字：呼伦觉罗·振武。他指给老人说：这就是你的满族姓名。关先生说，据考证，明代磐石辉发河支流呼兰河流域的女真人，大多以呼伦或胡伦、呼兰、扈伦等同音或近似音为族称，与原哈拉（姓氏）合并为新的姓氏。磐石黑石正是上述女真人居地，如原满姓是觉罗氏的话，应当是呼伦觉罗。赵先生的情况和近些年调查呼伦觉罗氏史实相符。

由此基本可以认定，呼伦觉罗，就是赵先生和他的家人苦苦寻找的丢失多年的满族姓氏。

告别呼伦觉罗·振武老人，我们特别从江东阿什经过阿什哈达摩崖，过丰满大桥，绕江西阿什而回。沿途是静穆而安详的村庄，"大蓝旗""红旗"等地名标识从我们眼前掠过。可是，仅仅这阿什一带，包括仍生息于这里的人们，又有多少人记得这块土地开发的历史？

在这块土地上，失去了自己民族姓氏的满族人不只赵先生一家，他们所丢失的也不只是自己家族的姓氏，而是一个城市或一个民族历史与文化内涵的点点滴滴。我们所以帮助赵先生，不仅仅是帮他找回丢失的民族姓氏，同时有可能找回这座城市已丢失的一些记忆。

2004年1月

寻找失落的满族"计"姓

2006年6月21日《江城日报》松花湖·文化版刊出了《走进最后的满语村落——赴齐齐哈尔三家子村采访纪实》，受到广大读者关注。其中，一位叫计国金的读者打来电话，说他注意到采访纪实中三家子村会满语的计金禄与他同姓。他希望知道，他与三家子计姓是否属于同族，他们曾经的满姓是什么。

寻找自己的祖先，寻找自己家族历史的源头，寻找自己血源和文化之根，这已不是个别现象。近年随着世界人类文化遗产抢救工程的启动，现代人对自己民族、地域乃至家族的自觉意识得到空前提升。寻根，已不是某地某人的个别行为，而是一个日渐普遍的文化热点。

吉林，作为历史上的满族发祥地之一，曾经在漫长的历史岁月里处于政治、经济、文化中心，特别对于许多满族同胞来说，这里亦是自己家族的发祥地和历史之根。但随着历史变迁、社会演进等诸多原因，许多满族人不仅失去了自己的历史，还失去了自己的姓氏。随着全社会民族意识的觉醒，寻根已是越来越多家族的愿望。这让我们在了解一个家族流向的同时，也了解了一个民族的流向和历史片断。

我们的"寻根"之旅，就从计国金先生开始。

计国金先生也是满族，祖籍黑龙江省。他向笔者询问三家子计姓的情况，想知道他们是否出自共同的祖先。

笔者在三家子村时并未留意所询问的计姓人士的情况，无法答复计国金。带着计先生的疑问，特约请同赴三家子的刘厚生教授前往计国金先生家。

计国金先生今已74岁，从财政部门退休后，开始了对自己家族的寻根工作——这是他和他的家族长久以来的一个共同心愿。

计先生出生于黑龙江省五常市营城子满族自治乡计家村。现在一百多户的村子，百分之八十以上村民均姓计，都出自共同的祖先。据现保存完好的计姓家谱记载，计家村计姓于乾隆九年（1744年）从北京顺天府宛平县辘辘把街草帽子胡同迁到这里扎根落户。

清王朝定鼎北京之后，东北大量的满族人进入了京城。清王朝的中央政权日益稳定后，在京城数量过多的满族人的生活给政府带来一定压力，同时大量满族人进入京城，也造成东北边疆军事力量的薄弱。东北是清王朝的龙兴之地，清政府从康熙年间开始实行京师满族大规模回迁东北屯垦、戍边政策。在这种背景下，曾生活于北京的计姓七兄弟，随戍边一千户，迁回东北，被安置在拉林附近的营城子，途中七兄弟中失落了一个兄弟。六兄弟落户之地，被称为"计家"，是"计家村"的开发者和最原始居民。近年计先生在寻找自己祖先历史、自己的满族姓氏的同时，也在寻找当年失落的这一支宗亲的后人。他想知道，三家子村计姓是否是计家失落的同宗亲人。

近几年计国金多次回到五常计家村，参加家族活动的同时，更注重搜寻祖先历史的相关信息。他让自己的儿子用摄像机录了许多资料，包括保存在计家村的用满汉文抄写的计姓家谱。他将这些资料放给我们看。

刘厚生教授详细询问了计姓家族流动的细节，他不无遗憾地告诉计国金，三家子计姓肯定不是他们失落的那一支。他说，三家子计姓自称是水师后人，多半来自吉林水师，在康熙年间就来到了三家子。根据已知线索，从时间和出处都可推断，五常计姓和三家子计姓不是同宗，至少不是七兄弟中失落的那一支。

据计先生讲，保留在计家村的谱书，前面的序言是用满文书写的，没有人能识读，他在用摄像机录制的时候，有人说没人能看懂，录了也白录，他就没有录。刘教授对此深感遗憾，也许关于这个家族最重要的线索，就在这一部分内容里。他表示，以后计家家族有活动，他愿意前往，亲自翻译这部分档案，从中或许能发现计家更多的秘密。计国金先生最后拿出他根据录像绘制的还未完成的一份长长的谱单，最上面写着他们第一代始祖的满族名字——莫勒多付（满族姓氏专家尹郁山先生认为应为莫勒敦），从时间上推算，这位始祖应与努尔哈赤是同时代人。

我们这次访问，虽为计先生排除了与三家子计姓是否同宗的疑问，但是也没有找到计先生渴望知道的计家满族姓氏的线索。

为此，笔者又访问了满族姓氏研究专家尹郁山先生。遗憾的是，尹郁山先生查遍了他自己掌握的和东北三省乃至全国已出版的满族姓氏资料，均没有关于计姓的记载。

计家从先祖莫勒多付算起至今已历十数代，家族支脉繁盛，但是仍在不断繁衍的宗族，无论从整体还是个体，都处于对自己历史失忆的状态。

满族，这个曾经在中华历史上有着伟大贡献的民族，到今天，对自己民族失去记忆的不仅计姓一家。找回自己的历史，已是越来越多的现代人的渴望。计老先生的寻根仍任重而道远，唯其不易更显示出非凡的意义。

2006年8月

尼玛察觉罗（杨肇）家族原生态家祭

随着世界性人类非物质文化遗产保护与抢救意识的深化，满族文化作为保护与抢救的重要对象，不仅为中外满学家与学者所重视，亦不断提升满族族众的民族意识：追溯祖先源流，重拾失落的家族传统已经成为一些满族家族的自觉。

吉林地区作为满族重要发祥地，最近的龙虎年以来，迎来了沉寂达半个世纪的满族续谱祭祖第一个高峰期。这正在渐兴的潮流中，为"满族"这一族称所囊括的原本丰富的民族源流，不同的血脉族源，各不相同的来龙去脉，原本是清楚的，汇入同一大河历经数百年的融合，在人们心中已变得越来越模糊。而今通过祭祖续谱，在参祭的满族人心中重又清晰起来，也是当今世界找回失落的满族人文记忆的难得契机。

（2012年）10月23日起，吉林市小白山乡段吉村七队的杨氏，举行"尼玛察觉罗穆昆（杨肇家族）烧香祭祖大典"，历时三天。这次规模不为大（在自家院落内外）、参祭人员不为多（杨氏四兄弟与三姐妹）的祭祖典仪，吸引了众多来自北京、黑龙江、广东及吉林许多研究机构的专家、学者和满族文化爱好者。著名满族文化研究专家富育光先生、中国社会科学院民族研究所孟慧英教授，也专程到来参加典礼。这次庄严隆盛的家族典礼，是杨肇家族完成父祖遗愿与家族心愿的大典，也是一场满族悠久遗俗的原生态展示。

尼玛察觉罗穆昆（杨肇家族）源流　满族尼玛察氏是一个有着悠久历史的家族，在吉林地区今多为杨姓。追溯其族源，可上溯到明代东海窝集部尼玛察路。明代满族先世女真族分为建州女真、海西女真、野人女真等几大部。明代吉林地区主要属海西女真又名扈伦四部居地，其北为野人女真或东海女真的范围，其南为建州女真活动地域。

明末建州女真爱新觉罗氏兴起，努尔哈赤统一女真各部的战争中，野人女真尼玛察部是较早归附的部落之一，原居住在今兴凯湖和乌苏里江一带。据杨氏家族口传历史和族谱记载，一世祖达穆舒王，率族众来到建州，加入八旗，受到努尔哈赤的高度礼遇，赐姓并以皇家格格许婚——这也是这个家族满姓"尼玛察"之后还有"觉罗"意为"杨肇"的原因。

在满族姓氏中，凡有"肇"字的都与清皇室有关。建州女真统一女真各部后，杨氏一世祖随龙入关居于北京。康熙十八年（1679年），居于北京的杨肇，有两支族人被调回关外，一支在移驻吉林的宁古塔将军麾下受命，驻贵子沟镶蓝旗营，今段吉村所在。这一支即为举行祭祖大典的杨氏先人。

从康熙十八年算起，杨肇家族在此地居住已有三百余年。曾经像所有满族大族一样，这也是一个以家祭为重的家族。尼玛察觉罗穆昆的家祭典礼直到五十多年前，从未间断地被族人隆重地传续。

杨肇家族祭祖缘起　这次"尼玛察觉罗穆昆（杨肇家族）烧香祭祖大典"主祭人杨庆玺，是杨氏诸兄弟姐妹中的老大。关于家祭令他最为难忘的是50多年前的家族最后一次祭典。

曾经曾祖父以59口猪祭天，成为家族佳话。曾祖父生前还曾发愿要用60口猪祈天安祀，但时事变迁，这个心愿再没有机会实现。虽然始终没有机会延续家祭的传统，但是父亲杨泽浦从没忘记先祖的心愿，进而成为他生命中最大的心结。五十多年来，不知有意还是无意，杨泽浦对儿子讲述家祭的心愿，更多的内容是关于尼玛察氏祭礼不可少的程序与细节。杨庆玺渐渐了解那些颇为繁缛的礼仪的过程中，童年时被抓"察玛"的经历，其中蕴含的源自祖先的期待，在他心中渐渐滋生为责无旁贷的责任。

这次"尼玛察觉罗穆昆（杨肇家族）烧香祭祖大典"即是完成父亲生前希望恢复杨氏家族家祭规矩的心愿，也是接续中断经年的家祭传统的全面尝试。大典按照较为明确的符合杨肇家族应有的仪轨，虔诚操作，完整地践行，全力再现满族尼玛察觉罗家族原生态家祭仪轨。

杨肇家族原生态家祭的内涵与意义　杨肇家族祭祖典礼的原生态追

求，也是吸引众多专家学者的重要原因。满族家祭，是一个家族传续血脉与精神的礼仪，也是传承历史的方式。许多失落的历史就深蕴其中。

杨肇家族的祭典全程为时三天，备五口全黑生猪。大致仪程为，第一天，在院子大门上挂草把——家族祭祀的标志，杀第一口猪，祭庙；每二天，杀第二口猪，祭神树，杀第三口猪，祭祖；第三天，杀第四口猪，祭院子，杀第五口猪，祭星。

这些礼仪折射出传承自野人女真部落时代更为古老的习俗。

祭神杆又祭影壁，反映出既有野人女真的传统，又有清室宫廷的祭祀习俗，与这个家族的祖先曾随龙入关受过北京宫廷生活影响，后又出关回到满族文化原生地有关……

尼玛察觉罗穆昆（杨肇家族）原生态家祭，庄严而隆重的典礼完成了这个家族的心愿，也是满族待抢救的非物质文化遗产难得的呈现。

2012年10月

吉林他塔拉氏与魁升

　　满族最远先世为数千年前的肃慎——东北大地最古老的民族，是中华民族不可或缺的组成部分，是中华民族的血脉族源。这个族群，不仅以强大的活力参与中华民族的创造，还不止一次成为统治民族。吉林，是清代满族的发祥地，也是东北除盛京（今沈阳）以外北方最重要的重镇。有清一代，直到今天，仍是满族传统与姓氏保存最好的区域，成为全国满族寻根问祖、探寻姓氏源流不可忽视的地方。

　　他塔拉氏，汉姓唐，是清代满族八大姓之一。吉林三杰之宋小濂在《重修他塔拉氏族谱》序中言："满洲著姓首推瓜尔佳氏，次则他塔拉氏……"

　　他塔拉氏作为满族大姓，源远流长、根深叶茂。这个家族的变迁及其历史贡献，可谓东北满族变迁史的缩影。

　　明代晚期，东北的女真人形成三股大的势力，即努尔哈赤为首的建州女真，扈伦四部之乌拉、叶赫、哈达、辉发为主体的海西女真和东海野人女真。修于清嘉庆十五年（1810年）的《他塔拉氏家谱》原序载："谱成缅怀先德，我族本瓦尔喀部安楚拉库内河人。太祖朝随穆坤达（族长）罗屯来归后之人也……"由谱序可知，他塔拉氏即属东海野人女真瓦尔喀部。他塔拉氏因家族繁盛，同族分支散处。其中以居于札库木、安楚拉库两支为著。

　　明末努尔哈赤建州部与海西女真争雄消长中，他塔拉氏及所属部落是双方争取的对象，甚至是决定成败的重要力量。《清实录》载，乌拉、叶赫等部一边遣使与建州结盟，盟罢，"布瞻泰（乌拉部主）旋执太祖（努尔哈赤）所属瓦尔喀部安楚拉库、内河二路头人为众所推者罗屯、噶石屯、汪吉努三人送叶赫，使招所部贰于太祖……"最终，罗屯做出了改变家族命运的抉择。乾隆修《满族八旗通谱》有载："正红旗人，世居安楚拉库地方，国初率八百户来归，居五大臣之列……"因之他塔拉氏以居安楚拉库为最著，以罗屯为最显。随罗屯"来归"的贝楞额，与族人散居于宁古塔。

康熙十年（1671年），宁古塔副都统安珠瑚率八旗军三千人移驻吉林筹备建城，时吉林名船厂。贝楞额随之移驻吉林隶镶红旗布特哈牛录第二佐领，居船厂（吉林城）北七十五里大唐家屯（今桦皮厂镇祖家岭村），为吉林他塔拉氏始迁祖。贝楞额葬于大唐家屯北八里雅通河东岗，有子二，长子倭尼堪，次子额勒穆，由之分出两大支。

他塔拉氏是最早参与开发与兴建吉林城的家族之一。《吉林他塔拉氏家谱》"族居记"条载，大唐家屯位于"省西北七十五里，俗以他塔喇氏为唐，盖转音也。遐迩沿呼之。凡西唐家崴子、南唐家崴子"，均以他塔拉氏而得名。

大唐家屯为吉林他塔拉氏的最早居地。居于吉林的他塔拉氏世隶镶红旗，随着人口繁盛，仍保持和族而居的传统。居地以吉林（船厂）为坐标，散布于厂北、南山、上江、拉法沟等处。《吉林他塔拉氏家谱》"和族"篇载，"……仿照选举法于厂北厂南各举穆坤一人，拉法沟举穆坤二人，又复选总穆坤一人。凡祭祀祠墓判事析理各穆坤议之，总穆坤主之，移驻者办法与上同"，族中诸事及犯禁惩治均由穆坤主之。

中俄雅克萨之战取得决定性胜利后，清廷为加强黑龙江国防及开发的需要，康熙二十九年（1690年），拨吉林八旗军八百名移驻黑龙江地方，吉林他塔拉氏有四支移往齐齐哈尔；其后康熙五十四年（1715年），又有两支移驻三姓；雍正三年（1725年），有两支移驻阿勒楚喀；嘉庆二十五年（1820年）有四支移驻双城堡……致遍及吉黑两省。这些因国家需要而迁于各地的他塔拉氏，与吉林他塔拉氏同祖同源，吉林是他们的根。

他塔拉氏不仅在努尔哈赤开国之初因率族来归而有居于五大臣之列者，后来有问鼎中原、维护国家安定、开发东北、保卫边疆等建功立业者，荣耀亲族的功绩，早期《满洲八旗通谱》有载，有的《清史稿》有传。

清末民初最有影响的一位他塔拉氏，名魁升，字星阶，为吉林他塔拉次支十三世孙。自七世祖始，迁至吉林南山大关门山，即今永吉县关马山——魁升生于斯葬于斯。

魁升祖母札拉哩氏，为盛京将军依克唐阿的姑母。其父富绅佈年轻时，因吉林马贼作乱，曾受依克唐阿之邀助其剿贼，贼平后仍归乡以耕读为务，教导诸子，善助亲友。二十年后，依克唐阿任珲春副都统时特请富绅佈至军中佐理政务，富绅佈卒于军中。富绅佈与妻伊尔根觉罗氏（封淑人），生三子一女。魁升为第三子，一妹嫁给成多禄，为成多禄继配夫人。

魁升与兄荣升均投效珲春依克唐阿军营，不平凡的人生，从清代著名的诚勇公军营开始。成多禄第一次出山，入盛京将军依克唐阿幕，亦为魁升所推荐。魁升为成多禄妻兄，亦为人生知己，与宋小濂、徐鼐霖等均为挚交，曾与吉林这三杰同在黑龙江将军（巡抚）程德全幕中共事。清末曾任黑龙江省财政司司长，民国后历任黑龙江省财政厅长、奉天政务厅长、代省长，代理吉林省长等。受成多禄编修《吉林成氏家谱》影响，借黑吉两省工作之便，重修《吉林他塔拉氏家谱》，为吉林满族诸姓中体例最完备的谱书。对吉林各族居地，从始迁祖到十五世，记载具体到某人、某支、某世原住某处、某年迁往某处等，对移住齐齐哈尔、阿勒楚喀、三姓、双城堡等各支系有"移驻考"，并附载"吉林黑龙江居址总分图"，图示所居各省县府的具体位置——无疑，这将是今天满族唐姓（他塔拉氏）寻根问祖最重要的依据，是了解东北满族源流迁徙、宗族制度、家规祠墓、信仰等重要资料。

此外，特别值得珍视的是，《吉林他塔拉氏家谱》中还收有张朝墉为书名所题篆书，程德全、周树模、宋小濂、张锡銮、徐鼐霖、成多禄、谈国楫及魁升本人所作序。这些序文，我们不仅得以欣赏到众多对东北政坛发生过重要影响的名流的书法墨迹，从中还可得见他们的治国齐家的思想和在当时背景下这些有识之士对满族世家怀有的期望与忧患。

距今一百年前，吉林三杰之宋小濂在序中所言，今天读来，宛如预言："……近自融和满汉之说起，满族多仿汉人，一字为姓。如瓜尔佳，切音为关，他塔拉，切音为唐，其他之类不胜枚举，一字冠首争相摹效。余窃意不三五世，关者不意其为瓜尔佳，唐者不知其为他塔拉，以至何者、陶者，不知其为赫舍哩、托霍洛也，所谓数典忘其祖者兆耶？岂知满汉融和之实固在彼，亦在此哉！故余谓星阶（魁升），必以保姓为急者，盖他塔拉氏满洲名族，即使世实无常，而一姓渊源自不可灭……"

魁升主修的《吉林他塔拉氏家谱》，是他塔拉氏的寻根宝典，也是了解吉林乃至东北满族最珍贵的第一手资料。（2014年1月）

追记：近日翻《蛟河县文物志》（1987年5月出版，内部资料），欲查找虹牛河源头及蛟河境内流域的相关信息，意外看到有关《吉林他塔拉氏家谱》的记载。此为数年前撰写《吉林他塔拉氏与魁升》时所不知的。文物志这样记道：

《吉林他塔拉氏家谱》，现藏蛟河县江水乡碾子沟村永兴屯唐风武个人手中。该谱书一函八册，现完好。书套将上下左右四面绕书折叠包实，书套用硬纸板做衬，外粘蓝布作套面，长87.1、宽32.5厘米，骨质别子两个，长5.0厘米。该家谱是线装书（四针眼钉法），长32.5、宽21.5厘米。八册谱书签左侧皆有"吉林他塔拉氏家谱"竖读篆书题名，系朝埔书写。右侧分别标明每册内容。封皮用生宣纸裱糊染蓝。该谱书分九篇……。

从以上介绍，备感这是一部有"大家"风范的家族史记。

这件谱书当是魁升所修《吉林他塔拉氏家谱》的原件，我依据的是吉林市档案馆主编、中国社会科学出版社出版的档案资料，书名由溥杰题写。内容未改，品貌尽失，数年前在孔夫子网上花百余元淘得，也曾如获至宝。

魁升及他塔拉家族墓在五里河关马山，笔者曾多次前往拜谒。魁升有生之年，不论他的人生作为，仅修得这部家谱，对他塔拉家族、对满族及吉林文化的意义功莫大焉。

2020年2月

乌拉后府赵氏家族与云生

  2013年8月2日，龙潭区乌拉街满族镇汪屯村后府赵氏祖茔前，散居各地和世居附近村屯的云生后人与族人汇聚于此，举行了盛大的立碑祭祖仪式。新竖立的石碑高达数米，碑头仿传统九孔透龙碑样式，碑身正面刻有"后府祖茔"几个金色大字，落款小字为"大永华九世率后二世孙共立"；碑身背面为追溯源流及祖德的铭文，"后府赵家，祖籍山东。永华六世，尊讳云生。打牲乌拉，总管岁贡。皇廷内务，恩宠四膺。慈禧御赐，福寿荣名……"主要内容为赞颂六世祖云生一生的功绩与荣名。

  云生（1829—1901），为打牲乌拉第三十一任总管。在与清王朝历史相始终的打牲乌拉三十四任总管中，云生可谓是在乌拉乃至吉林影响最大的一位。乌拉后府为云生任总管期间营建的家宅，是清代乌拉最重要的遗存，也是吉林省吉林市备受关注的文化遗产，其建筑址2001年即被批准为吉林市文物保护单位，2013年3月公布为全国重点文物保护单位，是乌拉能够成为"中国历史文化名镇"不可或缺的原因之一。从这个意义上，云生虽然是赵氏族人的先人，但他的存在及其后府遗存，属于乌拉历史与大地。所以云生不只是值得赵氏族人代代尊崇敬奉的先人，也是乌拉不能忘记的历史人物。

  今天的吉林（包括乌拉）人，知晓云生，多半因为乌拉后府，或者说，提起后府就会想起云生，进而在许多人印象里，云生与后府成为一种等同关系，仿佛云生对乌拉的意义只体现在后府建筑上。乌拉后府作为清代东北民居具有代表性的建筑经典，与云生一生的功绩和对乌拉的贡献并无关系，或者说只是他一生成就的副产品。他个人的历史与作为，与打牲乌拉历史紧密相连，是其不可分割的一部分，是打牲乌拉历史重要的章节。

云生的主要业绩，在徐鼎霖主修、成书于1932年的《永吉县志》中有《云生传》记载。其传记道："云生字奇峰，打牲乌拉总管衙门正白旗人也。其先人由京总管内务府分驻乌拉，遂世居焉。云生幼时聪敏，稍长，博览群书，尤谙满文，以太学生入署充差。不数年，授笔帖式，旋升仓官。该署设有公仓，由官庄纳粮储仓，备荒救荒，善政也……"

云升的仕途，是从最低品级的笔帖式和管理公仓的仓官开始的。官仓原本是体现"善政"的机构，但是"年久弊生"，官吏百计剥削纳粮官庄，令官庄不堪其苦。云生在任期间，使数十年积弊"一旦廓清"。任满后，转骁骑校，升为翼领，"适奉旨开河捕珠"，他的命运或者说运气因东珠而亨通。

东珠原是打牲乌拉最重要的采捕对象，至咸丰朝开始因经费紧张等原因已停止经年，开河捕珠诏命在"诸端废驰"的情况下，更是困难重重，难以完成。《云生传》云：时任总管的"某公"对此束手无策，全赖云生规划周详，"自松花江上游起，至黑龙江爱珲止，上下数千里，舟行暮宿，巡历河口百余日，采珠如额，循例呈进"。这是云生个人命运的一次转折，借此于"光绪六年（1880年），奉旨授乌拉总管，入都觐见"。

云生任总管二十年间，创造了清王朝打牲乌拉事业最后的辉煌，为乌拉文化留下了丰厚的遗产。其时正值清王朝国运走向没落、危机四伏、风雨飘摇时期，云生总管乌拉一域，显达朝廷，在东三省威名卓著，可谓奇迹。

回望历史，云生的成就和声望自然与当时清王朝真正掌权者慈禧太后的恩宠分不开。最根本的是，他以非凡的才具与德行，给乌拉带来了福泽与恩惠，这足以令今天的我们致以敬意。

他任打牲乌拉总管被载入志书最突出的功绩有三：

一是为乌拉官丁讨回朝廷所欠俸饷。打牲乌拉惯例，采捕所需及官丁俸饷具由朝廷开付。其时清廷内外交困、入不敷出，积欠俸饷令乌拉官丁苦不堪言。因云生向两宫太后当面陈情，"两宫为之动容，饬部拨添俸饷"；二是向吉林将军力请免除乌拉旗民"粮捐落地税"。这是吉林将军在乌拉境内增设的税收，云生以早期"乌拉地面，向奉恩旨，不准设立税务"为由，以《免税》一文收入《打牲乌拉志典全书》，并"谨将此文，勒石奉行，永远敬守"，以期永久减除乌拉旗民的税务负担；三是光绪二十六年（1900年）庚子俄乱时表现出的民族气节。这一年《云生传》记道："拳匪变起，俄兵压境，道经乌拉，人民逃避一空。云生力守孤城，与之订约，地方赖以安全……"此后的1901年，他被升授伯都纳副都统，同年死于任上。

其实，云生作为一名地方官员，他对乌拉还有一项最可称道的贡献，尤其值得我们珍惜——主修的《打牲乌拉志典全书》与《打牲乌拉地方乡土志》，被收入"长白丛书"二集。两书是研究清代打牲乌拉最为珍贵的历史资料，也是研究吉林地方史非常重要的资料之一，是留给乌拉与吉林历史的宝贵财富。

与云生当时的影响相匹配的，是其私宅即"后府"的兴建。传说后府一名与"前府"相对，是乌拉民间一种约定俗成的称谓。打牲乌拉第十八任总管吉禄府建于乾隆年间，而有前府之称，云生建于光绪十九年（1893年）的府宅与之相对，而有后府之名。后府是打牲乌拉历史上诸府中规模最大、最具品质与风范的建筑，据说是慈禧太后赐建的。后府修建的时间，从史料记载看，与云生倡修乌拉圆通楼同时或相继进行。两处建筑可谓打牲乌拉文化的巅峰，在东北三省及京城所受重视程度，可谓荣耀极矣。

云生在后府族谱中为"大永华六世孙"。大永华为赵氏敬奉的一世祖，原姓李，后改赵姓。关于改姓原因至今其说不一。有学者说为慈禧太后赐姓；赵氏族人说，是云生前代某世改随赵氏母姓传续至今。

此次赵氏在汪屯祖茔举行的立碑祭祖仪式，此碑即铭之为"后府祖茔"，深含族人对后府与对祖先相同的情结。主祭者赵君扬今已97岁，为大永华九世孙。他带领九世及后二世孙，在祖茔前跪拜，诵读祖先云生一生功业，以志不忘。

借此，我们追溯云生与他安息的乌拉大地的关系，亦为不该忘怀的纪念。

2013年8月

云生倡修的乌拉娘娘庙与圆通楼

"乌拉城西北隅，有台耸峙，千百年迹也。国初于其上建佛殿，前有圆通楼三楹……岁久风雨剥蚀，一郡殊为减色。云生久总斯土，因倡捐葺而新之，禅堂宾舍毕举。是楼俯瞰大江东来，全省形势了然在望，洵为前代名迹……"这是吉林三杰之成多禄所撰并书的《重修圆通楼碑记》碑铭开头部分的铭文。文中所指"国初于其上建佛殿"，即古城内俗谓白花点将台上的"娘娘庙"，始建于清康熙二十九年（1690年），庙前台下与之相对而峙的二层庑殿式建筑，即"圆通楼"。

娘娘庙与圆通楼因"岁久风雨剥蚀，一郡殊为减色"。打牲乌拉总管云生，"久总斯土，因倡捐葺而新之""工兴于光绪十九年（1893年）七月，竣于二十二年（1896年）七月"。云生的这次倡捐影响是巨大的。碑记可证，当时权重东三省的最高长官都给予响应。有盛京将军依克唐阿、吉林将军长顺、黑龙江将军恩泽、吉林副都统富尔丹、齐齐哈尔副都统增祺……

一张摄于1936年广为流传的老照片，记录了圆通楼曾经的风貌，时间与云生"倡捐葺而新之"时间相距40年，与其最后被战火彻底焚毁的时间（1947年）也不远了。借助这张老照片，我们可以一窥这处有着悠久历史且见证兴衰的名胜曾经的容颜。

照片上是距今77年前的初春或秋末某日的下午时分，我们俗称点将台的黄土高台，今天仍在的高迈老树，这时看上去正值年轻。不知是春叶刚刚萌出，还是秋叶已快落尽，在明亮的阳光照射下，季节很不分明。此刻阳光把树影投射在至今仍在的乌拉古城的黄土高台上，看上去不够繁茂，但不失勃勃的生机……

我这里特别强调这些树，是因为，此刻画面上它们虽然只是其间的配角与点缀，而今是唯一的存在了。它们就像历史种植在这里的标记，是乌拉兴衰最后的见证者。如果后来人有心寻觅，或许能从它们已增加倍余的年轮里，觅到些许世事兴废的启迪。

画面上，树之所在，即著名的乌拉点将台。台上的佛殿——三霄殿，百姓俗称娘娘庙。该庙1949年拆除，殿址上建起"革命烈士纪念碑"，今仍在。投在庙宇台阶上的黑色楼影，为圆通楼的一角。从圆通楼的投影，约略可以看出其翘檐斗拱的面貌，可以想见云生倡捐"葺而新之"时的庄严与精美。据记载，圆通楼内上层供奉三皇——天皇伏羲氏、地皇神农氏、人皇轩辕氏铜像，有楹联："一层谁更上对秋空月色；三昧我犹知赴桂子香中"。下层供奉地藏王铜像，两旁供奉十殿阎罗，亦有联曰："历千劫不坏身大地莲花开法藏；度一切众生苦诸天花雨见真王"。这些楹联均为成多禄题书，连同楼宇毁于1947年。

高台上娘娘庙西侧，可见一亭，即有名的"乐贤亭"，建于民国年间，为香客与游人的休息之所。后来亭下西禅堂为学校所用，许多在此上过学的乌拉学子，都在此亭中留下过记忆和影像。而今除了影像和记忆，这一切都已不存。

成多禄在《重修圆通楼碑记》中有言："……国朝龙兴云起，抚有乌拉，而因台建庙，甫三百年，已有传信传疑之论，是楼之重葺，其果能与此台永峙与否，实未可知。"

成公所记当年"实未可知"的传言，今已知矣。圆通楼虽经重葺，与黄土高台相峙也没能达到三百年。

2013年8月

乌拉弓通陈汉军镶黄旗张氏家族

乌拉弓通陈汉军张氏家族，是乌拉满族一个有着特殊影响的家族。这个家族占弓通村人口总数70%以上，民族成分均为满族。他们的存在，不仅使这个村的满族人口超过70%，也是乌拉街满族镇满族人口比例最高的一个村。

近年，这个村因是国家级非物质文化遗产"乌拉陈汉军旗单鼓舞"活态传承与保存地，省级代表性传承人出自这个村的张氏家族而备受瞩目。张氏家族对自己家族历史的追溯，对家族传统的认识与挖掘也越来越自觉。今年（2015年）8月26日（农历七月十三），出于同一始祖的五大支的代表，聚集到弓通村祖先居住并长眠于此的老屯，举行了隆重的祭祖仪式。

这是这个家族从康熙年间分支离散300多年后的首次团聚。张氏的历史，可谓乌拉满族一个特殊人群的代表，不仅之于打牲乌拉的历史，之于现代中国满族也具有特殊的意义。

弓通张氏与打牲乌拉的关系　清代乌拉历史上的旗人，无论满族旗人还是汉军旗人，其来历均与打牲乌拉密不可分。

1613年乌拉国被努尔哈赤灭国后，乌拉国人多数被编旗随努尔哈赤迁往辽东，乌拉地面一度人烟稀少。随着打牲乌拉总管衙门的筹建以及设立，不断有旗人（满族以及汉人入旗者）从辽东及东北各地拨迁而来，其中也包括弓通张氏。今天的乌拉满族（包括汉军旗人），绝大多数都是因打牲乌拉的需要，在此扎根繁衍的。

弓通村毗邻乌拉街旧街村，与乌拉城隔松花江相望，此江今只余江道。昔日松花江北流至乌拉地界前后，分三道江流，中间为干流，弓通所在，原为松花江干流与右侧分流环抱的高岗地即江中岛。这里为陈汉军镶黄旗张氏家族世居地。

八旗制度是清朝特有的并贯穿始终的民族政策。这一政策将清朝来源与族属不同的国民，划分为旗人与民人。旗人指被编入旗籍的民户。旗人内又分满洲八旗、汉军八旗与蒙古八旗等。在打牲乌拉所辖地域的旗人，均为满洲旗人与汉军旗人。满洲旗人又分佛满洲与伊彻满洲；汉军旗人，又分陈汉军与新汉军。清朝入关以前，被编入满洲八旗的女真人，称佛满洲旗人，被编入汉军八旗的汉人，称陈汉军旗人；清入关后，被编入满洲八旗的女真人，称伊彻（新）满洲旗人，被编入汉军八旗的汉人，称新汉军旗人。

八旗组织内部，依八旗各旗色不同，有上三旗与下五旗之分。上三旗为镶黄、正黄、正白三种旗分，下五旗为镶白、正红、镶红、正蓝、镶蓝旗分。弓通张氏作为后金时期由汉族入旗的旗人，旗分为镶黄旗，正常应隶属汉军八旗。事实上，这个家族在拨迁乌拉之前，所隶却是满洲八旗旗籍，成为汉军旗人的一个特殊现象。

以汉人入旗的陈汉军张氏，何以不属汉军旗人？

弓通张氏旗籍之谜　清代乌拉是清廷内务府直属机构"打牲乌拉总管衙门"所在地及所辖地域的省称。"陈汉军"旗人理论上指归属清打牲乌拉总管衙门的陈汉军旗民的后裔。乌拉陈汉军旗人的来源，原为由盛京内务府满洲上三旗拨迁或者说内部调动到隶属清廷内务府的打牲乌拉任职。据弓通张氏族谱记载，这个家族来乌拉之前，其先祖隶盛京内务府，被编入"满洲八旗镶黄旗"。从这个意义上，弓通张氏在清前及清初，属于佛满洲八旗，也因此，其始祖德耀的名姓，被收入《八旗满洲氏族通谱》。

打牲乌拉总管衙门设立于顺治十四年（1657年），张氏于顺治八年（1651年）即迁到乌拉，显然是内务府为打牲乌拉总管衙门的筹建特命而来的。总管衙门设立后的顺治十八年（1661年），打牲乌拉筹划成立打牲八旗，张氏"隶满洲镶黄、正白两旗协领所属第五佐领管下"满洲镶黄旗籍。

满洲镶黄旗张氏何以被称为"陈汉军"旗人，亦是一个值得探讨的现象与研究课题。在清代，不论满洲还是汉军旗人，所隶旗籍是不能随便更换的。原本隶属满洲八旗的张氏，或许在皇家直属的内务府内，用"陈汉军旗"称谓以区别其中以女真人入旗的纯满族旗人。

清朝的国策，虽然规定凡是旗人，视同一体。在乌拉被视为满族故乡之地，拨迁于此的汉军旗人，在与以女真人入旗的纯满族在同一地域共同生活的数百年间，入乡随俗，从生活习惯到民族心理，越来越满族化或者受满族深刻的影响，成为已完全满族化的汉人。但无论过去还是现在，他们是满族，又有别于纯满族。

今天仍居弓通的张氏，族属均为满族，其分散到外地的旗人，亦有成为汉族的。在传统满族全面汉化的进程中，仍居乌拉的汉军旗人，包括弓通张氏，绝大多认同为满族，并成为今天乌拉街满族镇满族人口的大多数。

弓通张氏的家族史记　乌拉街松花江一带有多个以"通"为名的村落，除弓通外，还有曾通、官通、郎通等。有学者认为，被称为某通的地方，往往是指江河环抱、荆榛密布、杂树丛生的高岗地。征询弓通老人，昔日弓通村地貌确也如此。弓通村最早的住户不是张氏，顺治八年张氏先祖到来时，村中已有钱、汪、赵三姓在此居住，张氏为第四户，但这个村却以张氏的到来而得名。这个家族来到乌拉，以专为清廷制弓造箭为务，该村因而得名"弓匠通村"，弓通村是其现代简称。

现在的弓通村，最显著的标志是两棵高大雄奇的老榆树，村民称之为"神树"。老榆树可谓张氏家族的象征和历史缩影。两棵树有四五百年的历史了。所有张氏族人都知道，这两棵老树所在，是张氏的祖茔地，20世纪70年代以前，弓通张氏从一世始迁祖张登科及二世祖云鹅和他们辈辈故去的后人均葬于此，或以老榆树为标志的附近之地。

弓通张氏故去的族人，证明其存在的，除了真实存在于大榆树下的祖茔，还有另一种记录其存在的文本档案，坛中族人称之为"已死簿"（或"祭祀簿"）。

已死簿上记录着祖茔地上安葬的每一位张姓男人和他们所娶配偶。它的意义，看上去是对故去的亡人登记在册的文档，实际上是享受后辈祭奠的灵位，与家谱、坟茔共同成为一个人在这个家族中存在过的证明。而进入已死簿的人，特别是原本属于外姓人的妻子，还有为家族繁盛做出贡献者，有"永垂不朽"之意，比家谱更具神圣性。

除了已死簿，见证弓通张氏家族历史与习俗最重要的文献是张氏家谱。

张氏1996年所修家谱谱头位置所录光绪十四年（1888年）谱序，对家族来历有如下记载：

> 粤稽我张氏，本登州府莱阳民也。经由德耀自来关东，在惠宁界内采挖参枝，颇有聚积，始由山东带领二子景和景发迁居盛京，历有年所，嗣随太祖皇帝平刘贼削明远，大有功绩，蒙入盛京内务府包衣镶黄旗，此我张氏由民人入旗之根由也。惟查景和祖随驾进京述职三等侍卫，其子士英任三库总达。乃因离居甚远，族支太繁，不暇同谱，备载此初与和祖分支之情形也。独是景发之子登科充当弓匠之差，旨携五子长寿即云鹏、张二即云龙、张三即云凤、张四即云鹤、张五即云鹅拨居乌拉仍当原差。证之同谱略有可考，备查档案更有实据，我张氏拨居乌拉之根柢也……

由谱序可知，张氏原本山东"登州府莱阳民"。明末时，先祖张德耀从登州府独自来到关东，先在今朝鲜惠宁界内采挖参枝，有一定的积蓄，从山东带领二子景和、景发迁居盛京。在盛京居住一年左右，因为跟随努尔哈赤平贼有功，"蒙入盛京内务府包衣镶黄旗"——这是张氏"由民人入旗之根由"。

张氏由民人入旗，所入不是汉军旗籍，而是满洲旗籍，因此被收入《八旗满洲氏族通谱》。通谱卷七十五"附载满洲旗分内之尼堪（即汉人）姓氏"中这样记道：

> 张德耀，镶黄旗包衣。世居沈阳地方。来归年份无考。其子张景和，原任三等侍卫，孙张世英，原任库掌。

张氏谱序"惟查景和祖随驾进京述职三等侍卫，其子士英任三库总达"与通谱所记可互证。通谱未记的德耀另一子景发，其子登科因"充当弓匠之差"，而为弓通张氏始迁祖。充弓匠之差的不仅登科，登科奉旨所携五子云鹏、云龙、云凤、云鹤、云鹅"拨居乌拉仍当原差"。这些历史，原本"证之同谱略有可考，备查档案更有实据"，是张氏拨居乌拉的明证。谱序接下来还记道：

> 但署中老档于康熙年间曾因焚毁，遂传各户家谱照谱入档。且昔年亦有家谱亦无家谱者，虽照谱入档，不无差谬，则老档亦难确据矣。我张氏先人虽有于档案差谬者，幸有坟冢名氏可证焉。溯二世祖兄弟五人，相继另爨离里，遂即忘祖废祭迄今数之百年有余。唯我二世祖云鹅之后依居老屯，奉祭始祖坟冢传遗至今不失……

"署中老档于康熙年间曾因焚毁"，说明张氏在乌拉于康熙年间总管衙门所存官方档案"曾因焚毁"，无可稽考了。此次火灾，光绪年间打牲乌拉总管云生主修的《打牲乌拉志典全书》亦有记载。全书卷一开首道：

> 查乌拉原设系顺治年间。以前如何设立之处，某大臣几员，系何品级，因记录档案、文移等事，俱在噶善达迈图家内存贮，至康熙三年，迈图之子、原任总管希特库遭回禄（遭火神），档案焚烧不齐，无凭稽查。

这则记录说明，打牲乌拉历史上，康熙三年（1664年）以前的档案，因保存在迈图之子、总管希库特家中，遭火灾被焚而不齐全，其中也包括张氏家族的户籍档案。火灾后果如何处置全书没有记载，但张氏谱序所记恰与之衔接，也是对打牲乌拉历史的一个补充。打牲乌拉"遂传各户家谱照谱入档"。因为打牲乌拉重新建档的需要，张氏盘点各家家谱，发现"且昔年亦有家谱亦无家谱者，虽照谱入档，不无差谬，则老档亦难确据矣"，这种情况在当时应该不止张氏一家。而张氏弥补这一差谬最重要的依凭，就是立于大榆树下的坟冢墓碑上所铭故去亡人的名氏。或许这是张氏已死簿设立的起因？也许就是这次盘点，确立以始迁祖登科为一世祖。

在其后的一百多年间，登科之子二世祖五兄弟，除第五子云鹅之后仍居弓通老屯，其他四兄弟之后相继离开故里，对始祖的祭祀也荒废遗忘。只有云鹅之后"奉祭始祖坟冢传遗至今不失"，这说明，二世五祖云鹅一支从一世祖迁居弓通之后，对始祖及辈辈祖先的奉祭从未中断。至道光三年（1823年）之后，即道光四年（1824年）春正月，因"族繁户众事出不齐碍离约束"，"众族长等集众合议整理户规"，并举行续谱祭祖。

光绪十四年（1888年）的谱序，说明了二世祖云鹤、云鹅两支自道光四年（1824年）开始续谱合祭情由，亦说明从这一年张氏已改鼠年续谱。其后一百多年间，云鹤、云鹅两支在弓通举行过多次续谱合祭。

后记：近年弓通云鹅后人中一位对家族历史与文化满怀责任感的学者张荣波，经过不懈努力，将离散数百年的另三支的后人一一找到，同一始祖的五大支，人口总数已达四千余人。

在张氏祖先来到弓通的数百年间，每年的农历七月十五前和十月初一前，是弓通张氏扫墓祭祖的日子，直到20世纪70年代，均是家族相因不变的习俗。今年农历七月十三日，五大支终于团聚于弓通村，举行了隆重的祭祖仪式，并来到曾安葬祖先的老榆树下致祭并分辈合影留念。五大支相约，不仅要重续祭祖续谱习俗与传统，还筹划合谱，敦亲睦族，弘扬祖先的功德，不忘家族历史。

2015年10月

从中原成姓到乌拉新汉军正黄旗成氏

——从"吉林成氏壬辰修谱庆典暨恩亲大会" 看中原汉族对东北的影响与意义

　　中原与东北，是两个不同的地理与历史概念。以山海关或以长城为标志，在中国漫长的历史时期，它是东北与中原对峙的标志或界线。东北多个民族一次次聚集整合东北各族的力量，突破这个界线，入主中原，并融入中原，最终消失于中原，被同化为汉族（也可以说，汉族中不断融入了许多其他民族的成分）。这样的现实与观念，不论过去各历史时期，还是现代社会，都有普遍而深刻的认同。汉族对其他民族的同化，被视为汉文化伟大力量的证明。

　　反过来，东北及其他地理区域的民族，对中原汉族没有同化作用吗？这个问题，从古到今都是被普遍忽视或缺乏认识的问题。

　　事实上，在中国历史的各个时期，中原汉族不论以怎样的方式进入东北并融于东北各族，总体人数并不亚于东北及其他区域民族进入中原融入汉族的比例，对东北的开发与文化影响，始终发挥着不可估量的历史作用。

　　吉林成氏就是来源于中原的汉族显姓。通过这个家族的存在与现实，我们可以更真切地看到中原汉族对东北深刻的影响与意义。

　　2014年3月3日，吉林成氏族人在其塔木镇举行了盛大的"吉林成氏壬辰修谱庆典暨恩亲大会"，以其塔木镇及乌拉街满族镇成氏族人为核心，散居吉长地区及全国各地的成氏宗亲500余人，因为共同的血脉族源汇聚在一起，共叙亲情或认祖归宗。

　　壬辰年修谱，是成氏祖先的遗训。最新的壬辰年伊始，成氏族人以成氏故里"成家瓦房"（今成家村）族人为中心，成立了"吉林成氏壬辰新谱修谱委员会"。委员会成员经过一年多的努力，联络其塔木与乌拉街和散居在全国各地的400多个成氏家庭，并编辑结集《吉林成氏壬辰新谱》，上谱族人共2439人。本次"吉林成氏壬辰修谱庆典暨恳亲大会"生动显示了一个大家族的繁盛和根源深厚的气象与风范。修谱的意义，正如十世成世昌先生在"新谱序"所言："我成氏家谱，当年'藏之族长家，每岁清明，俱集于此，循循执子弟礼，听老辈道古今忠孝可歌可泣事，以为法则'。摒弃封建意识，着眼承前启后，谱之功用昭然矣！"

吉林成氏从始迁祖三百多年前于关内拨迁乌拉城，至今已历十五世。吉林市深受爱戴的历史名人成多禄，就出自这个家族。

从始迁祖凤鸣康熙二十四年（1685年）迁到乌拉城北查里巴屯，至新谱修成之日，吉林其塔木与乌拉大地，以及因成氏而得名的"成家瓦房"（今成家村），已是吉林成氏宗亲的血脉之根。有家谱为据，这个家族无论到会还是没到会，也无论走出多远，都会找到自己生命的故乡，知道自己从哪里来。

这是一切家族建立宗谱并续谱最根本的意义，但远不是全部意义。随着21世纪以来世界性的人类物质与非物质文化遗产保护与抢救意识的深化，家谱的功用，不仅仅是一个家族的史记，越来越多的家谱，发挥着重要的补充历史缺失的作用，并成为历史真实的宝贵见证——这也应是"吉林成氏壬辰修谱庆典暨恳亲大会"需要倍加重视的意义。

庆典上，吉林市著名书法家、成多禄研究会会长张运成先生，以"光大遗德"四个大字，向这个他无比敬仰的家族表达他的庆祝。追溯"遗德"的含义，不止于令成氏族人、也令吉林人骄傲的成多禄，也包括成氏更远的发源于中原的祖先。

成氏，也是最早繁兴于中原对中国历史发生过深刻影响的家族。追根溯源，吉林成氏应该属于这个家族在东北的一个分支。其中的源与流的关系，也记载在吉林成氏的谱书里。无疑，这是中原汉民族开发并影响东北的一份值得珍视的档案。

中国"成姓"有多个源流。据成氏谱书记载，吉林成氏源于姬姓，出自周武王之弟、周文王第五子叔武。叔武的封地郕（今山东宁阳），为郕国。郕国后被齐襄公姜诸儿所灭，其后代遂以国名为姓氏，后来化为成氏，史称"成氏正宗"。

吉林成氏族人大多尊奉叔武为得姓始祖。成氏始迁祖凤鸣公，世居山西省洪洞县，因做官带家眷迁河南省确山县。清初，先祖调归京师，家眷随之迁往。康熙年间，有八旗实边之举，隶新汉军正黄旗。康熙二十四年（1685年），先祖凤鸣拨迁打牲乌拉，带家眷初居乌拉查里巴屯，后调其塔木，任五屯纳粮官。树大分枝，五世可功析居成家瓦房，任打牲乌拉总管衙门委官，赠武略骑尉……六世荣泰曾任打牲乌拉总管衙门六品骁骑校，其子多禄，讳恩龄，生于成家瓦房。吉林成氏修谱，对自己出身家族的追根溯源，由成多禄先生的父亲荣泰公倡议，由成多禄完成，并立修谱传统。

吉林成氏通过修谱与恳亲，让这个家族的后来者，也让同生息于这块大地的我们看到，这个家族始迁祖因公而来在吉林扎根300多年，以世居地其塔木镇和成家村为根基繁衍生息成枝繁叶茂的大家族。这个家族养育了众多优秀儿女，成多禄无疑是最优秀的代表。他不仅是成氏家族的骄傲，也是吉林的骄傲，在东北乃至中国的影响，都是不能忽视的。作为"吉林三杰"之首，成多禄不仅生前，直到今天，仍受到广泛的崇拜与爱戴。成多禄的存在与影响，已是吉林历史文化的组成部分与重要内涵，他一生的重要事迹与成就，包括书法诗文，已被收入《成多禄集》等多种史集、吉林市"成多禄纪念馆""成多禄研究会"等机构与组织，是其精神的重要载体与传播媒介。

东北民族包括满族入主中原并融入中原的历史进程中，中原汉族向着东北的迁徙与流动并融入东北民族的历史生活，发挥的影响与作用同样重要。但是中原汉族对东北可能有更深刻的历史作用，长期为一种根深蒂固的偏见所掩盖，最深刻最有代表性的偏见——"流放者的土地"、中原人的"噩梦之乡"，影响至今。这种偏见，不仅遮掩了中原汉族对东北大地的历史作用，同时使养育东北民族也养育进入这里的汉族的富饶大地，充塞和笼罩了过度浓郁的灰暗与悲哀色彩。使代代历史的后来者包括我们，无论站在中原还是东北大地，向历史深处眺望，看到和感到的都是流放者的凄惨遭遇与叹息，看不到原有东北民族可能有的淳厚、丰富，同样充满天伦之乐的生活真相，更忽视广大来自中原的汉族，在东北故乡可能有的饱满而鲜活的真实人生。

事实上，历朝历代，从中原进入东北的汉人，除了因战乱流入或政治流放或闯关东而来的穷苦人，也从不乏国家因公拨差而来的名门显族，吉林成氏就是一个有代表性的家族。这个家族在清代隶新汉军正黄旗，不仅从旗籍意义上属于满族，从血源上也融入了满族。仅以成多禄为例，他的母亲为满族瓜尔佳氏，他的两位夫人都出自满族大姓——孟苏里氏与他塔拉氏……

至本次修谱庆典止，这个家族已传至十五世，谱上健在族众达1333人。某种程度上以成多禄为代表的吉林成氏，在吉林的繁衍生息与发展，也可以看作是中原汉族融入东北并对东北的开发与精神影响的典型代表，这个家族也是今天吉林乃至东北不可忽视的组成部分。

2014年

曹雪芹笔下隐喻的打牲乌拉

《红楼梦》，这部中国文学史上的经典作品，与现实中的乌拉街可能有很深的联系？

这不是一种文化臆想，不是人为的牵强附会。乌拉街许多已丢失的历史与生活，在《红楼梦》中却留有踪迹。或许打牲乌拉最辉煌时段，亦曾引起同时代的曹雪芹的关注，有些可能是他直接或间接的经历，并在他的笔下得以流露。

一份有意味的贡品清单 《红楼梦》第五十三回《宁国府除夕祭宗祠荣国府元宵开夜宴》中，曹雪芹用不少的笔墨详细开列了一个账目。这是"黑山村乌庄头"呈给贾府的贡品清单。上面写着：

大鹿三十只，獐子五十只，狍子五十只，暹猪二十个，汤猪二十个，龙猪二十个，野猪二十个，家腊猪二十个，野羊二十个，青羊二十个，家汤羊二十个，家风羊二十个，鲟鳇鱼二个，各色杂鱼二百斤，活鸡、鸭、鹅各二百只，风鸡、鸭、鹅二百只，野鸡，兔子各二百对，熊掌二十对，鹿筋二十斤，海参五十斤，鹿舌五十条，牛舌五十条，蛏干二十斤，榛、松、桃、杏瓤各二口袋，大对虾五十对，干虾二百斤，银霜炭上等选用一千斤，中等二千斤，柴炭三万斤，御田胭脂米二石，碧糯五十斛，白糯五十斛，粉粳五十斛，杂色粱谷……牲口各项之银共折银二千五百两。外门下孝敬哥儿姐儿顽意：活鹿两对，活白兔四对，黑兔四对，活锦鸡两对，西洋鸭两对。

这可以说是一份关东特产物品清单。对这份清单所列物品的用途，《红楼梦》中也有详尽的描写。这些是贾府用于祭礼、供奉祖先和家族生活的必需品。对贾府这个显赫的贵族大家庭来说，这些物品是其日常不可或缺的。那么，这些物品来自哪里，曹雪芹为什么不惜笔墨写出这么一个流水清单？黑山村乌家庄在什么地方，乌进孝是什么人？

这些问题曾是红学研究中争论不休的难题。在红学研究的百年历史中，无论考据还是文本研究，多数红学家都将视野局限在关内，虽也取得了很辉煌的成就，且产生了一大批卓有成就的红学大家，但仍有许多问题无法解决。直到20世纪末，吉林省一批作家、民俗学家、文化学者在红学研究领域有了重大发现，才为红学研究洞开了一个全新的视野——几乎是奇迹般地，吉林省一度成为世界红学研究举足轻重的一域。

吉林省的这些专家学者，似乎是轻而易举地就揭开了这些难解的秘密。谜底很简单，因为，打牲乌拉总管衙门的存在。这个与清王朝命运相始终的机构，对清王朝的意义，对关东及吉林的影响，是这些专家学者在自己的生活与工作中必然面对且不能忽视的。也可以说，因为得天独厚或近水楼台的生活地域，这些问题也命定地被他们解决。

打牲乌拉总管衙门为清王朝提供所需贡品的功能，与乌家庄为宁荣二府进贡的形式，有着极为相似的模式，且其中的方物大部分是东北特产，而且其中清廷最有名也最重要的贡物鲟鳇鱼，在给贾府的供品中，居然占有相当比重。这绝不会是一种无意识的巧合，其中一定包含着曹雪芹对这一切的认识和体验。

乌进孝进献的主要方物小释　乌进孝进献的方物，多为清代东北特产，其中许多种类也是打牲乌拉总管衙门重点经办的贡品。

东北是清王朝的龙兴之地，所属地域广阔，山林茂密，树果丰富，富有鸟兽。

大鹿，即马鹿，为东北明清以来之贡品，肉可食，胎入药，茸质亦佳，皮制革履。

狍子，鹿科，关东少数民族常见的食肉衣皮的猎物，可入宴，又为祭礼用牲，胎亦入药，稍逊于鹿。

獐子，无角，肉可食，雄有腺囊，即香囊，可入药，制香料。

遢猪，这是满汉合音词。遢为满语"遢比"，汉意为"脱落"，即白条猪。曹雪芹生活在满汉语并重的时代，曹雪芹在《红楼梦》中使用满汉兼用词汇，亦说明当时满汉文化密切交融的现实，更显示作品表现生活的真实性与时代特征。

汤猪、家汤羊，其"汤"字，亦是曹雪芹借用汉字的满语标音，系指贡品为专门祭祀用牲。祭祀用牲禁忌甚严，讲求必须毛色一致，无一丝杂毛。猪为纯黑、羊为纯白，而且雌雄必阉割后专栏饲养。

龙猪，即笼猪，系指小乳猪。满族及其先世女真人，向有燔烤幼牲的古习，用泥裹好小乳猪，在篝火中燔烧，奉为佳肴。据亲见过饲养小乳猪的打牲丁介绍，在清代，这种小乳猪不仅呈送京师，还主要供盛京、吉林将军衙门大宴使用。

家腊猪，即干肉块、干肉条，亦有腊鹿脯、腊狍肉等。北方多习用酱外敷晒晾风干，可久存。

家风羊，"风"，曹雪芹借用汉字标音的满语词条，亦有写成"分"的，满语即段、块、片之意。家风羊，系指家羊经宰杀后，精选其一定部位，经过庖解、定型、调色或加香料、防腐等办法制成的生肉块，整齐、雅观，肉鲜美保味。

鲟鳇鱼，是黑龙江与松花江等特产的大型鱼类，为江海洄游鱼。鲟鳇鱼是两种体型相似的鱼类。鲟鱼均为长鼻、小眼，身灰色，有尖甲骨凸出，颔下有巨口。鲟鱼口型如莲花瓣形，体小细长，肉味鲜美；鳇鱼体大、重者达千余斤，肉质肥嫩，鱼子灿若珠玑，为北方名肴。鲟鳇鱼鼻骨，俗称"脆玉"，更列为上品，古有"名马易得、脆玉难求"之誉。

庄头乌进孝与乌拉　富有光先生在《浅析曹雪芹笔下清代祭礼与贡俗》一文中，结合自己多年对中国北方民族文化学、满族民俗学的研究，通过《红楼梦》宁荣二府除夕祭宗祠和黑山村乌庄头年终献贡的细节，他发现，曹雪芹不仅仅在第五十三回，在这部巨著的前八十回，都以十分逼真、生动的现实生活细节，集中而突出地专写了满族观念形态中最具代表性特征的神圣的祖先崇拜礼仪——拜祭祖宗宗祠。

从清世祖起，直到康熙年间，对祭礼规格与等级有严格的规定，以显皇家的至尊。乾隆十二年（1747年）正式颁行了《满洲祭神祭天典礼》，以大法形式规定了清代祭礼的宗旨。在曹雪芹笔下，除夕宁府盛祭宗祠拜祖祭祖与乌进孝送北方方物，成为这一章回的两个高潮。特别乌进孝所送土产物品，简直就是白山黑水的方物博物馆。从故事中讲述和介绍之鲟鳇鱼、野猪、大鹿等，及乌进孝向贾珍讲的"今年雪大……四五尺深的雪……走了一个月零两日"等细节，可以感知到，曹雪芹不仅知识很渊博，而且他对清代北方疆域史、民族生活史都有深刻洞察和了解，对关东风情充满特殊情结。

东北满族等少数民族与部落向中原献贡传统源远流长。但曹雪芹在本回中描写向宁府献贡细节，不属于皇贡，而是属于清代皇亲贵族奴仆或管家（庄头）向主人进贡年税和贡物。这在清代是极普遍的常例，由此可以透视出清代特有的经济占有形式。清廷从清初起圈占土地，为皇室、贵胄、大小官员占有，划为大小庄园，设"皇庄""王庄""八旗庄田"（一般旗地），不少原耕民、流徙散户、招降敌俘等，沦为"庄丁""牲丁"。打牲乌拉总管衙门是"皇庄"，是清政府设在关东故土规模庞大的专门采捕皇贡的生产机构。《红楼梦》中，宁荣二府在关东所占有的官庄，从乌进孝进献贡品清单来看规模也不小。曹雪芹将宁荣二府所占有的庄田的庄头起名叫"乌进孝"，其"乌"字，很可能有所影射，这不能不令人联想到清王朝的打牲乌拉，字里行间很可能镌刻着曹雪芹祖孙几代人头脑中对显赫几朝的打牲乌拉总管衙门所留下的印记。这些印记一定对作家创作产生过深刻影响。借此我们也可以想见已经消失了的打牲乌拉总管衙门曾有的辉煌与影响。

乌进孝向贾府所进方物，种类繁多，名目奇特，长期成为不少嗜读《红楼梦》的爱好者的不解迷津。

作家陈景河对"大荒山"的考证　吉林省著名作家陈景河先生在《大荒山小考》中，开篇就说：从前，一谈到《红楼梦》的文化渊源，便以为是关内的事，似与关东无涉。其实不然，只要对《红楼梦》中的"大荒山"稍加考证，对《红楼梦》的文化血脉略加追寻，就会发现，《红楼梦》与东北文化血肉相连，不可分割。倘或《红楼梦》是一条河，逆河而上，是直可溯源至长白山的。

曹雪芹的《红楼梦》开篇推出一块顽石，说女娲补天，炼得五色石三万六千五百零一块，独一石没用，遗于大荒山无稽崖青埂峰下。这块石很是自我嗟叹，被一僧一道携入红尘，历尽"离合悲欢炎凉世态"又回归大荒山。

"大荒山""无稽崖""青埂峰"，历来评家认为是虚拟，谐音寓意为"荒唐""无稽""情根"。陈景河先生认为，其寓意不仅于此，还要深远得多。因为，其中的"大荒山"，实指现今的长白山；"无稽"，则谐音寓意为"勿吉"。勿吉是我国北方的一个少数民族，兴盛于北魏，为满族先世民族；"青埂"，则谐音寓意为"清根"，即大清之根。

《山海经·大荒西经》称："大荒之中，有山名曰大荒之山，日月所入，有人焉，三面，是颛顼之子，三面一臂，三面之人不死，是谓大荒之野。"这里所记一臂三面之乡，根据郭璞注系指古勿吉部。古勿吉部在长白山之东，如今朝鲜的咸兴地方，看长白山正是"日月所入"之所。可见这里的"大荒之山"系指长白山无疑。长白山在不同历史时期有不同称谓，自辽金起，长白山之名开始普遍使用，成为定名。

古代，以中原为中心，对边远四至，皆称"大荒"，故我国第一部地理书《山海经》有"大荒经"，备记海内外山川神怪异物等。吉林以北，历称"大荒之野"。至今，人们还把黑龙江省东北部称为"北大荒"。

女娲补天，为北方汉族开基之始，后来随着神话传说的演变，逐渐成为中华各族的开基之祖。这一神话也同样流传于东北，说女娲补天就发生在长白山顶，长白山还流传着女娲补天石加工厂的传说。这些传说见载于清人刘建封的《长白山江岗志略》中。

长白山在我国名山大川中早享盛名，崇尚山是北方民族的信仰基础。清王朝对长白山祭祀与巡视一直没有间断。康熙五十一年（1712年），时任打牲乌拉总管穆克登奉旨查边；雍正十年（1732年）皇帝特命在吉林城西小白山上建望祭殿，每岁春秋，吉林将军率下属代皇帝望祭长白山，皇帝巡幸吉林，也望祭长白山……

女娲补天的神话，与满族的三天女神话相映成趣。天女浴躬池误食朱果感孕而生爱新觉罗·布库里雍顺，这是大清皇室爱新觉罗氏的始祖神话。曹雪芹在《红楼梦》中不取三天女的传说，取了女娲补天的传说，是不得不采取的蒙蔽手法。

陈景河先生认为，《红楼梦》中的女娲氏是大清帝国缔造者的形象。说的是，跟随努尔哈赤南征北战的满族"精英"，入主中原"补天"去了。这些幸运的"五色石"，在那"富贵场""温柔乡"享受多年，日渐腐朽，在"儒佛道"等中原文化销蚀作用下，补天之石早已失去光彩，独有女娲氏当年遗弃于大荒山青埂峰下的一石还保有祖上聪明灵秀的天赋。这块"灵性已通"的顽石，"得入红尘"，历尽人间悲欢炎凉，亲眼看到国变沧桑，"运终数尽，不可挽回"，只好回归大荒山青埂峰下自嗟自叹……

曹雪芹的长白山情结，不仅是艺术化的臆造，亦有家族生活的渊源。曹家的先祖，曾世居关东，族人在沈阳、铁岭均做过官，而且在后金的故都辽阳住过很长时间。曹家祖居地辽阳城南五十里为千山，是长白山伸向辽东半岛之一脉，在人们的观念里，千山不过是长白山的异名，可说是一脉相承。曹家后来所受恩宠，也是从这里开始。曹家把祖居地认作长白山是很自然的事，对长白山的感情也在情理之中。曹雪芹的同代至亲好友也不乏与东北有关联者。雍正年间曹家被查抄后，亲属不断遭难，有的被发配关东，曹雪芹的舅爷苏州织造李煦被流放到乌拉，并死在流放地。曹雪芹的叔父曹頫的亲信也被发遣乌拉，充当打牲丁，永远不得回京……

长白山与《红楼梦》，共享永恒。

2005年5月

虻牛河畔东风桥往事

　　流经猴石山下、东西走向注入松花江的一级支流虻牛河，清代为吉林著名两城——打牲乌拉总管衙门所辖乌拉城与吉林将军所辖吉林城的南北分界线。这个冬天，我为一观这条河的容颜，从吉林市中心一路向北，向着虻牛河而去。意外地经一条陌生的白雪覆盖的小路，进入一个叫"罗罗街"的村庄。蓦然间，感觉有如穿越，一下子穿越到我闻名很久、却不知在何处的地方。

　　罗罗街这个名字，许多年前听满族学者关云蛟先生讲乌拉街一名来历时，他列举了吉林地区许多带"街"的地名。除了乌拉街，还有阿拉街、奶子街、吴旗街、刘家街、罗罗街等。在这些地名中的"街"，音不读jie，而读gair，本意与街道街区的街无关，实则这些地方也不属街区，而是乡村。

　　这些乡村为何以"街"名之呢？关先生说，它源于满语，过去满族聚居之地称"某某噶善"，首领或家族长称"噶善达"。乌拉之地在打牲乌拉设立前叫"捕塔海噶善"，打牲乌拉总管衙门设立前，噶善达为迈图，富察氏。总管衙门设立，迈图为首任总管。

　　罗罗街，是什么来历？

　　站在罗罗街的虻牛河边四顾，村庄大地仍为白雪覆盖，但河水在解冻，大地已有春意显现。

　　近日查有关"罗罗街"信息，在《吉林市地名志》（邢国志主编，1988年版内部资料）中，查到该村属郊区（今属龙潭区）江北乡。此乡所辖民主村、孟家屯、何家沟等五十多个村屯，一一都有介绍，其中"罗罗街屯"词条，这样记道：

　　在官地村民委员会驻地西南3千米处，虻牛河左岸。东与四间房屯相接，西与哈达湾铁东屯接壤，北临蚣牛河，南至大屯化肥厂，呈长方形密集式聚落。罗罗街为满语，发音为"拉拉街"，意为粘屯，清道光元年（1821年）成屯，1962年前历史沿革及行政区划，同吴旗街屯……

文中称罗罗街为满语，发音拉拉街，意为粘屯，让我有些疑惑。当时带我到此对这一带较熟的朋友，称罗罗街时，读音为luo（挼）luo（罗）gair，是当地人的读法。究竟哪个读音是原意呢？有待考证。继续查看地名志，特别让我想在此记上一笔的，是此屯区划参照提到的"吴旗街屯"。关于此屯来历，词条这样介绍："始有一吴姓大户旗人（满族）来此占地开荒，构筑室宅遂成聚落，渐辟街巷得名吴旗街……"

吴旗街，让我不能不关注的是，刚刚读朱学渊著《秦始皇是说蒙古话的女真人》，其中《"兀者"是"林胡"》一节，列举许多中原地名，其中有"吴旗"（在陕西），与"兀者"族有关。

关于兀者，《中国大百科全书》这样说：又叫吾者、兀者、斡拙。辽代称乌惹、兀惹、乌若、乌舍、嗢热；金、元两代又称乌底改、兀的改、兀的哥；或称野居女直、兀者野人（一作吾者野人）。兀者或兀者野人是一种泛称，它以此称呼广布于松花江下游直到黑龙江下游以及精奇里江南北、乌苏里江东西从事渔猎和采集的许多不同族属的部落……清代有各种以"窝集"命名的部落，即指兀者。

读到此，我想，龙潭区江北乡的吴旗街，此名来源，是否也与兀者（窝集）这个民族有关？

对此询问网友，关于罗罗街，一好友留言，"当地叫：裸落街（发音）"；还有一好友留言："第一个是三声，第二个是一声，第三个也可以念gai。"相信这是罗罗街最体现本意的标准音，记录于此，感谢他们。

罗罗街北临蚣牛河。桥头路边有一公交站桩，上有"东风桥"站，可知这座桥当时叫"东风桥"。站在东风桥上，我不知道，这里是乌拉与吉林解放具有标志性战役的发生地。极目远眺，蚣牛河仍冰封雪裹，静卧如僵龙，但是河面已有开裂，露出倍显黝黑的河水，显现正待苏醒的端倪。

过桥，一条覆雪的乡路，通向另一村庄。

村口路边，雪地上有一通石碑，上书三行文字，如下：

大屯革命烈士墓

龙潭区人民政府

二〇一七年十月立

大地静穆，仿佛亘古如斯。这通碑，伫立在那里。在它周围，看不出是墓地，但也让人肃然，这里曾经发生过壮怀激烈的牺牲和不该忘记的往事。碑的另一面没有文字，虽看不出更多信息，但碑的存在，就是往事意义的标记和明证。

正常时期，我会毫不犹豫地走进村里，向遇到的老乡询问。但正值疫情期间，大屯村的村头，虽没设卡口，自觉不该进村。

通往村中一条悠长的主路上，看不到人影。村庄寂静无声，我在村头不忍往里走，更不想去敲谁家的门。距离最近的路边人家，有大树掩映的房舍、院落，沐浴在西沉的暖阳里，备感古朴……

百度搜索"龙潭区江北乡大屯村"，没有找到与烈士墓有关的任何信息，有关大屯村的信息也很少。在"顺企网"有一条"吉林市龙潭区江北乡大屯村民委员会"相关内容如下：

吉林市龙潭区江北乡大屯村民委员会，办公室地址位于加工制造业比较发达，汽车与石化、农产品加工为三大支柱产业的吉林。吉林江北乡大屯村，于1998年12月03日在吉林注册，我村委主要组织村民参加村内的各项活动。

从这些信息，无从了解一个真正的村庄。回查1988年内部资料《吉林市地名志》，"大屯"词条，关于这个村庄的来历与延革，有较为详细的记载：

在江北乡人民政府驻地东北3.5千米处，蛀牛河右岸，为大屯村民委员会驻地。东与李家屯为邻，西与靠山屯接壤，北与北山屯相连，南濒蛀牛河，呈长方形散列式聚落。原无名，初有白姓居此，因屯落人多地阔而名。乾隆五十五年（1790年）成屯。光绪年间属吉林府存俭社，民国时期属永吉县第十区大屯甲所辖，日本侵占时期归江北区景云町管辖，1946年属江北乡，1948年解放以后归大屯村所辖，1959年归郊区大屯公社大屯管理区，1963年属大屯大队，为第三、四、五、六、七、九、十一生产队，1985年大屯村复原名至今，有286户，1368人，其中朝鲜族732人，满族31人，余为汉族。地处西北河谷平川，水稻土壤。耕地面积为196.3公顷，其中水田91.1公顷，兼产蔬菜，有养鸡、奶牛专业户各1户。是吉林至榆树、吉林至舒兰交通要道，郊线龙潭至金珠公共汽车经此并设站。

以上是该屯1988年的资料记载，与当前状况应已有变化，这不是我想探究的。我记挂着的是那通石碑标志的那段往事。

在一本文物志中，终于看到了这个村庄"革命烈士"们的故事。大屯革命烈士的事迹载入了吉林解放历史。

江北乡包括大屯村，曾隶属吉林市郊区，后来该区撤并，今属龙潭区。大屯作为"革命战迹地"，烈士们的事迹，收入吉林省文物志编修委员会1984年10月出版的内部资料《吉林市郊区文物志》。

大屯的这次战役，发生在1947年10月21日，是吉林市解放前夕——1946年底至1948年初，吉林市郊区发生的八十多次战斗中的一次。这次战役，战士们英勇作战，事迹刊发于1947年10月的《吉林日报》，记入大屯民政档案。后来董学增先生编纂《吉林历史大事编年》《吉林解放之役》，收入大屯战役。1983年郊区文物工作者进行文物普查，根据以上记载和普查记录，《大屯战迹地》作为一节，载入文物志第五章《革命战迹地》。

吉林市郊区大屯公社境内，有一条古老的河流，名叫牤牛河，大屯就坐落在牤牛河畔。这里在解放战争中曾发生过激烈的战斗，至今大屯牤牛河岸仍留着当年鏖战的遗迹，东风桥旁的二十座烈士墓，掩埋着几十名烈士的忠骨。

《大屯战迹地》关于这场战斗，文中记道：1947年10月21日，我军独立三师和六师，在吉东、吉北地方武装的配合下，消灭了乌拉街守敌少将项成信、陈经伟部九百余人后，立即挥师南进。大屯是吉林的门户，守敌"长白军"一个团和陆军新编第八军一部联合驻防。为阻止我军前进，守敌在牤牛河南岸修筑了几道工事，拆毁了一切过河的桥梁，并在北岸的公路和田间埋设了大量的地雷，妄图阻止我军。

21日拂晓，北岸战斗首先打响，我军以猛烈的攻势，在很短的时间内就扫清了河北之敌，接着发起对南岸的进攻。敌人凭借河水和用草袋子在河堤上筑起的土墙拼死抵抗。我军战士跳进齐腰深的河水中，向对岸猛攻，有许多战士中弹牺牲了，鲜血染红了河水，尸体顺河而下，我军曾几次退回北岸。战斗一直进行五十多个小时，我军在炮火的轰击下，终于攻上了南岸。

这次战斗共消灭敌人746名，俘敌长白军一团团长，缴获大批武器装备。这次战斗同乌拉街战斗一起，向吉林人民宣告：吉林市的解放之日，为时已经不远了。

2020年5月

走进历史现场　认识乌拉街古城的文化价值

乌拉街不仅是一个地名——虽然它的行政区域只是一个小镇，所辖只有 7 万多人口；但它还是一个宏大的历史和文化概念，关涉的是吉林市乃至关东的过去，因而它的未来也不仅仅是它自身的未来。

为此我们特别策划了这次行动——走进乌拉街，走进它的现在和过去，并眺望它的未来。

一个艳阳朗照的早晨，我们驱车奔向乌拉街。

这是今春以来难得的好天气。虽然风仍很凛冽，但明媚的阳光还是给人以春天的暖意。树还不见绿意，但冰雪已尽消融，路两旁的农田，裸露着关东黑土地特有的黑油油的本色。越靠近乌拉街，土地越平坦、开阔，让人感叹曾经生活在这块土地的古代先人的先知先觉。

乌拉街的窘境　我们和许多慕名来这里的人一样，怀着近乎朝圣般的文化情结。进入乌拉街镇，我们看到的是在东北众多小镇都能看到的景象：人群、农用车、集市，还有挂着各种牌匾的店铺。这一切都昭示着一种现代生活，却感觉不到历史的气息。只在街市两边偶或可见一些历史建筑，显现些许曾经辉煌的痕迹，但多显得孤单和萧条，只可借以想象古镇曾闻名天下时的品貌。

我们怀着满腹的困惑奔向乌拉街镇政府，去采访今天乌拉街镇的管理者，也是乌拉街历史文化的守护者。

今日乌拉街已失去了在地理上的优越性。它虽属吉林市区的一部分，但独居于偏远的一隅，属于城市的边缘。镇内居民与农民混杂居住，这是小镇的特点，但也是难于管理的症结所在。

乌拉街现有一处省级文物保护单位，7处市级文物保护单位。小镇的管理者们没有忘记乌拉街所具有的重要历史文化价值，重现乌拉街的辉煌一直是他们的梦想。他们知道自己的责任，然而最令他们尴尬和烦恼的是，他们不仅没有能力保护这里现存的文化遗产，更没有权力处置这些文物。镇政府作为一级政府，职权上只有看护的义务。作为这一方土地的管理者，责任感也令他们不能回避对这些文化遗产的守护责任。这些遗产是乌拉街人的骄傲，也是乌拉街镇政府领导者们的最大心病。多年来，他们对下做宣传工作，强化居民的文物保护意识，尽一切可能最大限度地消除危及遗址的隐患；对上抓紧一切机会进行呼吁，希望引起各级领导和上级有关部门的重视。镇书记杨长晤不无羡慕地说：沈阳故宫为申请世界文化遗产，将站在故宫上目力所及的一切超过5层的现代建筑全部拆除，不论新旧，哪怕这个建筑刚刚建完也在所不惜。我们要有这样的力度，乌拉街就会成为名副其实的"历史文化名镇"。从他的话语里不难听出力不从心的感叹。我们深知，像这样一项浩大的文物保护工程，绝不是靠一个小镇的实力所能实现的。但从采访中我们也了解到，作为古镇的管理者，他们在自己的职责范围内，也在做着力所能及的工作：去外省取经，找专家学者论证，向上级递交发展规划，向人大提出保护议案，同时寻求切实可行的招商引资途径……

乌拉街地理　在吉林历史上，一直有"先有乌拉，后有吉林"的说法。由此可见乌拉古镇与吉林历史的紧密关系。

乌拉街坐落在吉林市正北大约35千米处，松花江及其支流张老河环抱着它。这是一块得天独厚的水草丰美、物产丰富、土地肥沃之地。可以想见，在农耕岁月，这里就是最理想的生息之所。上溯这块土地文明的历史，远不止已有普遍共识的300多年或600多年，远在中国伟大的青铜器时代，这里就盛产谷物和豆类。毫不夸张地说，乌拉街是中国农业史上最早有记载的谷物和豆类产地之一。乌拉街镇西北5千米处的杨屯大海猛遗址，20世纪70年代，曾出土炭化的谷粒和豆类，这不仅是今天乌拉街谷类特产的证明，同时也是中国农业文明谷物种植的证明，进而证明的是，谷物在中国不是外来物种，2000多年前就是我们的特产，关东的乌拉街亦是中国谷物早期的特产地之一，直到现在。当然谷物和豆类不是这里唯一的特产，乌拉街还有很多特产在久远的历史中就已天下闻名，这是这块土地的造化和大自然的恩赐。特别是松花江，对这块土地就像一位过于溺爱的母亲，它敞开胸怀将爱子环抱在怀里，精心哺育这块土地和生活其上的人民，不仅使这里成为声名远播的鱼米之乡，丰富的水系也提供了发达的沟通内外的水上交通，同时还是退可守进可攻的得天独厚的保护屏障……

因而自古以来，乌拉街无论在经济、文化、政治还是军事上始终是关东大地的焦点之一。关东最早的奴隶制政权——夫余王国时期，这里是其经略的要地；至元明时期，关东古民族女真扈伦国在此立城；明后期乌拉部又在此立国，成为乌拉国都城；努尔哈赤统一女真各部，建立大清，入主中原后，他也没有忘记这里，将远离京城1340多千米的乌拉街经营成一个强大王朝的后院，作为大清王朝精神给养与物质给养的可靠保障和充实的后方。

地理上的乌拉街因此声名远播，其意义远不是有限的地理范围所能涵盖。

近观乌拉街文化遗产现状　应我们的要求，宋世桥副镇长带我们去踏访乌拉街现存的主要文化遗迹，并热情地为我们做介绍。从他如数家珍的介绍中，我们能够感知到作为古镇的管理者对自己属下的这片土地的感情。

几乎已约定俗成，乌拉街的首要古迹看点就是乌拉古城遗址。

乌拉古城，这座400多年前一个部国的都城，眼下所有的辉煌都已不在，只余三道土城墙见证着它往昔的存在。曾经它不仅是一座气势恢宏的都城，还是一座坚固的军事堡垒，分外城、中城和内城，均为夯土筑成，十分坚固。外城三面为墙，一面凭借松花江为屏障，今已残存很少，城墙的形状不很清晰。中城、内城城墙还可分辨。特别是内城墙，上面环绕着许多大树，有的树已很古老，约有数百年的树龄，像古城的灵魂一样，与古城共历风雨的同时，见证着它的沧桑。内城的最高处是老百姓俗称的"点将台"，是乌拉古城的最高点。这座可以雄视全城的土筑高台，其来历传说不一，其中不乏凄美的故事。最通行的说法认为这里是金兀术的妹妹白花公主点将的地方。如今"点将台"的废墟上面建有烈士纪念碑，与古城遗址显得很不协调。有专家曾提议，烈士纪念碑应迁往别处更适合的地方，立在这里破坏古迹。宋副镇长介绍说，古城内的居民和小学校都是不利于古城保护的因素，规划中都是要迁出的，学校的新校址都已选好，但没有经费，不知道什么时候能够实施。

我们离开乌拉古城遗址，来到了著名的"乌拉四府"之一的"萨府"。萨府是清王朝打牲乌拉总管衙门第十八任总管的府邸，建于1788年，现处于永吉三中校园内。这座建于清代的还算完整的小院落已经关闭，但因没有经费维护，现在已是危房。

满怀惋惜之情我们离开萨府，来到"四府"中最有名的"后府"。后府从名气上是乌拉街除乌拉古城外最有影响的所在。它原是打牲乌拉第三十一任总管云生的宅邸，是在清王朝内外交困时特旨拨款为云生修建的。这里且不说云生个人在任期间曾为这块土地和大清王朝所做的贡献，仅其留下的这一建筑，也是乌拉街的一份宝贵的遗产。这座乌拉街历史上最为华丽精致的宅院，是典型的二进四合院建筑，在关东建筑史上也是一处精品，足以代表吉林满族民居的最高营造水平。但是如今，这座曾经近万平方米的建筑，已见不到它曾有的规模，残存的两间房也已破败不堪，只从其残存的细部还可见其砖雕、木雕、石雕艺术非凡的品质，可借以想象它曾有的豪华与精美。

"魁府"是乌拉四府中目前保存最好的一处建筑，不久前有一部电视剧把这里当作外景地刚刚拍摄完毕，部分景片还没有撤走。魁府最早的主人是王魁某，乌拉街人。因战功卓著，升为副都统，衣锦还乡，修建了这座府邸。当地人尊称其为"魁大人"，魁府因之而得名。来到魁府，小院的大门锁着，我们无法入内，只能在外面观看或通过门缝儿向院内观瞧。这座建筑虽很旧，但其古朴的气韵，还可算是今天乌拉街一处赏心悦目的风景。

乌拉街"旧街"、中国建筑风格的清真寺、民俗村、古渡口……乌拉古镇承载了太多的历史，也积淀了丰厚的文化。它本身就是一部厚厚的史书，太多太多的章节尚被岁月尘封着，等待我们去翻阅、去认知。里面深藏的不仅是这块土地的历史与生活，还有与吉林、与关东更广大的地域紧密相连的更多的秘密。

憧憬乌拉街的未来　乌拉街的历史文化是吉林的骄傲，同时也是各级政府关注的焦点。许多年来，有关它的现状乃至未来，始终是一道难题。每个关注它的人都清楚，文物没有再生性，损毁便意味着永远的消失。如果缺少有效的保护，损毁和消失都是必然的，有可能在我们不断设想乌拉街未来的时候，那些它赖以闻名天下的文物古迹正一点点地消亡着。

设想一下，乌拉街如果没有乌拉古城、没有古城外的几座卫城，没有后府，没有魁府，没有古清真寺等等（哪怕它们大多只是残破不堪的遗迹），乌拉街将是怎样的乌拉街？

乌拉街的历史价值已无须讨论，省内外越来越多的有识之士都有共识。这里的历史、文化遗迹包括民风民俗，不仅是关东古代文明的范本，一定程度上还是世界上一些正在消逝中的古文明的标本。它实在承载了太多的历史责任，重建古镇的辉煌已是一种历史趋势。乌拉街镇政府为发掘和开发乌拉街的历史文化价值作出了适合长期、短期发展的多种规划。但令他们感慨的是，这些规划不论多么合理但眼下却没有能力来实施，因为那是要投入巨资才能操作的。换句话说，开发乌拉街不缺想法，唯一缺的是——资金！

镇领导们都在努力借鉴外地的成功经验，尝试着多种引资之路。一些有识之士也看到了它潜在的巨大的商业利益——它是发展旅游业的一只金饭碗，其可开发的不仅是丰厚的文化资源，还有得天独厚的自然景观和可持续发展的独一无二的生态环境。它有不可再生的历史、民俗资源，有天下闻名的雾凇和冰雪资源，还是当今消费时尚越来越看重的富含营养品质的清王朝多种贡品的特产地……这都是开发的潜力和发展的机遇。就经济价值而言，它就像一口尘封太久的、口味甘甜的老井，以一瓢水的投入，可能引出源源不断的清泉。

乌拉街等待着！

2005年4月

第二辑　叩问

　　乌拉的历史始于何时？它最早的历史主人是谁？龙潭山下，夫余国的"鹿山"之都与古濊城所在，不只是龙潭一区最深远的历史背景，也是中国东北史追根溯源不容忽视的区域。

松阿里乌拉最早的名字

任何一座有独特魅力的城市——特别是其中最具底蕴的区域，无不与一方独特山水有关，无不与一条伟大的河流有关。

松阿里乌拉，满语，汉译为"天河"，是松花江诸多名字中出现最晚的一个。在漫长的历史时期，它还曾有速末水、粟末水、混同江、松花江、乌拉江等多个名字。松阿里乌拉，可谓松花江意象最为生动、内涵也最为准确且明确的名字——松花江水天上来，长白山天池是它的源头。

它哺养的乌拉，虽然从今天的视角，是吉林市历史的一部分。但无论过去还是现在，"先有乌拉街，后有吉林"之说仍经久不息，乌拉城别称"大乌拉"，作为吉林市城市基础的吉林乌拉，不以任何人的意志，别名"小乌拉"。

大乌拉和小乌拉，堪称松花江全流域历史最悠久、内涵最丰富的城市。在相当长的历史时期，它们的历史，可谓松花江历史的缩影，是东北史乃至中国历史重要的组成部分。

我的追寻，从松花江的名字开始，从松花江哺养的包含大乌拉、小乌拉与龙潭山下的古濊城与夫余国开始。

一

人类伟大的文明，无不以江河发端，以河流为标志，亦以河流相区别。以黄河长江为中心，中华大地上诸多大江大河，均是多元一体中华文明的源泉。

松花江作为中国历史上第四大河（今第六大河），无论地理位置还是所孕育的文明，在中华历史上都有着不可或缺的独特地位，是中华文明重要的源泉之一。在以江河为通衢的历史时期，以吉林为中心的松花江流域，是东北文明的核心之区。其特有的历史地位，包括被历史烟尘深埋的上古时期，也为越来越多的现代考古发现所证实。

最早在松花江畔从事考古活动的中国人，是著名考古学家、东北考古第一人李文信先生。20世纪30年代，他还是学生的时候，就以极大热情和对这块土地的满怀深情，开始对吉林松花江两岸的文化遗迹进行踏查，并对吉林市的历史做出至今仍有定位意义的概括。他于1946年发表于《历史与考古》（沈阳博物馆专刊第一号）上的《吉林市附近之史迹及遗物》一文，开篇"绪言"这样写道：

吉林满名"吉林乌拉"，实为沿江聚落之意，明初"造船"于此，故又有"船厂"之称。市街负山带水，风景佳绝，盖通古斯人"天河"之"松加里毕喇"，古称"粟末水"今名"松花江"者。发源于长白山，千回百转，激汇于险峻溪谷中，至此而达平原，水阔岸平，波涛浩瀚。在交通上言，水呼溯江南通辉发、佟家、浑河三水，顺流北达黑龙江、萨哈连海。陆路西沿南北满分水岭之坦途，可通东蒙及辽河平原。东越森林山地，可至宁古塔及图们江流域，南抚朝鲜，北窥沿海各地。此种水陆交通，今日固失其优势，而在古代及中世，吉市实握此水陆交通之枢纽。其聚落都邑之形成甚早，文化甚高势必然也。故通古斯各部之兴亡，以此为中心。汉文明之北进，亦以此为起点。欲研究东北古文化之陈迹者，必舍往日之辽沈中心而远拓至吉市，亦理所当然者也……

如李文信先生所言"欲研究东北古文化之陈迹者，必舍往日之辽沈中心而远拓至吉市"——中华人民共和国成立之初中央政府即派出以裴文中为团长，以贾兰坡、杨公骥、李文信、佟柱臣等为团员组成的"东北考古发掘团"来到吉林市，以强大的阵容开始新中国对东北最早的考古发掘，并将他们的考古发现命名为"西团山文化"，以区别中国其他地区的考古学文化。在东北考古发掘团发现并命名"西团山文化"之后的半个多世纪以来，吉林松花江乃至东北越来越多的考古发现，已揭示西团山文化与其后的夫余文化，分布范围遍布吉长两地，其北达黑龙江省南部拉林河、威虎岭一线，南到辽宁省北部东辽河上游。考古发现与史籍记载夫余疆域"方可两千里"相印证。以松花江为血脉的两座著名王城——夫余王城、乌拉王城为基点进行的追寻，松阿里乌拉应有的历史面貌亦变得越来越明晰。

二

地理是文化的基础与前提，一切文明、文化的发生与发展无不是依凭地理的存在而存在。

发源于长白山天池的这条天河，它的存在本身——包括地理位置、面貌、在大地上的走向等，均是独特的。与中华诸大江大河比如黄河、长江由西向东不同，松花江走向首先东南、西北流，穿越长白山脉的崇山峻岭，纳嫩江水系后转东北流，入黑龙江奔向大海。其流域联结起长白山系、大兴安岭、小兴安岭以及松嫩平原与三江平源，成为东北大地的地理界线与联结纽带，是今吉、黑两省及内蒙古东部大地的历史血脉。

作为东北大地的母亲河，独特的自然地理，决定它孕生的历史与文明也特色鲜明。黄河长江文明的进程，基本是远离上游，在中游与下游间摆动；松花江的文明流向不是从西到东，亦不是从上游向下游，其发展总体呈逆向（由下游向中游向上游而动的趋势）——不与河流的流向同步，而是向着中华文明的核心——中原的方向。它滋养的森林与沃野，是远古人类的故乡，也是各个历史时期东北民族的家园。以它为界线发生发展的东北各族群——肃慎族系、濊（亦写为秽）貊族系、东胡族系（汉族以外），在漫长的历史时期，其对峙与融合，亦以它为纽带，成为东北历史的灵魂与依托。

三大族系在东北亚大地的存在，是中国东北史的主体内容，每一族系缺一不可。其中濊貊族系，作为西团山文化的历史主人，开创了松花江特色的青铜文明，并以千年的积淀，孕育了东北第一个文明古国——夫余国。以西团山文化主人为主体国民的夫余国，其汉兴以后由昌盛走向衰落直至消亡，长达六七百年的历史演变过程，亦是东北东胡族系的鲜卑建立诸燕、北魏，肃慎族系的挹娄、勿吉由蒙昧走向文明进而建立渤海国的伴生史。

濊貊族系这个最早崛起于东北的族群，在吉林松花江流域以吉林市为中心存在了一千五六百年，随着东胡族系的慕容鲜卑、拓跋鲜卑及肃慎族系的挹娄、勿吉的发展壮大，逐渐退出东北历史舞台，最早走向消亡，吉林松花江流域渐渐为曾"臣属夫余"的肃慎族系的挹娄、勿吉所取代，满族先世开始成为这里的历史主人。

实际上真正的民族消亡是不存在的，就像东胡族系建立北魏、大辽、大元，肃慎族系建立大金、大清，一次次开创中华新纪元并融于中华文明之中一样，松花江流域的濊貊族系只是更早一步地融入东北他族及中原华夏，是东北文明走出蒙昧迎来文明的重要动力。

三

从尧舜时期开始，为松花江哺养壮大的东北民族，一次又一次从松花江出发，向中原朝贡，或入主中原，成为中华历史舞台的主角，最后融入中原，为中华历史注入活力；而每当中国（中原）发生战乱，为避战乱或谋生而形成的"闯关东"，至少从三千多年前的商周交替，就已成传统，至清末民初，蓄积为人类历史上最大规模的人口迁徙浪潮，进而彻底改变了东北大地的民族成分。

直到近现代，吉林松花江流域及流经的广大长白山区和平原沃野，如同文明的基因库——人类渔猎文明、草原文明、农耕文明以及现代工业文明在此并存。其丰富广袤的资源与物华天宝，也曾不断受到周围列强的觊觎与蹂躏，直至中华人民共和国成立以来，松花江流域丰富的森林、矿产及粮食资源，成为新生的共和国最重要的给养地和崛起的重要物质基础，在此基础上兴起的工业，曾有"共和国长子"之喻……

然而，现代文明高度发达的今天，我们对松花江的历史、地理与文化的认识，仍是肤浅的、片面的，甚至是排斥的，对它的独特性更是缺乏正确的态度，贫穷、落后、开发晚、历史短、没文化，是绝大多数中国人对这块土地盲目的偏见。因为这种偏见，不论过去还是当前，并没有唤起中国人包括东北人自己对它的历史更翔实更完整的认识与感情，更无法看清松花江文明作为中华民族源流之一的价值与意义。

近年，随着旅游业的兴盛，政府确立了"以山为脊、以水为脉、以史为魂"的旅游文化发展目标。以这样的眼光打量每一山每一水，都将绽放其特别的自然与历史魅力。仅以流经吉林市区的松花江两岸为例，每一处现代人们眼中的风景，无不承载着丰富的历史文化内涵。如市区内的松花江一级支流——温德河入江口一带，其北岸距温德河最近的一团形小山，名"西团山"，为松花江流域青铜文明的代表——西团山文化的命名地；其南岸距温德河最近的山系，为清代望祭长白山神之所——小白山望祭殿原址，该山因之成为吉林民间尊崇的四神之山的"右白虎"所在；西团山东向10千米左右隔松花江与之相望的另一座团形小山，名"东团山"，两山共名"团山双峙"，不仅共同成为吉林旧八景之一，还互为映衬地成为吉林省乃至东北著名的考古学文化——"西团山文化"与"夫余文化"的命名地。

西团山与东团山所代表的文化，与黑龙江省考古学文化——庆华文化，共同成为解开濊貊族系被遗忘千余年的历史之谜的路标。距东团山2.5千米的龙潭山和其南的帽儿山之间的平敞之地，随着现代考古发现，已被公认为夫余国的立国之所——鹿山之都所在。而龙潭山——这座吉林市区距松花江最近、最高的山，素为吉林民间尊崇为四神之山的"左青龙"。此山作为古今吉林人均钟爱的名胜，或许亦是西团山文化及夫余文化主人的圣山。夫余国退出以"鹿山"为标志的前期王城之后，王城所在的松花江两岸，为肃慎族后裔挹娄、勿吉和与夫余同源的濊貊族系的高句丽所据有，吉林松花江历史掀开新的篇章。这里成为勿吉（后称靺鞨）与高句丽对峙与融合的舞台。高句丽加固龙潭山山城，将夫余国都城变成其北方重镇——夫余城。在夫余城西北的今乌拉大地，勿吉粟末部"依粟末水以居"，这里成为其生活故乡与生命归所。

近年的考古发现，在这一带的松花江两岸，除了龙潭山山城遗址，龙潭山及东团山、帽儿山以及乌拉杨屯、富尔等地，西团山文化、夫余文化、高句丽文化及其后的渤海文化、辽金文化、元明清时期的女真与满族文化，均有深厚的积淀，可谓三大族系在此兴替最终融合的见证——此三山与杨屯大海猛、乌拉部城遗址，均为"全国重点文物保护单位"。

四

山水无言却有情。

松花江发源并滋养的丰饶辽阔的乌拉与吉林大地，不仅两三千年前进入青铜器时代，远在史前的旧新石器时代就有人类在此繁衍生息。23万年前至3万年前的桦甸寿山仙人洞古人类生活遗址——为东北亚最早的旧石器时代遗存，六万年前蛟河新乡砖场旧石器时代的人类狩猎遗址；吉林市哈达湾东北七家子、永吉县星星哨等新石器时代居住址等遗址，到商周开始遍布吉林松花江全流域的西团山文化与夫余文化；以及后来的渤海、辽金及海西女真扈伦四部乌拉部、辉发部遗址，进而成为满族的故乡与发祥地。肃慎族系的满族最终一统中华建立清王朝，以今乌拉街镇为中心，开辟王朝专享的生活后院——打牲乌拉总管衙门；建立护佑王朝命脉的精神殿堂——小白山望祭殿；最重要的，为清王朝镇守大东北辽阔疆域的吉林将军亦驻扎于此。

最早开发吉林大地并繁衍生息达1500余年的濊貊人，作为吉林松花江流域历时最悠久的历史主人，他们不仅留下了丰富的西团山文化、夫余文化与高句丽文化遗迹，有学者认为，松花江的名字当源于"濊貊水"。在濊貊人创造的西团山文化、夫余文化包括高句丽的历史终结之后，历史继续更迭，这条大水亦不断出现于史册——粟末水、速末水、涑沫江、宋瓦江，直到明代至今称谓的松花江，这些名字均是"濊貊水"的音转。这种观点不无道理。

回望历史可见，肃慎族系的挹娄"臣属夫余"数百年，至勿吉族兴起终于灭夫余国——"依粟末水以居"成为夫余故地的主人。勿吉居此的一支，无疑是以所居之水名族，取名"粟末部"；渤海国建立后，此水史料记为"涑沫江"；东胡族系的契丹建立大辽灭渤海国后成为这条江的主人时期，曾将上游下游称谓不同的江段统一改名为"混同江"；海西女真称上游江段为乌拉江，其四部之一的乌拉部以江名国；最终肃慎族后裔满族入主中原成为中华统治民族后，称这条江为"松阿里乌拉"，取意"天河"。

但源于濊貊水的松花江的名字，事实上从未顺应任何人包括最强权的统治者的意志。

西团山文化主人和夫余文化主人——濊貊人与生息1500余年的濊貊水，不论是以水名族，还是以族名水，都是松花江历史不能忽视的内容。

古之濊貊水，满名松阿里乌拉，今之松花江，带着这块土地上最不该被遗忘的历史主人的信息与信念源源流淌，灵魂般与流经之地的历史、今天与未来同在。

2017年5月

语言证史：乌拉街历史始于何时

——访人文学者宫玉海

现乌拉街旧街是古乌拉国王城所在地。乌拉古城到底"古"到多久，现根据史料所能追溯的，乌拉古城，即明代海西女真乌拉部都城，至今不过四五百年的历史。现今城中仍有一重要古迹，名"白花公主点将台"。

关于此台，一种传说是，这个点将台为金兀术的妹妹白花公主所修造，是白花公主出征作战点将阅兵的地方；还有一种传说是古乌拉国王在一次战争中战死，其女白花公主欲为父报仇，筑此高台，操练人马。很难认定两说哪一个更接近历史真相。但从这两个不同的传说可以看出，白花公主其人在当地历史中曾是深有影响力的。那么，欲研究白花公主，必须弄清乌拉街的历史。史学界对此众说纷纭，其中不乏惊人之语。

长春光学精密机械学院中文系副教授宫玉海先生从语言角度考证，得出了一个惊人结论：乌拉街历史至少始于3100多年前。

十多年来，宫玉海先生最重要的研究是《山海经》。他依据语言是古代文化的"活化石"说，应用语言民族学和比较语言学的方法进行研究，追溯古今语言文字的变化规律，建立了"现代人类中国发源说"和"世界文化中华中心说"，对中国及世界许多历史之谜进行了探索，并著有《〈山海经〉与世界文化之谜》。在这部书里，他以自己的研究方式，试图破解许多世界文化之谜，如埃及金字塔是谁修造的，希腊文化根源在哪里，复活节岛的巨人石像之谜等等，同时他还论证了东北的女真人的先人是"嬴秦氏"，因为，"嬴秦"古读为"汝真"；嬴，音从"女"，秦古读为"申""真"。

当然，宫玉海先生的结论自有他的道理。翻开《史记·秦本纪》，开篇就是"秦之先，帝颛顼之苗裔孙曰女修"。女修的孙子叫大费，大费帮夏禹治水有功，舜帝把一位姓姚的美女嫁给他。"大费拜受，佐舜调驯鸟兽，鸟兽多驯服，是为柏翳。舜赐姓嬴氏。"到周孝王时，"孝王曰：'昔伯翳为舜主畜，畜多息，故有土，赐姓嬴。今其后世亦为朕息马，朕其分土为附庸。'邑之秦，使复续嬴氏祀，号曰秦嬴。"

东北女真人和殷商人均以燕子为图腾。

商纣时代，伯翳一后代叫蜚廉。蜚廉生子叫恶来，又叫恶来革。《史记·秦本纪》记道："恶来革者，蜚廉子也，蚤死。"父子均为殷纣的宠臣，"是时蜚廉为纣石北方"。宫玉海先生从语音的演变推断，其子恶来革当生于蜚廉为殷纣王所拓之"北方"之地，即今乌拉街。恶来革，读为乌拉街（gāi），也就是乌拉。这种语言上的吻合，与后一种传说——乌拉国王战败被杀，其女白花公主筑台点将出征，为父报仇……相一致。因为"周武王伐纣，并杀恶来"。《史记·殷本纪》中孔子有言，说殷人的车子很好，那个时代崇尚白色。蜚廉与恶来革为殷纣之臣，自然也是崇尚白色的，所以恶来革之女被称为白花公主，则与崇尚白色分不开。

当然，这只是一种推断，白花公主是否为殷纣之臣恶来革之女还有待以后的考古发现及其他学科的研究来证实。对此，宫玉海先生信心十足，十多年来他的许多推断都获得了来自世界的考古、生物、语言等学科的证明。

宫玉海先生的观点还只是一家之说，作为吉林人，对于吉林过去的、距今已久远的历史的这份关注，这份执着，这种独特的证史方法，是很令人肃然起敬的。也许真理真在这有创见的推断之中。"先有乌拉，后有吉林"，也许有一天会有研究证实，今天的吉林人也是3000多年前殷人的子孙呢！

1997年4月

追记：1997年的初春，我专程前往长春采访宫玉海先生。两年前再见到宫先生，蓦然想到，二十多年前的采访，当是我与东北、与吉林、与松花江流域历史文化最初的相遇。

那次采访虽然懵懂至极，相当程度上近似于传声筒，心有疑惑，也无从深究，还没有自己的思想和观点，一时被善谈的宫先生灌得满满，就是不想全肯定，但也不知如何否定。为理清思路，给自己信心，回头也查阅了宫先生反复提到的《史记》等有关商纣王、恶来革有关的史料，写了上文。文章正常发表，但心生过的一点点"乌拉小镇真有那么长的历史吗"的疑惑，却像种子一样在心里沉淀下来，不断萌动。

后来的岁月里，在工作和生活中，有关乌拉、吉林乃至东北的历史疑惑越来越多，相应而起的好奇心，将我引向东北、吉林、松花江历史与地理的深处。

数不清多少次登上乌拉古城中名为"白花公主点将台"的黄土高台。它高虽只有六米，但俯瞰的视野至为辽阔——可见南来的松花江浩荡北去，可见万类在天地间生息繁衍，可见四季轮回，春华秋实——虽不唯高，却是人工营建的大地制高点，如沟通天地的祭坛。

近日重读二十多年前的这篇文字，虽乏深度，也足够客观，作为一名新闻工作者，所写基本具有"记录"的意义。因此，这份记录，让我重新重视，可以与《乌拉街——松花江古今民族3000年的历史缩影》互为参照。此外，文中所记当时我不能理解的宫先生有关女真人的观点，让我重新好奇。

此文最后的推断——今天的吉林人，可能是"3000多年前殷人的子孙"吗？今天看，也不是无来由的主观猜想。

回到历史现场，值得叩问，金兀术就是有妹妹，有必要在乌拉建台点将吗？

关于乌拉白花公主点将台，传说中的主人公白花公主，传得最盛的，是大金国公主。至于大金国的哪位公主，还有两说。一为金兀术的妹妹，一为海陵王完颜亮的女儿。

先说金兀术的妹妹。金兀术为金开国皇帝完颜阿骨打之子，金兀术妹妹称公主，当是阿骨打女儿。乌拉传说为何不称阿骨打女儿，而称金兀术的妹妹？其时，阿骨打不仅诸子个个神勇，女真军民也万众一心，仅用二十年时间，就灭大辽和北宋，乌拉之地为金上京直属，是最安全的大后方，白花在此为谁点将？

完颜亮是金第四位皇帝，按辈分是金兀术的侄子，完颜亮的结局是被弑而死，如果他有女儿欲替父报仇而点将，似说得过去。然完颜亮靠弑君上位，他被弑而亡，这时期的完颜宗室内部已杀红了眼，完颜亮即便有女儿，也已无活路，更没有带兵点将为父报仇的可能。

乌拉白花公主点将台矗立在那里，不容无视。存在的真相值得探究下去。

20世纪20年代兴起的"古史辨派"，夏商周三代被疑为不实，并成为主导。近百年来，随着殷商考古和甲骨文研究的发展，特别是近二三十年来"夏商周断代工程"和"中华文明探源工程"的启动与完成，"上承史前与夏代，下启中华文化演进的先河"的商代文明的发展时空，重建工程已完成——宋镇豪主编的《商代史》11卷，"通过商代历史与制度名物的研究，可以寻绎中国社会传统文化元素的由来、特征、品格与传承途径，对世界文明发展模式的认识提供可资借鉴的历史资源"。

考古发现，三千多年前开始，以吉长地区为中心，出现了一个以鼎、鬲等三足器为代表的青铜器时代人群，广泛分布于松花江流域近水的缓坡台地上，密集程度超过现代村屯，存在时间近千年。考古学以代表性遗址"西团山遗址"命名为"西团山文化"，还有学者以这一文化最具代表性器物"鼎、鬲"为特征，称之为"鼎鬲文化"。在今乌拉街镇松花江干流与支流两岸亦有分布密集的遗址，其中杨屯"大海猛遗址"最具代表性，已进入第八批国家级重点文物保护单位名录。结合考古发现，所有留在大地上的古老遗迹，值得重新审视与探究，特别是最不能无视的点将台和白花公主的传说，也许不是传说，是解开乌拉历史之谜的钥匙。

往事越三千年。公元前1046年（夏商周断代工程确定），商朝最后一代王纣王帝辛自焚身亡，商王朝灭亡。纣王灭国的背景，《商代史》关于"帝辛时臣正纪略"这样记道：帝辛时期的臣正，分为两大派别：一派是商王朝的忠实之臣，他们与帝辛纣的荒淫无道进行了激烈的斗争；一派是纣的宠幸之臣，他们为迎合纣的欢心，助纣为虐，导致了"亡国失家"的局面。纪略所指致纣"亡国失家"的"宠幸之臣"为费仲、恶来、崇侯虎。其中，恶来，又称"恶来革"，周武王灭纣，恶来被武王所杀。恶来就是白花公主的父亲也并非无稽之谈。

近读《商代史》，商文明面貌栩栩如生。鼎、鬲也是殷商文化生活中的典型器物。

在松花江流域生息千年的这个人群，历史上限，也正是商周交替、武王灭商纣之际。恶来革为纣的宠臣，被杀于乌拉街，白花公主为父报仇，仅仅是巧合？

因为宫先生曾讲东北女真人的先人是"嬴秦氏"，几年前发现一位叫朱学渊的博士著有一书——《秦始皇是说蒙古话的女真人》（2008年6月华东师大出版社），便毫不犹豫地买了下来。语言也是这位博士证史的方法之一。

2020年2月

踏查西团山与骚达沟遗址

西团山位于吉林市船营区欢喜乡吉兴村，东距松花江2.5千米，南面1千米左右有松花江一级支流——温德河，汇入不远处的松花江。此山与吉林市区东部位于松花江右岸的另一团形小山遥遥相对，两山分别称为"西团山"与"东团山"，曾共名"团山双峙"，为吉林旧八景之一。

20世纪30年代开始，就不断有中国考古学者与日本考古学者，对吉林市区周边松花江及其支流的两岸展开考古调查。如中国李文信、日本人三上次男、滕田亮策、黑田原次等。李文信先生（1903—1982）是最早在吉林松花江流域进行调查的中国考古工作者。他曾任东北博物馆研究室主任、研究员，东北文物工作队队长，吉林大学教授，辽宁省博物馆馆长等，堪称东北地区考古与博物馆事业开创者与奠基人之一。

李文信之后，20世纪40年代初至中华人民共和国成立前，先后有杨公骥、李洵、佟柱臣等考古学家在西团山遗址进行过考古发掘与调查。此期间，国民党占领吉林市后在西团山挖碉堡和战壕，破坏了许多石棺墓，1948年3月9日吉林市解放，原东北大学（即今东北师范大学）杨公骥、李洵、薛虹等教师得知这一消息后，于当年9、10月间和1949年7、8月间，带领学生对已遭破坏的和可能遭破坏的石棺墓进行了清理发掘。1949年2月11日的《东北日报》发表了杨公骥写的《西团山史前文化遗址初步发掘报告》，引起了众多考古学者的关注。以上工作，成为中华人民共和国成立之初，中央政府派往东北的第一支考古队伍——"东北考古发掘团"对吉林松花江流域展开正式考古发掘的基础与前提。

西团山文化作为新中国最早命名的考古学文化之一，从1950年由文化部派出的东北考古发掘团进行科学发掘以来，至今已达70余年。西团山文化考古本身，亦是新中国考古学历史的重要组成部分。从20世纪30年代至今已有四五代考古人为之付出不懈努力，许多著名考古学大家与东北考古与史学研究者——裴文中、贾兰坡、李文信、佟柱臣、杨公骥、薛虹、李洵、王承礼、董学增、尹郁山等，都与西团山文化考古有不解之缘。

如今第一代第二代西团山文化的考古人都已作古，第三代在全国只有董学增、尹郁山两位先生健在。85岁的董学增先生定居北京，现居吉林市的只有尹郁山先生。尹郁山先生从20世纪70年代开始从事考古工作，曾任永吉县文物管理所所长、吉林市文物管理处处长，现为吉林省人民政府文史馆馆员、吉林省松花江文化研究会会长。他是西团山文化考古最重要时期的亲历者与见证人。

山河大地是文化产生的基础与前提。我们正生活的吉林大地，也是西团山文化主人生息最久的家园。虽然存在于同一空间，但由于时间与历史的阻隔，相当多的吉林民众，对吉林省包括吉林市这项最重要的文化遗产还是备感抽象和陌生的。

为了进一步对西团山文化有更真切、感性的了解，吉林省松花江文化研究会筹划成立"西团山文化踏查小组"，由松花江文化研究会文史专委会牵头，由会长尹郁山先生带队，走进西团山文化遗址，零距离感受这一文化与我们生息的大地的关系，同时，在现场体验考古，聆听考古人文化发现的故事。

2017年5月13日星期六。天气阴凉，预报有雨。上午8点半踏查小组在市政府北门集合。参与人员：尹郁山、李桂华、安紫波、李津田、胡彦春、赵伟。踏查地点为西团山与骚达沟两处遗址。

第一地点：西团山遗址 西团山为西团山文化的命名地，是这一文化最早的"全国重点文物保护单位"，是尹郁山先生无比熟悉的遗址。尹先生从1995年担任吉林市文物管理处处长开始，该国保单位就是他工作的重点对象。

在尹先生的指点下，踏查小组首先过温德桥，来到温德河边。站在此处我们才明了，温德河入松花江口附近，西团山不仅与东团山隔松花江遥对，而成"团山双峙"，与另一处名胜——小白山，更近切地隔河呼应。

顺温德河岸上行数千米，两山相对而出，左右相依。

温德河发源于吉林哈达岭的主要山脉肇大鸡山。在永吉县境内称五里河，出永吉县境称二道河，入松花江口段称温德河。《永吉县志·舆地志》"温德河"条这样解释这条河的得名："在小白山下，满语温德亨山，此河即名温德亨河……"此河两岸，一为清王朝遥祭长白山之神的望祭殿所在的小白山，一为这块土地青铜器时代的代表——西团山文化命名地。如此形胜汇聚于此，仅仅是巧合？

从地理位置看，西团山较小白山与温德河距离实则近切得多。在温德河边向对岸眺望，虽有城市建筑包围、高楼遮挡，一座绿意葱茏的团形小山仍赫然在目。此山南距温德河不足1千米，东距温德河入松花江口只有两三千米左右。小山虽小，海拔236.2米，相对高度不过40米，但在温德河与松花江交汇处的平原上，如同拔地而起。周围尽管山峦叠翠，附近亦有高过它许多的楼盘围挡，这座小山的气象仍然醒目。

此时温德河两岸——吉林市温德河湿地水生态治理工程（二期）正在建设中，路边随处可见拆迁废墟与建筑垃圾。不久后温德河两岸的环境将大为改观，河两岸相对矗立的这两处曾被忽视与遮掩的名胜，相信很快会露出与它们所承载的文化影响相符的真容。

站在温德河河岸上，遥看这座团形小山的形胜，不能不让人追想，三千多年前，一支不知从哪里来的人群，一定因为这方山水符合他们建设家园的理念与条件，才会选择在此停下脚步，以此为生命的家园与灵魂安息之所。

而从考古学的角度，尹郁山先生说，西团山文化以这座小山为命名地，不是偶然的。松花江流域分布广泛的西团山文化，可分为早中晚三期，时间跨度逾千年，西团山遗址属于这种文化最早的遗址。尹先生介绍，此遗址1930年从日本学者三上次男和中国考古学者李文信进行最早考古调查开始，不同时期进行的考古调查、考古发掘和抢救性清理达十次之多。其中，1950年10月东北考古发掘团展开的科学发掘为第六次。在此进行的历次考古发掘以石棺墓为主，遗址为次。出土文物主要为石器、陶器、兽牙器、骨珠等。石器多为刀、斧、矛、剑、镞、锛、凿、磨盘等，陶器有鼎、鬲、豆、甗、壶、碗、罐、杯、钵、纺轮、网坠等。从中可以想见西团山文化主人生产方式及物质生活之一斑。

尹郁山先生说，西团山遗址与其他西团山文化遗址最显著的不同是——居址与墓葬不仅同处一山，有的石棺墓还在居址的下面。如今西团山上为茂密的人工松林及次生杂木所覆盖，小山的周围则为现代城市建筑与农田所包围，已无法判断其两三千年前的原生态模样。

尹郁山先生面对我们的提问，追忆他经历的第十次西团山考古田野调查，当时一件出乎意料的发现令他难忘。时间是1998年10月12日。此次调查，由吉林市文物管理处与德国考古研究院共同进行。当时他作为文管处处长，与时任业务科科长张寒冰和来自德国考古研究院欧亚系的两人，在一具早已清理过的残棺墓内发现了一条长达10厘米的大水蛭。这意外发现引起他们特别关注，并展开深入讨论。据此推测，距今至少一百多年前，西团山下应是水草丰茂的沼泽地，山上草树丛生，人迹稀少。由于生态被过度开发与建设所改变，湿地消失，这只水蛭逃生到了山上，钻入石棺，在潮湿的石棺缝隙里存活下来……

西团山所在，隶属船营区欢喜乡吉兴村。尹郁山先生说，吉兴村原名西团山子村，该村最早由西团山子屯发展而来。今"吉兴村"一名，是相对"欢喜"而取吉祥兴旺之意，而欢喜乡之名，得之辖境内的欢喜岭。此岭原为无名小岭，传说乾隆十九年（1754年），乾隆皇帝东巡吉林，路经此岭，登岭远眺，龙心大悦，称此为欢喜岭。据《欢喜乡志》记载，西团山子屯，始建于清光绪元年（1875年），最初有六户人家，都是闯关东而来的流民，他们在此落户定居，始成屯落。此时距西团山文化主人最早在此建立家园已间隔三千年时光。

走近西团山时，阴沉的天空开始下起细雨。74岁的尹郁山先生兴致不减，我们紧紧相随。此时已是初夏，正是草木繁茂时节。山上林茂草密，山中小径都被遮蔽难辨，三千多年前西团山主人的存在遗迹更是难寻。山的东北麓山体陡峭，不宜人居，尹先生直接带我们绕到西面蜿蜒起伏的漫岗，这里为西团山墓群的中心区域。

舒缓的漫岗上，雨中绿意更加葱茏，空气尤为清新。我们首先被其中一个又一个为草木掩映的坑穴所吸引，误以为是当年挖掘现场遗留。尹郁山先生说，西团山文化主人是长方形的石棺墓，不是圆形的，也没有封土。这些坑穴是现代人的墓葬迁走后留下的。西团山成为国保单位以前，山上布满了一座座现代坟茔。他任文管处长期间，每年都要多次带人到此寻查，许多工作是和村里及乡里协调，动员墓主家人把坟迁出保护范围。坑穴的真相尽管让人失望，但我们很快被真正的考古遗留吸引住了——西南坡下端一处沙坑中显现出考古挖掘后的探坑。方形考古探坑的一边，醒目地被一座长方形块石垒砌的石棺打破——实则是考古工作者挖探到了这座石棺。这样的块石垒砌墓与板石立砌墓，是西团山文化最具代表性的类型。这座石棺看上去很小，墓况清晰，不见棺盖，为块石垒砌而成。它以西团山文化典型特征，无言地向我们显示它的朴素与力量——像垒砌它的石材一样，历经三千年时光，仍坚硬地证明着这个族群的存在以及深藏的存在之谜。

走遍这座小山，我们必然地与另一处历史遗迹相遇。解放战争期间，1947年6月16日，国民党军队从桦甸县城逃到吉林。为了长期盘踞，在吉林城区附近的西团山、龙潭山等多座位于松花江两岸的山地上，修筑碉堡等军事工事。西团山上的第一墓区第一号墓，就是因之被破坏的。面对此遗迹，小组成员中军人出身的安紫波，很快就明了了此工事战壕、碉堡、指挥所、暗道等构造功能及通讯定位装置所在。从现裸露的钢筋混凝土残迹可见这是一处异常坚固的军事工事。

事实上，这座坚固的具有现代战争特点的工事并没有被真正使用。1948年3月8日晚，盘踞吉林城内的国民党六十军，在我军强势威慑下，弃城沿今吉长南线向长春逃窜，3月9日上午，作为吉林省省会的吉林市即迎来解放。

这处没有真正发挥过军事作用的战争工事，在人类战争史上无名，在中国考古学中却不能忽视。这一工事的构筑，成为西团山文化发现不可或缺的环节，进而成为洞开中国东北史缺失篇章的重要契机，也是值得重点保护的。

第二地点：骚达沟遗址　　离开西团山，我们走进第二处西团山文化遗址——"骚达沟"。此遗址与西团山相距只有4千米，亦为当年东北考古发掘团发掘的重点遗址之一，地理位置与西团山同属一乡，隶欢喜乡下洼村五社。这是一条东北折向西北的起伏山岗，其北山向西北绵延约1千米为平顶山，以西山头山顶大棺著称于考古界。

我们的车穿过下洼村驶上乡路，远远就看到平坦的田地尽头，一列山岗，拔地而起，如天然屏障，静卧前方。想象站在雄起的山头，远眺万山连绵，近瞰阔野平川，千般景象、万千事物，尽收眼底……仅从地望形胜，不难感知两三千年前的西团山文化主人的择居理念与智慧。驶近山体龙头般的山嘴，我们发现山岗下部，山体不知是村民取土还是滑坡所致，原本的山体斜坡仿佛被切过般成截面。失去植被覆盖而裸露着的土层，被细雨淋过，沙土呈褐色，湿润松软。沙土与上面植被的连接处，有异样的东西似被遮蔽又似呈现，引人探究。但对此山非常熟悉的尹先生，没有在此停留的意思，直接越过山嘴，驶向另一面接近山顶大棺所在的方向。

山顶大棺，是目前为止发现的西团山文化规模最大、随葬品最多的石棺墓。

西团山遗址出土的西团山文化遗物，主要是石器、陶器与骨器，未见青铜器。因此关于该文化的属经争议颇多，其中认定为新石器时代晚期或肃慎文化的一度占上风。骚达沟山顶大墓及墓群的发现，除了与西团山遗址发现的石棺类型和出土石器、陶器相一致外，还有青铜斧、大铜刀、小铜刀、铜扣等青铜，成为判定西团山文化属青铜器时代的重要依据。尹先生说，在后来的考古发现中，西团山遗址亦有青铜器出土。

骚达沟墓群最早是考古学家佟柱臣先生于1948年做调查时发现的。山顶大棺最早清理者王亚洲，当时是吉林市通天区第二完全小学校的校长。1950年成立了东北考古发掘团，两人后来均是发掘团成员。

山顶大棺所在曾为沙厂，大棺及周围许多石棺因之被破坏。尹郁山先生任吉林市文物管理处处长时，曾将此沙场封闭。我们所见，被圈围起来的沙场显然已另作他用，出入的大门从里面反锁着，敲门无人应答。我们只能在院墙外，顺尹先生所指眺望已不存在的大棺所在位置。

眼中所见，因取沙被打破的山体之上，坦如平地，生长着密集的人工松树林。被切开的山体侧立面的中间偏上，有一棵枝叶繁茂的大柳树倍显突凸。尹先生说，大柳树位置往前，约三五十米，是骚达沟的西山头，大棺就在山头最高处，现在整个山体都被挖没了。

仅仅遥望我们并不满足，但湿滑的山体并不适宜登临。雨虽暂时停了，但更阴沉的天空，预示大雨随时来临。尹先生决定带我们去看看保护碑，结束此次踏查。

保护碑孤零零地立在山嘴附近的路边，碑铭颇为清晰，横排五行，每行依次为"吉林省重点文物保护单位""骚达沟古墓群""吉林省人民委员会""一九六一年四月十三日公布""吉林市人民政府立"。从碑文可知，此遗址1961年4月就已被批准为吉林省重点文物保护单位。

看完保护碑感觉就这样结束我们心有不甘，就顺着山嘴下的水泥路步行，边走边看山体裸露的沙土。转过山嘴龙头不远，在数十米长裸露的山体的中部，一处与植被连接处的沙土中，赫然显露出几块石头，呈近似于方形窗口形状。石头的颜色稍浅，嵌在黄沙中很醒目。虽然没有考古经验，但我们也马上感到其中的不寻常，指给尹先生看，他脱口而出：是石棺。

石棺如此近距离地出现在眼前，唤起每个人探索的渴望。石棺下的土坡很陡，被雨淋湿的沙土太松软，脚一踏就往下陷。队员李津田自告奋勇，从安紫波手里接过一把小锹，率先登上去试探。但他用小锹向石棺内只探一两下，就仓皇跳下了山坡。我们问他怎么回事，他开始不肯说。

接下来还是尹先生这位老考古工作者亲自出马了。他用小锹向裸露的石棺内轻轻拨动几下，就拨出了几块陶器碎片。他大致摆弄一下，确定这些碎片可以复原成一个完整陶器，就把拨出的土填了回去。我们有些不解，他借此特别强调："到此为止，算抢救性采集，再挖就是犯法了。我们踏查西团山文化，是为了宣传，为了更好地保护，一点儿违规的事都不能干。"

采集的陶片，也被雨水浸得潮湿，内外都满是泥土。陶片为西团山文化常见的红褐陶，其中有一器耳，尹先生判断此器为单耳陶壶。单耳陶壶属西团山文化中晚期，为早期的西团山遗址所未见。

传看这件意外采集的陶器时，我们追问李津田碰到它们时为什么有那么强烈的反应。原来，他用锹一探就碰到了硬物，首先想到的不是陶器，而是古人的头骨，敬畏之心，让他头皮发炸。尹先生说，他刚才探到的应是墓主脚下位置，整具石棺应该仍完整地留在山体里，只最下面的一块挡石被破坏了。西团山人的墓葬，基本是头冲山上脚冲山下。

回返时我们注意到，山岗的南部大地上有一条小河蜿蜒流过。小河无名，当地人以所在村屯名之为"下洼子河"，向东注入温德河入松花江。而"下洼子"一名，亦是往昔自然特征的遗留。在依赖江河为生活源泉与天然通衢的时代，选择依山傍水，在水草丰美之地建立家园，不只是现代人的理想。

无疑，以此理念建立生命家园与安息之所的西团山文化主人，是这辽阔大地最早的开发者，今天的我们都是后来人。

2017年5月

踏查龙潭区猴石山与长蛇山遗址

　　吉林省松花江研究会文史专委会在2017年5月13日组织西团山文化考古踏查后（踏查记录载于6月28日《江城日报》），6月3日组织了第二次踏查。这次计划踏查地点是位于龙潭区的猴石山与长蛇山两处遗址。6月3日是星期六，天气预报：晴，局部有雷阵雨。

　　本次踏查人员：尹郁山、李桂华、安紫波、胡彦春、赵伟、周枚、于福侠。计划踏查地点为猴石山、长蛇山两处遗址。上午八点半，从市政府北门出发。

　　西团山文化对今天的吉林人——包括踏查小组成员而言，仍是一种较为抽象的考古学意义上的文化。这一文化对社会现实而言，似乎亦只有考古学意义，与今天的我们没有什么关系。虽然这一文化从半个多世纪以前被发现、命名以来，新发现的遗迹越来越多，影响越来越大，但基本仍只有研究价值，难有现实意义。

　　真切地走进西团山文化主人曾经生活的现场，最深刻的感受，是那些当今被称为"遗址"的地方，是西团山文化主人生息的故土，也是我们赖以生存的家园。从这个意义上，追溯一方土地的历史与昨天，如果无视往昔主人的存在，这块土地的历史无疑是断裂和不完全的，今天的人们无法真正认识和了解这座城市"从哪里来"，亦无从叩问正生活其间的"我们是谁"。

　　我们的踏查才刚刚开始，提出或思考这些问题，还有些力不从心。

　　其实，随着西团山文化的考古发现，这一文化在松花江流域的流布范围越来越清楚，其存在时间也越来越明确，在与其他考古学文化的比较中，关于其来源以及受他种文化包括中原文化可能有的影响，亦是始终被关注的问题。

1996年作为国家"九五"科技攻关重点项目启动的"夏商周断代工程"，使曾经备感模糊、充满争议的上古时期夏商周三代的年代史精确化。之后启动的"中华文明探源工程"，使夏商周以前更模糊的甚至一直被视为传说的黄帝、炎帝及尧、舜、禹的存在，及他们所处时代的历史面貌及生活图景，也获得越来越真切的揭示。西团山文化主人生活的年代，现代考古已得出结论——正值商末周初至战国末期及西汉初年。他们和上古三代的商周及中原其他历史时期是否有联系？可能有怎样的联系？这些问题都是踏查队员备感好奇的。

走进猴石山与长蛇山前，带队的尹郁山先生就提示我们，此次踏查最需关注的，不是墓葬，而是西团山文化主人的居住址和居住环境，及遗址遗物显示的生产生活方式。他特意带来1980年的《考古》杂志第2期，上有《吉林猴石山遗址发掘简报》和《吉林长蛇山遗址的发掘》两文，文中对两遗址的发掘情况有较详细的记载。

此次踏查虽目标明确，但到达目标的路如何走充满不确定性。20年前，尹郁山先生参加猴石山考古发掘，常走的是华丹路。但20年来随着城市的发展，道路变化很大。利用导航仪，我们沿着越山路、雾凇大路，转入珲春北街后过秀水大桥，来到了牤牛河边。

牤牛河亦是松花江一级支流。来到这条河的岸边，一长列如拔地而起的绿色山冈雄奇地静卧在对面的平原上，不用询问，我们马上明白，那就是猴石山，只能是猴石山！它的西部最雄伟的山嘴位置，如昂首的雄狮，其下原本曲曲弯弯的松花江，行此山下陡转南北走向，而由东向西奔流的牤牛河，亦在此汇入松花江。此山嘴，即为曾经的吉林旧八景之一——"猴石凌云"所在。此山能在万般景致中获此荣名，并非仅仅因其上曾有一只酷肖的猴石，其"凌云"之势，亦离不开两水相汇的背景。如今此山居高凌云的猴石虽已不在，但千古风情万千气象仍令人无法小视，尤其当我们知道它还是西团山文化具有代表性遗址，如此近切地眺望，心里已充满期许。

然而，牤牛河也不容我们忽视。此岸距对面的猴石山不过几百米，但连通两岸的便桥不见了，不知是被上涨的牤牛河水冲坏了还是淹没了。猴石山遗址虽近在眼前，却无法直接到达，无奈折返到原华丹啤酒厂绕行。

几经辗转终于到达山下，然而，我们走进的并不是猴石山，而是长蛇山遗址。

长蛇山与猴石山一东一西分踞牤牛河北岸的平原上。长蛇山遗址位于吉林市龙潭区哈达村，它是一座具有标志性的山系，是吉林市北郊和平原的地理分界线。山之南约500米，牤牛河自东向西流过，山之北侧是起伏不绝的山峦，南面为开阔的冲积平原，山的西面与起伏连绵的山地相接。此山是由花岗岩构成的南北相连的两座小山组成的，海拔230米。我们首先走进的，当是长蛇山两小山间的山凹。顺此山凹并不算缓的山坡，我们在荆棘荒草间边走边向着心中的"猴石"所在的山顶搜寻。

此前尹郁山先生已向我们介绍，两遗址性质相同，应属两个父系氏族。在西团山文化已发掘的诸遗址中，此处以建在台地上的居址最为突出。猴石山遗址台地多达九级，长蛇山遗址台地达七级。其上的房屋多半为地穴式，早期居址沿山坡凿穴为屋。

此时正值草树疯长的夏季，山上小路都被荒草覆盖，满山都是茂密的草树，山体上不仅两千多年前的文化遗迹难觅，就是现代人可能留下的痕迹也被遮蔽了。我们顺着草丛中若隐若现的有人走过的痕迹试探前行，转过一坡又一坡，不仅看不到人工台地的样貌，一处处草木杂乱的山坡现代人走过的小路都难见，仿佛自古洪荒，想象不出曾有人类在此生活长达千年。当我们在草莽间寻寻觅觅终于到达一侧为陡崖的山顶时，透过荆榛杂树的缝隙，居高临下，视野无限开阔，远山近水和城市尽收眼底。豁然开朗的感觉，让我们误以为脚下险峻处正是猴石已去的石砬子。

在山上，尹先生走走停停，忆起许多当年参加考古的人和事。但一晃也已快20年没来这里了，直到下山返回，也未发现我们此次走进的不是猴石山遗址，而是长蛇山。

从长蛇山两山间下来，我们重新上车，意欲前往长蛇山。车没驶出多远，路一侧现出高高的拦网，尹先生叫停，说长蛇山遗址到了。我们跟随他从拦网的缺口处进去，于没人高的蒿草间，赫然露出了文物单位特有的标志——保护碑。

拨开遮掩石碑的杂草，碑的正面刻有"吉林省重点文物保护单位 长蛇山原始文化遗址 吉林省人民委员会 一九六一年四月十三公布 吉林市人民政府立"。尹郁山这位老文物保护工作者，围着这块碑，久久观瞧、不停地抚摸，不无感叹地说，这块碑还是他任文物管理处处长时主持立的。

碑的另一侧是对长蛇山遗址内涵的介绍，碑记如下：

长蛇山遗址是原始社会时期的部落遗址。距今大约两三千年，已进入以农业为主、渔猎为辅的父系氏族社会。一九五七、一九六二、一九六三年曾经过三次考古发掘。出土了大量的陶、石生产工具和陶制生活用具，为我国东北少数民族经济状态研究，提供了宝贵资料。

吉林省文物工作队发表于1980年第2期《考古》杂志上的《吉林长蛇山遗址的发掘》，翔实记述了对长蛇山遗址的发掘和遗址、墓葬及出土的陶器、石器、玉器、青铜器的情况。在结语中，关于其房址这样概述和评介道：遗址中发现的15座房子，有的修造复杂，石墙之外还筑有辅助小墙，室内出土物也较丰富（有的达51件）；有的建筑比较简陋，遗物也少，这一现象也同样反映在墓葬中。

6月3日踏查后，当我们结合考古报告，发现此行走进的不是猴石山，我们对猴石山更加充满好奇，计划重新走进猴石山。为此，7月12日我们特别邀请松花江研究会摄影专委会会长潘桂霞同往，希望她用航拍器拍下猴石山在松花江与牤牛河畔的整体面貌。

猴石山遗址位于吉林市龙潭区孤家子村北1.5千米处，主峰海拔287米，相对高度将近百米。东北为连绵的山冈，与长蛇山相距约2千米。两山之间有一历史悠久的自然屯，名"唐王屯"。两山南部至牤牛河间开阔的平原，今为唐王屯的田地，田地上种植着玉米。山北面起伏绵延的漫岗，为遗址所在。此山气象宏大，不知该从哪里走进。于是，我们选择访问唐王屯村民。出人意料，有关唐王屯亦有太多故事与传说，令人目不暇接，让我们备感这块土地文化与历史内涵的深厚——从唐王征东在此驻扎的传说，到现在仍然出水的唐王井的存在；从清嘉庆时受封公侯的额勒登保，到皇帝钦批的其家族墓地选址猴石山的原因以及"辈辈封侯"的口传；说不清来历的"孟将军"在此建巨坟及被毁的往事……太多内容因与西团山文化没有直接关联，这次，我们没有深入挖掘。但唐王屯村民关世学，关于此山曾有两石猴——大石猴与小石猴的介绍，引起了我们关注。

寻找猴石山保护碑的路上，我们走进山下的一座道观，观里的人都知道保护碑所在。距道观不过几十米，在陡峭的山崖下，终于见到该遗址的保护碑。

此碑与长蛇山石碑风格相同，看碑铭，知此遗址与长蛇山属同一批公布的省级保护单位。碑记如下：

猴石山遗址是一处氏族部落遗址，距今三千年左右，经过一九七六、一九七九、一九八○年的三次发掘，先后清理了若干房屋和窖穴，以及南坡的民族墓址，取得了大量铜、石、陶、骨料的生产工具与生活用具、装饰品。这一遗址对于东北地区古代民族的经济状态、生活习俗等方面的研究具有重要的科学价值。

从1980年《考古》第2期上的《吉林猴石山遗址发掘简报》可知，在猴石山西坡、北坡和东坡均有数级台地，可见分布较密集的凹下的居址环形坑。遗址总面积18000平方米。居址建在人工修成的台地上，台地最多九级。1975年这次发掘的居址在猴石山东坡九级台地上数第二台地的南端，距此东北约4000米为墓葬区……

道观的郝道长告诉我们，猴石山整个山体南面呈半环形向着牤牛河敞开，一头一尾，两端山头石砬子上曾经各有一个石猴，它们遥遥相对，彼此呼应，别有风光。保护碑所在的这个石砬子，就是吉林旧八景的"猴石凌云"，当地又称为"大猴石山"；山尾的石砬子上亦有一石猴，因此叫"小猴石山"。山下有一条铁路从小猴石山穿过，小猴石山因此和山体断开，上面的石猴也早就没了。大猴石山上的那个石猴，也是因铁路从山头下经过，担心石头脱落发生事故，而被崩毁……

从摄于1942年的一张老照片，还可见"猴石凌云"的不凡气象。让我们极为好奇的是，当地村民流行一传说：此山两个石猴大有奥妙。一端的小石猴面向西北不动，而大石猴会不停地转动。此山与吉林城西温德河畔望祭殿所在的小白山同在一条子午线上，分别踞守在吉林城的一北一南。当大石猴与小石猴面面相对时，吉林就会出"侯爷"；当大石猴转到西南方向时，吉林就会出帝王。据此，同行的人猜测，当年确定在小白山建望祭殿，朝廷可能参照了猴石山的风水……

我们利用高德地图搜索，果然看到，小白山与猴石山确分踞吉林市正南正北方向。当然所谓石猴转动与出帝王的传说自然不足为信，但我们从中发现，内中亦有不失科学依据的信息。

中国古代各民族最早都有夜观天象以星定位、以星定时、以星定事的传统与习俗，其中北斗星最为关键。北斗七星从勺子头算起依次是贪狼星、巨门星、禄存星、文曲星、廉贞星、武曲星、破军星，此乃为天罡。而北斗上端是以紫薇星为中心的小北斗。天罡的大北斗与紫薇星处的小北斗也是相对旋转的。如果小北斗内的一颗星"玉皇星"突然出现，参照与整个北斗星相对旋转，得出所谓"帝王将相"出现的判断是可以理解的。至于传说石猴转动，实际转动的不是石猴，而是北斗勺子转动与石猴的关系发生了改变……

这不由得让我们联想，民间的某些传说并非空穴来风。两三千年前生息于猴石山的原始居民，他们选择这里为家园和安息之所，也一定不是偶然和盲目的，凌云的石猴未必不是他们观察天象以安排生产生活的参照。

在道观院子里没有树木遮挡之处，潘桂霞升起了她的航拍器。在监视屏上，她马上感到对这座大山很熟悉。虽然是第一次走进这座山中，但实际对山本身并不陌生。在过去许多年里，这座雄踞江边的大山，每当雪后或雾凇天气，这里是她和影友们的重要拍摄对象。她们的拍摄点往往是在松花江与牤牛河入江口的对面。每当日出或日落，从这个角度，眺望踞于冰封的松花江与牤牛河三角洲一带——为白雪覆盖的大平原上连绵起伏的山峦，如梦如幻的奇丽景象，常让影友们流连忘返。她说，最让她没想到的是此山不仅气象很美，还有这么深厚的文化内涵。

2017年7月

"子欲居"的"九夷"之地与西团山文化

《论语·子罕篇》中第十四章，内容如下：子欲居九夷。或曰："陋，如之何？"子曰："君子居之，何陋之有？"此节无一字生僻，读来感觉并不难解，从中让人更增对这位至圣先师的敬意——他不仅礼敬华夏君子，对九夷的君子也心存慕念。相信他的"欲居九夷"之念，其心不仅怀有诸夏，亦了解夷狄，并知道九夷也是有"君子居之"的。

钱穆先生在所著《论语新解》有论："《论语》自西汉以来，为中国识字人一部人人必读书。读《论语》必兼读注。历代诸儒注释不绝……"然品读多家对《子罕篇》这一节关于"九夷"与"君子"的解释，不能让人解惑反生困惑。

对《论语》解家关于"子欲居九夷……"解读的质疑　钱穆先生在《论语新解》中，对此章这样"白话试释"：先生想居住到九夷去。有人说："九夷闭塞，怎住下呀？"先生说："有外来君子去住，那还称什么闭塞呢？"

从钱穆先生的释读，可见他已先入为主地认为，九夷之地闭塞简陋，不可能有君子。但对孔子反驳的话"君子居之，何陋之有"的"君子"，释为让孔子自称"君子"，"我这样的君子去住"亦觉不妥，事实上，孔子也不会这样以君子自称，因此他在"君子"之前，加上"外来"二字，以弱化孔子称自己为君子的嫌疑，同时也强调了君子不在夷地，如果有，也只能外来。

南怀瑾著《论语别裁》，对此章这样论道："……九夷是东南方一带蛮夷之地……这些地方还没开发，还是披发文身，非常落后的地区。孔子当时想另外开辟一个天地，保留中国文化。但有人说，那个地区太落后，没有文化，野蛮得很，怎么办？孔子说地区不怕落后，只要真有道德、真有学问的人，去任何地方，在任何时代，自己都有自处的办法，那有什么关系？……"且不讨论南怀瑾先生对"九夷"地理方位的理解是否妥当，对孔子言之凿凿的"君子居之"之语，释为"孔子当时想另外开辟一个天地，保留中国文化"则显得过于武断。值得叩问，孔子有过此想吗？

两位国学大师对孔子想要去居住的"九夷"之地，所指虽有差别，但共识是，那里是闭塞原始没有文化的陋地，不可能有君子存在。在此观念下，对孔子"君子居之，何陋之有？"中的"君子"，虽表述不同，达成的共识是，孔子所言"君子"即孔子自己，九夷之地是不可能存在君子的。

笔者认为，符合文义的翻译应是：孔子想到九夷之地去居住。有人说："那里太简陋，到那里怎么生活（或做什么）呢？"孔子说："有君子居住的地方，怎么能说陋呢？"

此翻译与以上诸家的解释发生歧义的关键，在于孔子时代的"九夷"，是否是不"陋"的有"君子"和礼仪存在之地。

值得叩问，孔子欲居的"九夷"究竟指哪里，其中是否可能存在"君子"和礼仪？

若证明夷地有"君子居之"，首先需求证，其地当有让孔子终生孜孜以求的夏商周三代"礼仪"的余绪，才能达成孔子质问肯定的"何陋之有"的本意。

孔子时代的"九夷"的含义及所在地理　华与夷，是远古时代中华大地两大最有代表性的民族集团，分别以黄帝与炎帝为代表。两大集团在中原大地相峙相融，为中原华夏的主体民族，进而创造了以夏商周为代表的中华灿烂的青铜器时代。以中原为中心的华夏诸族，被称"诸夏"，诸夏以外的族群，或称"九夷八蛮"，或依方位而有"东夷""北狄""西戎""南蛮"之称，有时又笼统称"四夷"或"诸夷"。诸夏以外的所谓蛮夷之地，具体所指，因时代不同范围也不同，历史越久远所指越不明确。地理的语焉不详和记载的片言只语，使许多原本与中华文化一脉相承的民族源流，在漫长的历史时期，被时间尘封，仿佛不曾存在过；有的虽有记载，因年代与地理不明，对可能真实存在的历史与人物，视为不实的传说；有的与华夏有源流关系的，甚至被视为异族排斥于中华历史之外……

现代考古学的兴起与发展，使越来越多被掩埋的历史，获得真实且明确的揭示。特别是东北民族史，曾经众说纷纭的学术乱麻，现代考古正在成为理清其头绪、通往其真相的路径。借助考古与研究的成果，关于"子欲居九夷"，这个令人困惑、众说不一且不乏误读与曲解的问题，也有探讨的必要与可能。

1950年10月，由著名古生物学家裴文中博士任团长的"东北考古发掘团"，在以吉林市为中心的松花江流域进行的考古发掘被命名为"西团山文化"。西团山文化半个多世纪的考古成果，已确定西团山文化中心——古濊城及夫余国立国之所——夫余王城，在今吉林市东团山、龙潭山、帽儿山三山之间。

西团山文化与夫余文化，前后相续，从西周初年至公元494年夫余国灭亡，历经西周、春秋、战国、秦汉、魏晋、南北朝，相续存在1500余年。依据考古发现和史籍对夫余国及东北诸夷的记载，可以得见孔子生活的春秋时期，正值西团山文化主人生活的中期。孔子终生求礼问道，为实现"克已复礼"的理想周游列国，对中原诸夏历史现状不仅最为明了，这位至圣先师对诸夷也是了解的。中原已失的礼仪，在诸夷中还有保存，这当是他"欲居九夷"的心理背景。孔子一生，周游列国，主旨之一是"问礼"与"弘礼"。

中国最早详记东北诸夷的志书《三国志》，著者陈寿（233—297）于280年开始撰写。在《三国志·魏书·乌丸鲜卑东夷传》中，他对诸夷曾有此叹——"虽夷狄之邦，而俎豆之象存，中国失礼，求之四夷，犹信。"这也是他"故撰次其国，列其同异"的动机，目的是"以接前史之所未备焉"，以使"前史之所未备"的诸夷之"同异"得以传于后世。

从陈寿此叹可知，"中国失礼，求之四夷"之言流传之久远。到晋时，陈寿这位伟大的历史学家，在对与他同时代的诸夷进行充分了解之后，"犹信"。也通过他的记述，结合现代考古发现，子欲居的"九夷"具体所在，其中哪一夷可能有"君子居之"而令孔子欲往，或可一究。

首先值得一究的，是孔子欲居的"九夷"所指。

九夷的"九"，是实指九个族群还是东北"诸夷"的泛称，从陈寿的《东夷传》也可获得启示。不一定是巧合，陈寿记述的汉末三国时期的东北诸夷，以地域与人群分，也约九种。其中夫余是他《东夷传》所列第一位传主。

一般民族学将居于东北的古代族群，除汉族以外，依源流与地域不同，相对划分成三大族系，即肃慎族系、濊貊族系和东胡族系。三大族系中，又相对有"夷"与"胡"之别。秦汉时期，胡以匈奴为主，为中原政权的心腹边患。至三国时期，匈奴故地尽为乌丸、鲜卑所有，"乌丸、鲜卑即古所谓东胡也"。陈寿也是尊古之成说，在《三国志·魏书·乌鲜卑东夷传》中，对胡与夷——乌丸、鲜卑与东夷也是分开撰述的。陈寿记载的年代虽以汉末三国时期为主，这时期的诸夷，其地理所在，包括与胡系的地理、历史关系，各有界限与可溯的源流。西团山文化作为夫余国立国的基础，夫余国的习俗，与西团山文化的源流关系是无疑的。西团山文化发展到夫余国时期，其文化主人成为夫余国主体国民，可以肯定，陈寿记载的夫余国习俗以及与周围族群的关系，是西团山文化的延续与发展。学界认定西团山文化主人为濊貊的依据，也主要源于陈寿溯夫余之源时所记"国有故城名濊城，盖本濊貊之地，而夫余王其中"。

历史上，"九夷"或"诸夷"，各夷分布地域不同，种群来源、信仰习俗、发展进程、文化程度亦有别。孔子欲居九夷的动机——"中华失礼，求诸四夷"不一定是笔者的猜想。由此，值得进一步探究的是，西团山文化可否存在中华已失之礼，即"俎豆之象存"的迹象？

九夷之地是否可能有"君子居之"？诸夷中见于中国史籍最早的，当属肃慎——满族最远先世。肃慎作为九夷之一，上古舜帝时就以"楛矢石砮"与中原政权建立职贡关系，可见种群之古老。然至春秋时，舜帝的后人陈侯对肃慎氏及其贡物都茫然不知了。

但，孔子知道。《孔子家语》有这样的记载：

孔子在陈，陈惠公宾之于上馆。时有隼集陈侯之庭而死，楛矢贯之，石砮，其长尺有咫。惠公使人持隼，如孔子馆而问焉。孔子曰："隼之来远矣，此肃慎氏之矢也。昔武王克商，通道于九夷、百蛮，使各以其方贿来贡，而无忘职业。于是肃慎氏贡楛矢、石砮，其长尺有咫。先王欲昭其令德之致远物也，以示后人，使永鉴焉，故铭其栝曰：'肃慎氏贡楛矢'，以分大姬，配胡公，而封诸陈。古者分同姓以珍玉，所以展亲亲也，分异姓以远方之职贡，所以无忘服也。故分陈以肃慎氏贡焉。君若使有司求诸故府，其可得焉。"公使人求得之，金牍如之。

这是孔子关于肃慎最著名的言论。"昔武王克商，通道于九夷百蛮"，可证"九夷"包括肃慎。肃慎为"九夷"之一种无疑，从中亦可见中原华夏文明对东北影响之早、之深远。而中原政权对周围"九夷百蛮"所服职贡重视程度，从"肃慎氏之矢"也可见一斑——"昔武王克商，通道于九夷百蛮"，目的是"各以其方贿来贡"，让华夏以外的族群"无忘职业"。周武王克商，特别将肃慎氏所贡"楛矢石砮"的箭栝铭刻上"肃慎氏贡楛矢"，分给异姓诸侯。陈惠公的先祖——舜的后人胡公将分赐给他的这支楛矢，放入"金牍"藏于库府……实则这也是周王与远方蛮夷、与国内诸侯礼仪关系的细节。至春秋时，这些礼仪也像其他礼仪一样"已失"，陈惠公对先祖曾如此珍重收入金牍而藏于库府中的赏赐，已不知其存在——这也是诸侯不尊周礼的缩影。这时期的诸侯不尊周礼都想独大，孔子就肃慎氏之贡所言——"先王欲昭其令德之致远物也，以示后人使永鉴焉"，也是有针对性的。

帝舜时期即与中原建立职贡关系的九夷之一——肃慎氏，是东北大地最古老族群。这个族群的活动范围，在现代考古兴起以前，始终是个充满争议的悬案。随着考古发现的深入，西团山文化的内涵及其范围越来越清楚之后，其与肃慎源流不同且与之东北为邻的地理关系，也得到越来越明确的显现。西团山文化主人濊貊与肃慎氏，是彼此毗邻的两个不同族群，汉兴以后，史料开始分别以"夫余"和"挹娄"称之，并成为彼此存在的参照——"挹娄在夫余东北千余里，滨大海……"这时期两族群关系是，挹娄"自汉以来，臣属夫余"。西团山文化与肃慎文化可谓夫余与挹娄的前世。《三国志·魏书·乌丸鲜卑东夷传》对挹娄这样记载：

挹娄在夫余东北千余里，滨大海……其人形似夫余，言语不与夫余、句丽同。有五谷、牛、马、麻布。人多勇力，无大君长，邑落各有大人。处山林之间，常穴居，大家深九梯，以多为好。土气寒，剧于夫余。其俗好养猪，食其肉，衣其皮。冬以猪膏涂身，厚数分，以御风寒。夏则裸袒，以尺布隐其前后，以蔽形体。其人不洁，作溷在中央，人围其表居。其弓长四尺，力如弩。矢用楛，长尺八寸，青石为镞，古之肃慎氏之矢也。善射，射人者皆入目。矢施毒，人中皆死……自汉已来，臣属夫余……东夷饮食皆用俎豆，唯挹娄不，法俗最无纲纪也。

从对挹娄的记载可知，其习俗也是肃慎习俗的延续。春秋时期，孔子也一定了解肃慎不用俎豆，"法俗最无纲纪"的状况，一定不是他"欲居九夷"问礼的对象。

与挹娄紧邻的夫余的"法俗"如何？《三国志·魏书·乌丸鲜卑东夷传》对夫余这样记道：

夫余在长城之北，去玄菟千里，南与高句丽，东与挹娄，西与鲜卑接，北有弱水，方可二千里。户八万，其民土著，有宫室、仓库、牢狱……国有君王，皆以六畜名官，有马加、牛加、猪加、狗加、大使、大使者、使者。邑落有豪民，名下户皆为奴仆。诸加别主四出道，道大者主数千家，小者数百家。食饮皆用俎豆，会同、拜爵、洗爵，揖让升降。以殷正月祭天，国中大会，连日饮食歌舞，名曰迎鼓……在国衣尚白，白布大袂、袍、袴，履革鞜。出国则尚缯绣锦罽，大人加狐狸、狖白、黑貂之裘，以金银饰帽……

从记载可见，这个族群其法俗不仅有纲纪，还有华夏之风。这华夏之风里，可见汉文化的影响，还可见已逝去久远的夏商周三代特别是商文化余绪。"食饮皆用俎豆，会同、拜爵、洗爵，揖让升降"，这是孔子时中原已失的礼仪；夫余国最隆盛的节日，"以殷正月祭天，国中大会，连日饮食歌舞，名曰迎鼓"，尤为特别。

"殷正月"指殷商历法的首月。

值得关注的是，汉太初历颁行时间为公元前104年，在此前的公元前108年，汉武帝设北方四郡，夫余国已明确为四郡之"玄菟郡"领有。可见，太初历的颁行，没有行于夫余国。

夫余殷正月祭天，名之"迎鼓"。日常生活，夫余人"行道昼夜无老幼皆歌"。这个喜欢歌吟的族群，在这个节日，举办"国中大会"，期间连日"饮食歌舞"，全民集体狂欢。

夫余人好歌舞、重礼仪，其对歌舞的喜好程度，从当时记录的文字都可感知，"行人无昼夜，好歌吟，音声不绝""饮食皆用俎豆，会同、拜爵、洗爵，揖让升降。以殷正月祭天，国中大会，连日饮食歌舞，名曰迎鼓"。可见，夫余人"好歌吟"、尚"声"、喜"饮食歌舞"是一种普遍而悠久的习俗。

除了饮食歌舞，最能体现一个族群习俗的当为服饰。《三国志·魏书·乌丸鲜卑东夷传》还记，夫余"……在国衣尚白，白布大袂、袍、袴，履革鞜……"与"殷人尚白"也莫名暗合。还有《魏略》关于夫余葬俗，"其俗停丧五月，以久为荣……其居丧，男女皆纯白，妇人着布面衣，去环珮，大体与中国相仿佛也……"

从史料记载的这些传自西团山文化的夫余习俗可知，孔子欲往的九夷，并非全都陋不可居，有的夷地，不仅有"礼"存在，这些礼，"大体与中国相仿佛也"。这些礼，参酌夏商周三代，对照承继于西团山文化的夫余国礼俗，可见鲜明的殷礼余绪。

孔子生活的春秋，正是西团山文化发展的中期。探究松花江流域西团山文化的来源，与中原商周更迭有直接关系。其关键的历史节点——著名的"武王伐纣"灭商，不仅是推动中国历史进程的关键一役，对东北的历史也产生了深远的影响。西团山文化的存在，可谓这种影响的直接产物，开启了松花江流域的青铜器时代。

2020年8月

夫余国祭天习俗与"乡饮酒礼"

夏商周断代工程起于1996年，完成于2000年，可谓中国20世纪末规模最大的文化工程。这一工程空前隆重地将距离我们无比遥远且备感模糊的夏商周三代的历史，突破时间的阻隔，宏大地呈现在当代世界面前。其中，上承夏代、下启周代的殷商，是这一工程中重点中的重点。

一百多年来，甲骨文的发现与安阳殷墟以及郑州商城、郾师商城等考古发现，不仅是20世纪令世界瞩目的考古发现，直到今天，殷商考古与研究亦是越来越热的热点。殷商——这个遥远时代的存在与中华文化的关系毋庸置疑。作为中国伟大青铜文明最辉煌的代表，其文化内涵获得越来越丰富全面的揭示，这个时代与夏、周的异同也在变得明晰。

商末周初，东北松花江流域以吉林市为中心，开始进入青铜器时代，考古发现将之命名为"西团山文化"。这种文化后为夫余文化所传承，并开始为当时和其后中原历代王朝所关注，并在史籍中留下记载。

史料记载与考古发现，越来越多的信息显示，这两种文化不仅与其所历时代——周、汉有联系，与殷商文化有着更为莫名的很深的关系。这些联系说明，夏商周文明不仅是奠定中国的基础，对夷狄之地——如东北松花江流域的影响也是深刻与深远的。

从《诗经·商颂·那》篇一窥夫余国祭天习俗　《论衡·吉验篇》《魏略》《后汉书》等文献关于夫余国立国者东明来历的记载，其"有气大如鸡子……"的传说与商始祖降生传说及《诗经·玄鸟》"天命玄鸟，降而生商，宅殷土芒芒……"的赞颂，其间可能有的神秘联系，早已为学界关注，在此不多论述。

从《三国志·魏书·乌丸鲜卑东夷传》所记夫余"以殷正月祭天，国中大会，连日饮食歌舞，名曰迎鼓……"可见殷商文化对夫余人影响之深刻程度。

从西汉时期开始，中国从古到今颁行过多种历法，不同历法所定"正月"不同。最早的朝代——夏，以农历一月为正月；夏亡商兴以后，殷人以腊月即十二月为正月，即"殷正月"；商灭周兴，周以冬月即十一月为正月；秦统一六国后，以十月为正月；汉灭秦后，重新启用夏历以一月为正月沿用至今，故汉历又称"夏历"。夫余国隆兴于汉代，但是其历法不是从汉沿用至今的汉历，而是殷历——"殷正月"。可见，殷商历法不仅在东北松花江流域流行过，其在中原废止后在此继续流传了一千余年。据此是否可以大胆猜想，西团山文化主人的来源，与殷商存在关系，至少曾深受殷商文化影响，在商亡周兴后，成为一批不肯"食周粟"的人，以血缘关系整族、成群迁徙于此，成为松花江流域青铜文化的创造者。如此，固有习俗才可能在异地他乡得以保存，在其后漫长的繁衍过程中也没能完全消失，千余年后，汉兴时发展为夫余文化。进入夫余国时期，他们不仅是松花江流域真正的历史主人，还开始闻达中原，并与中原政权保持良好的关系。

其于殷正月举行的"国中大会"，是夫余国最隆盛的节日，可谓国之大典，核心内容为"祭天"。夫余人"行道昼夜无老幼皆歌"的习惯，可以想见，在这个节日定会得到更充分的展现——国民欢聚一堂，连日美酒佳肴宴饮不断，并且鼓、舞、歌、吟昼夜不绝，可谓全民集体狂欢。有意味的是，夫余人的这个节日有一个特别的名字"迎鼓"。

夫余人为什么以"迎鼓"别称自己最重要的节日？

无论现代考古还是相关资料，均无可参考的信息，但是借商人与祭祀有关的记载，或可一窥夫余此俗来历的些许端倪。

中国著名典籍《诗经》，有《商颂》五篇，其第一篇名《那》。《诗经全译》著者金启华先生在此篇诗题下题道："祀成汤之辞，极写乐器演奏盛况，兼及舞蹈祭品之美。"金先生对这首长达22句的诗篇这样直译道：

美啊，好啊！

放妥我们的鞉鼓。

敲起鼓来咚咚咚，

娱乐我功烈的先祖。

汤孙奏乐来敬神，

神啊来坐享其成。

鞉鼓敲得咚咚响，

管儿吹得多清亮。

既协调呀又和平，

按着我击磬的声音。

…………

从往古，在以前，

先人作事就是这样，

早呀晚呀温和恭敬，

谨慎地把祭礼来执行。

我们祭祀，神光临，

汤孙奉上那祭品。

诗中"鞉鼓"，著者引毛亨注，"鞉鼓，乐之所成也。夏后氏足鼓，殷人置鼓，周人悬鼓"——可知夏商周三代，不仅历法不同，最具代表性的祭天享神乐器——鼓也是不同的。注者引严粲注，"美其设此鞉鼓也。鞉虽小鼓，所以节乐，故首言之"——说明鞉鼓虽是小鼓，但是在敬神奏乐诸器中具有控制节奏引领全局的功用，是首要乐器，因此成为敬神奏乐的代称。

由以上是否可以推想，夫余人"迎鼓""祭天"盛况及所用之鼓与商汤后裔"汤孙"祭祖是否有相似之处？

殷人立"牢"传统与龙潭山"水牢""旱牢"遗迹 夫余国前期王城被确定在吉林市范围之后，龙潭山与夫余国的关系令学术界与考古界倍加困扰。困扰的原因是，龙潭山山城遗迹的属性。国家文物局已将龙潭山山城遗址确定为高句丽遗址，据此有人认定，龙潭山与在其山下建立王城的夫余国没有关系。

史料有"初，夫余居于鹿山"的记载，学界以"鹿山之都"指称夫余国前期王城，因为夫余国历史上有前期与后期两处王城。无疑"鹿山"是其前期王城标志性存在。

鹿山即龙潭山的提法虽有争议，但认同者更多。

龙潭山直到今天仍为吉林松花江畔的名胜，从其至今不可替代的风貌形胜可以想象，远在两千多年前夫余国中期，这座山就以"鹿山"之名闻名中原，进而成为夫余国强盛时期首都的别称。这样一座位于一个有着两千里疆域的古国心脏部位的标志性的自然与地理存在，仅仅因为两千多年后的现代考古没有发现属于汉代夫余典型遗物，而认定其与夫余国没有关系，这样的结论显然是机械而武断的。它只能证实，"夫余居于鹿山"的记载，其所居不在鹿山上，未必不在鹿山下。如果必须推断两千多年前在此立国的夫余国，其背靠的"鹿山"上何以没有宫室或军事设施，在其习俗中求之，或许是一条路径。

龙潭山下墓群、帽儿山墓群等大规模汉魏时期古墓群的发现，是确立夫余国前期王城所在的最重要依据，同时证明夫余习俗中对待死亡的态度。一个重视丧亡的民族，重死的背后，实则伴随的是更神圣的对天及祖先的崇拜。从其最隆重的节日"迎鼓节"，核心是"祭天"可知，祭天，无疑是夫余国最重要的习俗，是全体国民共同尊奉的大典。但是，在夫余王城及周围地域，除了人居的中心——国之都城，亡者的居所——国之墓群，哪里可能是更神圣的祭天之所呢？

从国家文物局、吉林省考古研究所勘测绘制的《全国重点文物保护单位帽儿山墓地保护范围图》可见，龙潭山位于王城（图中官地遗址及龙潭山车站一带）与墓地正北方向，松花江南北流向的右岸。无论过去还是今天，无论其位置还是风貌，这座大山在周围群山中都最具神圣气象。或许，这气象也是夫余国选择在此建都立国的根本原因——祀神、享神、祭天的理想之所。如果此推论可以成立，龙潭山上的"水牢"与"旱牢"便可得到合理解释——作为国之圣山，这些被精心营造又缺乏实用性的设施，不是给人用的，真正的用途是"祭天"。

值得叩问的是，直到今天这两处设施的名字，仍被称为"水牢"和"旱牢"。

"牢"，《康熙字典》对此字的解释，引《管子·轻重戊篇》："殷人之王，立帛牢，服牛马，以为民利，而天下化之……又牛曰太牢、羊曰少牢。"又引《礼记·王制》："天子社稷皆太牢，诸侯社稷皆少牢。"牢，原初应特指专用于为祭祀用牲准备的圈。这种圈首先必须牢固，因是祭天礼制不可或缺的一部分——无祭牲祭祀便不能施行，所以牢的营建也一定有严格的规制，确保万无一失。牢之义由此延伸，而引申为监牢、牢固等。立牢之俗当始于殷商，或者在殷商时形成必须遵行的体制。

记载"殷人之王，立帛牢，服牛马"的《管子·轻重戊篇》，主要讲述的是齐桓公向管子询问古今成就王业的"轻重之术"。管子回答：从三皇、五帝直到夏商周历代，无一不是靠轻重之术成王业的，每一成王业者各有各的轻重之术。殷人成就王业的轻重之术是，立"帛牢"，驯养牛马，为民兴利，从而使天下归化。"帛牢"之帛，当是"亳"的同音异写，商朝早期与中期的都城称为亳都。商人以之成就王业的习俗，从夫余人以"六畜名官"和立国者东明"善牧牛马"的记载，可以感受到其间存在着某种神秘的联系。

据此可以进一步推测，龙潭山的水牢、旱牢，是夫余人圈养祭天用牲的设施，最高处的平台"南天门"所在，或为祭天之所。

夫余人"会同"习俗与《永吉县志》所记"乡饮酒礼" 从《三国志·魏书·乌丸鲜卑东夷传》记载的夫余"……食饮皆用俎豆，会同、拜爵、洗爵，揖让升降"习俗，可见"豆"是其最具代表性的餐具，现代考古发现也证明，"豆"是夫余人最常用的器物。"俎"是一种承托豆等食器的桌案，"豆"是一种有足的陶盘。夫余人日常生活中，将做好的菜肴盛在豆盘里，摆放在俎上，然后再食用，这已是其普遍的生活习惯。

夫余人以俎豆为器"会同"（相当于聚会宴饮）时，"拜爵、洗爵，揖让升降"，当为其间所行礼仪。这不是夫余人日常生活的个别现象，而是一种普遍遵行的习俗。这种习俗当为与夫余有联系的中原史官或使者亲见亲历，而被记入正史。陈寿在《三国志》虽未述其习俗的来源，但今天读这些史料，可以确信，至少在三国、晋时，这些习俗在松花江流域的夫余国中仍然通行。

这种习俗最早是否始于商代有待考证，但是至少在孔子生活的春秋时期，仍有余续。《史记·孔子世家》记载："……孔子为儿嬉戏，常陈俎豆，设礼容。"孔子儿时的嬉戏被太史公特别记了一笔，以显这位圣人，在儿时就与众不同。"俎"与"豆"，原为上古祭礼所必需的祭器。祭器及其陈设方式是祭礼不可缺的，后以"俎豆"代指祭礼。俎豆之礼在商、西周时仍盛，到孔子生活的春秋时，相关礼仪及所用祭器显然已式微了，"陈俎豆，设礼容"是少数孩子才玩的游戏。

从孔子少年至七百多年后《三国志》著者陈寿生活的晋代，"俎豆"仍为夫余国普遍使用。夫余所用豆形器为考古工作者所熟悉，亦为居住在夫余人生活原址的农民所熟悉。龙潭山三山之地的农民耕种农田时，打碎过数不清的陶器，其中豆足残件，曾经在许多农家的地头都有堆积。

笔者求问"会同、拜爵、洗爵，揖让升降"其含义时，曾猜想或许与孔子"陈俎豆"所设"礼容"的礼仪相类。但司马迁没有告诉我们孔子所设"礼容"是什么样。

百思不得其解时，在距陈寿一千五六百年后的一部地方史籍中，笔者看到了对这一礼仪的详细记述，其名为"乡饮酒礼"。关于此礼，《永吉县志》记道：

乡饮酒礼，自成周以迄有清，损益代殊，而其礼不废。记曰：乡饮酒之礼废，则争斗之狱繁矣。故《仪礼》所记，惟乡饮之礼达于庶民。盖端本善俗，有自来矣。康熙时尚遵行之，厥后寝废。然令甲所在，并无废止明文。著而录之，亦告朔之饩羊也。志乡饮酒礼。

其后较为详细地记述了这种礼仪之制。此礼举办时间为"岁孟春日、冬朔日"，地点为"学宫"，仪礼主持者"县以邑令为主人，以乡之年高德劭者为宾，其次一人为介，又其次为众宾。校官一人为司正。县学生习

137

礼者二人，司爵二人，赞礼二人，引礼一人。读律令，僚佐皆与……"礼仪举行前，"先一日，司正率执事者诣讲堂，肄仪设监礼席。届日质明，执事者入，具馔，设尊于案，实酒于尊，加幂勺觯爵在尊北……"

从《永吉县志》记载关于乡饮酒礼所需器物，与夫余人会同宴饮所必需的器物亦有相似，而仪礼开始前被着意"加幂"的"勺、觯、爵"，均为上古型制的容器，与"尊"同用，想来多么不可思议。而这样被遵行的有上古内涵的礼仪，"自成周以迄有清"，"康熙时尚遵行"。"寝废"后，因"令甲所在，无废止明文"，在《永吉县志》编纂期间仍可见，编纂者"著而录之"。读撰修于20世纪30年代、距今只有七八十年的《永吉县志》关于"乡饮酒礼"的记叙，我对陈寿所记夫余人"拜爵、洗爵，揖让升降"的"揖让升降"豁然开朗。乡饮酒礼仪礼所需一切准备就绪后，接下来记道：

既办，主人率司正及僚属咸朝服入，乃使人速宾介。主人立东阶下，西面，僚属序立主人后……届时，宾、介盛服至。序立庠门外之右，介居宾南，众宾居介南，皆东面，北上。执事者以宾至告主人。主人出迎宾，西面揖。宾、介以下东面答揖。主人入门左，宾揖介，介揖众宾，以次入门右。当阶主人揖，及阶揖，宾皆答揖。主人与宾让，升。三让，宾三辞。主人升，宾乃升。主人东阶上，宾西阶上……

最有意味的是，在这时间空间均距商周遥远的夫余故地，距今不到百年的吉林乡间，乡饮酒礼上，"酒数行"后开始的类似于今天的歌舞晚会，演奏的节目基本是汉以前商周古曲。节目单如下：

"歌三终"，曲目为《鹿鸣》《四牡》《皇皇者华》；笙奏三终，曲目为《南陔》《白华》《华黍》；间歌三终，曲目为歌《鱼丽》、笙《由庚》，歌《南有嘉鱼》、笙《崇丘》，歌《南山有台》、笙《由仪》；合乐三终，曲目有《周南·关雎》《葛覃》《卷耳》《召南·鹊巢》《采蘩》《采蘋》。

以上曲目完成后，主持演出的"工"宣布"乐备！"后退出，饮酒礼的主人及宾客开始饮酒。显然这些曲目是经严格选择的，甚至是全部礼仪最重要、最核心的部分，属于不可改动的仪轨，代代传承。晚会结束时，全部礼仪尚未完结，宴饮后还有退席仪式……

"乡饮酒"是商代"达于庶民"的礼俗——属于国家特许乡间在特定时日举行的饮酒狂欢活动。但周代延用时，成为向国家推荐贤者、由乡大夫为主人宴请贤人的礼俗，与商人的乡饮酒有本质的不同。周人的乡饮酒礼在孔子时代已基本失传，孔子要"求诸四夷"以复周礼。这也说明，春秋时已失落的上古礼俗，在中国周边族群"四夷"可能还有存续。

2017年2月

夫余国的"殷正月"与祭天之鼓

　　流经吉林省境内的为松花江上游段，学界常以"西流松花江"或"北流松花江"以区别中下游。松花江流域的青铜器时代，以西团山文化为代表，从西周初年至战国末期、秦汉之际，存在千年。这一遍布上游松花江流域的远古文化，随着现代考古学发现与研究，吉林市为其文化中心已无争议。西团山文化发展至西汉初年，在其基础上，夫余国建立，西团山文化的主体人群，成为夫余国国民，直到公元494年为"勿吉所逐"而灭国。西团山文化主人即濊貊人与夫余人在西流松花江流域留下的文化遗迹，现代考古学将之分别命名为"西团山文化"和"夫余文化"。两种文化前后相续传承，存在1500余年。

　　西团山文化发展到夫余时期，随着夫余立国并走向强盛，在中国正史中开始出现对这个族群的记载。此前长达千年的青铜器时代的史料完全空白，一些记载备感"断裂"，不合常理。其中最难以理解的，这个族群生活在汉代，像桃花源里的秦人不知有汉遑论魏晋一样，奉行殷商历法——"殷正月祭天"，以殷鼓为节庆之名——"迎鼓"节。

　　夫余国与两汉相始终，直到南北朝时（公元494年）灭亡，历时七百年左右。最具代表性的史料《后汉书·东夷列传·夫余》有这样的记载，夫余"……有宫室、仓库、牢狱……食饮用俎豆，会同、拜爵、洗爵，揖让升降。以腊月祭天，大会连日，饮食歌舞，名曰'迎鼓'……行人无昼夜，好歌吟，音声不绝……"《三国志·魏书·乌丸鲜卑东夷传》与之记载相似："……食饮皆用俎豆，会同、拜爵、洗爵，揖让升降。以殷正月祭天，国中大会，连日饮食歌舞，名曰迎鼓……行道昼夜无老幼皆歌，通日声不绝。"

　　千余年来令人迷惑的史料记载，与现代考古发现相印证，夫余与殷商间的缺环为西团山文化考古所填充。西团山文化与夫余文化的主人，这个在东北松花江流域生活一千余年的族群，其创造的青铜器时代和夫余文化，最核心内容——历法与祭天传统，渊源不仅可以追溯到殷商，从中亦可推想，殷商历法当是松花江流域通行最早、传续时间也最为久远的历法。而借助已经结项的20世纪夏商周断代工程关于殷商的成果，对松花江流域的青铜器时代和夫余文化所受殷商影响进行深入研究，亦有必要。

远古松花江流域传续千年的"殷正月" 最早较为详细记载夫余国习俗的史家，为西晋的陈寿（233—297年）。他撰著《三国志》时期，亦为夫余国仍然强盛"其国殷富，先世以来，未尝破坏"时期，夫余"殷正月"祭天"迎鼓"习俗，最早出自他的记载。《后汉书》内容所及主要上起东汉光武帝建武元年（公元25年），下至汉献帝二十五年（公元220年），记录的历史早于陈寿所记，编纂时间为432年—445年之间，其时夫余国备受强邻侵害，由今吉林松花江畔的"鹿山"之都的前期王城"西徙近燕"，由盛转衰，记录的史实也定有所本。著者范晔将其祭天"迎鼓"时间记以"腊月"，与陈寿所记"殷正月"互证，"殷正月"即汉历"腊月"是没有异议的。

这些中国正史最重要也最可信的史籍传递的关于夫余国习俗的信息，实则也是关于东北以吉林市为中心的松花江流域，曾经流行的历法以及节庆的真实历史与生活的记录，这也是中国东北历史上最早关于历法以及节庆的记录。夫余立国于西汉初年，是在西团山文化主人濊貊基础上立国的。从西周初，直至494年夫余国灭亡，从时间意义上，西团山文化和夫余文化的历史主人，前后相续奉行殷历逾千年。殷商历法是这个族群进行生产生活，以"殷正月"祭天为中心，凝聚民族信仰与精神的灵魂所在——或许也是这个族群自3000多年前迁移至今以吉长地区为中心的广大地域，开创松花江流域的"青铜器时代"和"夫余文化"，能够存续达1500余年的重要原因。

青铜器时代，是人类发展进程中一个重要发展阶段，以青铜器为标志，以区别于其他时代。中国的青铜器时代以中原为中心，以夏、商、周三代为标志，创造的物质与精神文明，是中华远古文明最辉煌的部分，是中华文明区别于世界其他文明最重要的历史时期，是中华后来文明的根脉与基础，承载着中华民族最有力量的文化基因，其内涵可谓博大精深——天文、历法、制度、甲骨文与金文……包括青铜器。青铜器只是这个伟大时代典型的代表器物。

然而，以夏商周为代表的青铜器时代，在漫长的历史时期，对其影响所及的认识，始终局限于以中原为中心的"中国"或"诸夏"，是否曾影响"百蛮""四夷"，特别是东北松花江流域，历来鲜有探讨。虽然山海关作为区别关内与关外的地理界限早已不存在，但是在中国人的观念中，始终是不能逾越的心理关口。直到今天，恐怕仍有人将山海关外的东北看作与中国历史没有多少联系的蛮荒之域，认为中国青铜器时代最具芳华的殷商文明可能影响及此并久久传续如天方夜谭。

随着现代考古学的兴起与发展，越来越多的考古发现已认定，嫩江流域、西流松花江流域、图们江流域、东辽河流域、鸭绿江流域均存在过青铜器时代。以吉长两地为主要分布区的西团山文化，为西流松花江流域青铜器时代的代表。

西团山文化是在商亡后西周初兴时开始出现的。历西周、春秋、战国，至秦汉时期成为东北第一个民族政权——夫余国。这个族群不用汉代历法，也不用汉以前古六历中除殷历以外的其他历法，独以"殷正月"祭天，还以"迎鼓"名节。

殷商历法与"殷正月"真相　历法，是中华文明的重要基因，像汉字一样是中华文明的宝贵财富。历法的意义，《史记·历书》有言："王者易姓受命，必慎始初，改正朔，易服色，推本天元，顺承厥意。"意为每代兴起，必推本天之元气行运而"改正朔"，以示承天意。传说这种传统始于神农。太史公司马迁总结说："神农以前尚矣。盖黄帝考定星历，建立五行，起消息，正闰余，于是有天地神祇物类之官，是谓五官。各司其序，不相乱也。民是以能有信，神是以能有明德。民神异业，敬而不渎，故神降之嘉生，民以物享，灾祸不生，所求不匮。"可谓"天下有道，则不失纪序，无道，则正朔不行于诸侯"。汉以前各代，有"古六历"——黄帝、颛顼、夏、商、周、鲁六历（《汉书·律历志》），夏商周三代各占之一。关于三代历法的区别，《史记·历书》记道："夏正以正月，殷正以十二月，周正以十一月……"秦兴，行"颛顼历"改十月为正。秦历沿用至公元前104年，汉武帝颁行太初历（即汉历）后废止。

事实上，古六历初作为远古历法，记载亦缺失，区别是否只在"正月"始终存有争议。太初历是中国第一部有文字记载且真正完备的历法。值得关注的是，太初历颁行时间为公元前104年，在此前的公元前108年，汉武帝设北方四郡，夫余国已明确为四郡之"玄菟郡"领有。可见，太初历的颁行，没有行于夫余国，夫余国所奉的殷商历法也一定不是立国时人为选择的。公元280年《三国志》撰写时，陈寿对与汉王朝关系密切的夫余国"以殷正月祭天"的记载，当为其亲历或亲闻的客观记录。汉初立国的夫余国，与两汉相始终，为何不遵行汉朝历法，而独遵古六历之殷历？

这至少说明，夫余国国民即西团山文化后裔，其先世于西周初年由辽东北部迁移至松花江流域前，即奉行殷商历法，在以西团山文化后裔为主体的国民中有深厚根基。其"以殷正月祭天"传统也不会是汉初夫余立国后才推行。合理的解释是，成于殷商的殷历，在殷商政权消亡之后，习惯使用殷历的部分人群迁移到西流松花江流域后继续使用，在以今吉长为中心的广大地域，仍以殷历安排生产生活，包括祭天和举行"国中大会"。

"殷正月"即汉历的"腊月"，为殷商历法的首月，在汉朝时已成共识，似乎毋庸置疑，笔者亦相信，夫余国的祭天迎鼓时间，也即吉林松花江畔历时最悠久的节日，就是在一年中最寒冷的阴历十二月。若此，可以推想，千余年间的寒冬腊月，松花江畔的"国中大会"，响彻过祭天迎鼓的鼓声。

一百多年来，甲骨文的发现与安阳殷墟以及郑州商城、郾师商城等考古发现，是20世纪令世界瞩目的考古发现，起于1996年完成于2000年的"夏商周断代工程"，可谓中国20世纪末规模最大的文化工程。"殷商历法研究"作为工程中的重大课题，关于"殷正月"也是重要研究对象。

常玉芝著《殷商历法研究》，为"献给夏商周断代工程"和"纪念殷墟甲骨文发现一百周年"的成果之作，对殷商历法，"以迄今所能见到的数万片甲骨文为基础，结合商代金文和古文献记载，对甲骨文记录的某些天象进行了证认，对殷历的历日、历月、历年进行了全面探讨……"得出：殷人行用干支纪日法，以十天干和十二地支相互搭配纪日，还单独用天干或地支纪日，又用王、妣的日干纪日，到晚期还用干支加周祭祭祀纪日；殷人的一个干支表示一个完整的白昼，也表示一个完整的黑夜，同时还表示一个完整的白昼加上一个完整的黑夜……殷人的纪年法是，早期用"年""岁"纪年，并以用"岁"为常见；这种纪年来源于农业生产，晚期则多用"祀"（或巳、司）纪年，这种纪年法来源于祭祀；殷人将一年分为春、秋两季，春季相当于殷历的十月到三月，即夏历的二月到七月，秋季相当于殷历的四月到九月，即夏历的八月到一月；气象卜辞证明，殷历岁末岁首交接是在夏季，所行正月并不固定，多以大火星（即心宿二）昏见南中的夏历五月为岁首，即殷正建午……

夏商周断代工程有关殷商历法研究，以殷人自己的记录，推翻了古六历关于殷正月为腊月的通说，同时也引出了夫余国所行"殷正月"、祭天迎鼓时间到底为何等新的问题。这些问题的探究，对我们认识西流松花江的青铜器时代以及夫余文化的内涵无疑是有意义的，对夏商周断代工程及正进行中的"中华文明探源工程"，都是有益的补充。

殷之"楹鼓"与"迎鼓"之"鼓" 从商末周初开始，西团山文化历经千年积淀，成为夫余国立国基础，开启松花江流域以夫余文化为代表的全新时代。

"迎鼓"节是夫余国最隆盛的节日，可谓国之大典，核心内容为"祭天"。日常生活，夫余人"行道昼夜无老幼皆歌"。这个喜欢歌吟的族群，在这个节日，国民于"国中"举办"国中大会"，期间连日"饮食歌舞"，可谓全民集体狂欢。夫余人的这个节日以"迎鼓"名之，足见"鼓"在节日中的核心地位。可以想见松花江畔龙潭山下的鹿山之都，在长达千余年的时间里，曾响彻迎鼓节的鼓声。

夫余人为什么以"迎鼓"别称自己最重要的节日？所用之鼓到底什么样？无论现代考古还是相关资料，均无可参考的信息，但是借助夏商周断代工程的成果中有关殷商考古发现的记载，或可得见夫余"迎鼓"节的来历和"鼓"的样貌之一斑。

"中国社会科学院文库·历史考古研究系列商代史·卷七"宋镇豪著《商代社会生活与礼俗》其"人生俗尚"一章中，关于鼓在殷人礼乐中的地位有这样的概述："鼓是商代上层统治集团最重要的礼器之一，祭祀或宴飨等重大场合几乎都要用鼓。"

鼓作为祭礼典仪不可或缺的乐器，夏、商、周三代各有型制，且各有其名。《礼记·明堂位》记道："夏后氏之足鼓；殷楹鼓；周悬鼓。"《隋书·音乐志》对三代之鼓的特点，分别记道："夏后氏加四足，谓之足鼓；殷人柱贯之，谓之楹鼓；周人悬之，谓之悬鼓。近代相承，植而贯之，谓之建（树）鼓，盖殷所作也。"由此不难想见，夫余人"迎鼓"节之"迎"与殷代"楹鼓"的"楹"为同音异写。

夫余人是好歌舞、重礼仪，其对歌舞的喜好程度，从当时记录的文字就可感知，"……行人无昼夜，好歌吟，音声不绝……""……食饮皆用俎豆，会同、拜爵、洗爵，揖让升降。以殷正月祭天，国中大会，连日饮食歌舞，名曰迎鼓……"从记载可见，夫余人"好歌吟"、尚"声"、喜"饮食歌舞"是一种普遍而悠久的习俗。

殷商考古与研究也发现，"商代社会生活中，乐舞甚盛，文献有'殷人尚声'之说"，并引《礼记·效特牲》的描述，"殷人尚声，臭味未成，涤荡其声，乐三阕，然后出迎牲，声音之号，所以诏告于天地之间也"，可见"商代祭祀中以声贯穿始终"。其间，鼓当是最重要的发声之器。

现代考古对"商鼓"已发现多种，《商代社会生活与礼俗》："商代的铜鼓，1977年湖北崇阳汪家咀出过一件，通高75.5厘米，鼓面直径39.5厘米，重达42.5公斤，遍饰云雷纹，鼓身上有带系孔的钮饰，下有托座。日本京都泉屋博古馆收藏的一件晚商铜鼓更精美而大，通高82厘米，鼓径44.5厘米，上有双鸟钮饰，下有四足，鼓身饰夔纹，鼓面铸成鳄鱼皮纹。两鼓均可置可悬。木质皮鼓，鼓面分鳄鱼皮和蟒皮两类。前者有山西灵石族介商墓所出鼍鼓，后者有安阳西北冈第1217号殷王陵所出蟒皮鼓，桶状鼓身，横置鼓架上，鼓身与鼓架均有兽面纹……"安阳殷墟妇好墓亦出土木质殷鼓，是殷鼓的实物标本，或可借以一窥夫余"迎鼓"之样貌。

无论西团山文化还是夫余文化，现代考古还没有发现祭天之"鼓"的踪迹。但仅就"迎鼓"与殷之"楹鼓"的同音来看，夫余的"迎鼓"与殷鼓相合的一定不止鼓名。

商朝的鼓乐虽现已不能听闻，但可以猜想，在商朝被周取代后，所源出的鼓乐，曾在松花江流域久久流传。

2017年11月

夫余国王室与国民

西团山与东团山，原本是穿吉林市区而过的松花江隔江相对、遥遥相望的两座团形小山。其天赋形胜，曾位列吉林旧八景之一，共名"团山双峙"。现代考古发现证明，三千多年前，两团山就吸引了初到这里的濊人，在此繁衍生息，留下丰富的遗迹。随着现代考古发现，两团山的文化影响与意义也堪称"双美"，西团山成为松花江流域青铜器时代的代表——"西团山文化"的命名地；东团山成为东北第一个文明古国夫余国的代名词，进而学界将东团山所代表的有别于西团山的夫余文化，命名为"东团山文化"。

20世纪二三十年代，李文信先生最早在三山之间展开调查时，首先被龙潭山不凡的形胜所吸引。他在《吉林龙潭山遗迹报告》中这样记道："龙潭山为吉林市郊名胜之区，形势雄绝，风致尤佳。笔者当1921年就读吉林，暇必往游焉。优游乎幽林断叠间，见土壁隆然，山城遗迹固甚大也。阡陌中残砖断瓦，触目皆是，而瓦器破片尤多，知为一大遗迹……"他的调查报告，以"龙潭山遗迹"名之。龙潭山车站位于龙潭山西麓，"乃左山右江之一小平原也"。此处20世纪20年代开始修筑铁路和车站，遗址彻底被破坏。李文信先生当年所见及报告，见证了此处遗迹的丰富和面貌。而从20世纪80年代以后，在帽儿山一带近万座汉魏时期古墓群的发现，夫余国前期"鹿山"之都所在再无争议，史料关于其"尸之国之南山"的记载也有了明确着落，同时有着落的还有西团山文化主人濊人的活动中心古濊城，在东团山及其附近。

2015年12月由吉林省社会科学院刘信君主编、黑龙江人民出版社出版的"黑龙江历史文化研究工程项目"《夫余历史研究文献汇编》六卷本，其中"考古资料"部分，设三个专章，分别是"西团山文化""庆华文

147

化"、"东团山文化"。由此可见，以东团山为代表的一种考古学文化已没有异议。

西团山与东团山，分别代表不同考古学内涵的两种文化是什么关系，分别代表的文化主人是什么人？

夫余在濊城立国称王者名"东明"。

关于夫余立国者东明，历史上有一著名的传说。后汉王充所撰《论衡·吉验篇》、鱼豢撰《魏略》、范晔著《后汉书·东夷列传》等，均记载或转载了内容大同小异的夫余立国的传说。虽然传说版本不同，但讲述的内容相近。《论衡·吉验篇》这样写道：

北夷橐离国王侍婢有娠，王欲杀之。婢对曰："有气大如鸡子，从天而下，我故有娠。"后产子，捐于猪溷中，猪以口气嘘之，不死；复徙置马栏中，欲使马借杀之，马复以口气嘘之，不死。王疑以为天子，令其母收取，奴畜之，名东明，令牧牛马。东明善射，王恐夺其国也，欲杀之。东明走，南至掩淲水，以弓击水，鱼鳖浮为桥。东明得渡，鱼鳖解散，追兵不得渡，因都王夫余。故北夷有夫余国焉……

从东明立国传说可知，东明来自北夷一个叫"橐（或索）离"国的族群，立国于濊地，可知夫余国王室出于橐离，就像公元前37年立国的高句丽，其立国者朱蒙出自夫余一样。夫余国代代国王应均为橐离族血统。这个在汉朝初年进入鼎盛期的古国，立国之后，在长达数百年时间里，都保持着"其国殷富，自先世以来，未尝破坏"（《魏略》）的局面。

北夷橐离国王子在濊人生息之地所立之国为何以"夫余"名之？夫余一名，历代都有探讨，其含义主要有："符娄说"、"凫臾说"、"乌裕尔河说"、"扶木树盐说"、"番余说"、"濊慢读说"等，每一说各有论据与出处。其中曾经认同"凫臾"的较多，认为"夫余"为"凫臾"或"凫鱼"的同音异写。凫为一种水鸟，俗名水鸭子，擅于捕鱼，今吉林松花江上仍以这种水鸟最常见，数量也最多。近年普遍认同的意见是，"濊（秽）"即夫余二字的合音——夫余急言为濊，濊慢读为夫余。由司马迁开始，将慢读的濊音记为两个字即"夫余"，后为历代史家所沿用。以中原王朝赐予夫余国王的印信，其印为"濊王之印"，亦可证濊与夫余为同义异写。而夫余国或濊国之名，当源于濊人及所居的濊水或濊貊水。

人类文明无不依赖大江大河，松花江文明也不例外。松花江作为东北文明的母亲河，三千多年前开启东北青铜器时代的早期濊人（西团山文化主人），在此生息长达千余年，他们或以水名族，或以族名水——这是远古族群普遍的命名方式。西团山文化主人，无论以水名族还是以族名水，他们作为史中有载的"濊人"，其所居的这条大水，名"濊水"或"濊貊水"是可能的。因此，有学者推断，"濊貊水"为今吉林省境内北流松花江最早的名字。

与西团山文化主人濊人相比，夫余王室所出的槀离国，文明程度高于濊人。近年考古发现和学者考证，认为黑龙江省宾县庆华古城是以东明为代表的槀离国的一支南迁时的王城所在。随着考古学的发展，学界将庆华古城代表的槀离文化名之为"庆华文化"，其社会性质已进入早期铁器时代，处于酋邦向早期奴隶制国家过渡阶段。出自较为先进文化的槀离王子，带着受迫害愤而南走的不甘和天赋使命的激情，在濊地建立起一个前所未有的国家，从此西团山文化主人——濊人的历史进入了一个新时代。

其时中原政权从西周，经春秋、战国的长期纷争，进入一统天下的秦汉时期。这时期中原王朝统治者的目光，以更大的视野打量其疆域，对西周时属于"五服"之外的濊人，将他们记入史册时，或许传译人为了把这个遥远而陌生的族群的名字说得更清楚，慢读成"夫余"两个字音，史官记录时，往往记成"扶余"或"扶馀"，而恰值濊人开始了千古未有的变革时期，两个字的夫余，成为古濊人进入新时期的标志。

槀离国王子来到濊地，建立的实际上是濊国，夫余为濊国的异写。这个叫夫余的国家，其作为统治阶层的王室出自槀离国，其国民多数为生息于此的濊人，应该是没有异议的。需要探讨的是，王室所出自的槀离国是什么人，和生息于濊貊水——即松花江流域的濊人属于两个完全不同的族群吗？

东北史专家武国勋先生认为：史籍中对这个族群有槀离、索离、槖

149

离等诸种写法，是"濊貊"的音衍。从这个意义上，橐离人与松花江流域的濊人属于生活于不同地域的同一族即濊貊族。先秦时代，濊与貊是单称的，由于两族语言相同、习俗相近，汉以后史籍中出现联称的濊貊。有人认为，橐离国是濊貊族中以貊族为主体建立的，是濊貊族中较早出现国家雏形的一支，后来的夫余、高句丽、百济均是由濊貊族演化而来，历史上将这些东北族群，统称为濊貊族系，以区别不同源的肃慎族系和东胡族系。

据《三国志·魏书·乌丸鲜卑东夷传》记载：

"夫余在长城之北……方可二千里。户八万，其民土著，有宫室、仓库、牢狱……国有君王，皆以六畜名官，有马加、牛加、猪加、狗加、大使、大使者、使者。邑落有豪民，名下户皆为奴仆。诸加别主四出道，大者主数千家，小者数百家……"

从此记载可知，夫余国范围两千里，国民有八万户。其民均为土著民——西团山文化主人濊人，国有国王——夫余王或濊王。国王以下，皆以六畜名官，有马加、牛加、猪加、狗加、大使、大使者、使者等职位。国家以下分"四出道"，四出道的职能类似于分布在四方的地方政权，管理夫余国领域内居于不同方位的邑落或部族。各道由诸加分别掌管……

夫余国以"六畜名官"的特点，多种史料都有记录，但每一资料都只列"马加""牛加""猪加""狗加"。或许，所谓"六畜"并非仅指六种牲畜，而是对夫余国任命的官员官名特点的概括，或许所谓"六畜"实际上只有这四加，诸加之下的官员为大使、大使者和使者。

从以六畜名官的特点也可推想，畜牧业也是夫余国的支柱产业。逃亡来到濊地立国的东明，在橐离国出生几经遭弃而不死，"王疑以为天子，令其母收取，奴畜之，名东明，令牧牛马"——"东明"之意为善射者，此记载也可见他还是善于牧养牛马者。或可想见，来自橐离国的夫余王室，善射和善牧牛马的超凡能力，是赢得濊人拥戴的重要原因。其奇特的名官特点，也不取决于王室，而是源于根深蒂固的习俗。

夫余社会可谓等级森严，但是根深蒂固的社会基础是濊人——西团山文化主人。夫余国独特的名官制度是由濊人根深蒂固的习俗所决定的，包括

"殷正月祭天"传统，并直接影响其社会结构。外来濊地的夫余王室，为诸加所拥立，同时也必然受制于诸加。

出于橐离国的夫余王室，并非夫余两千里疆域的真正管理者，以都城为中心划分的"四出道"，掌控者是濊人中的诸加。诸加的权力除了所管各道，其下有数千或数百民户由其掌管，属夫余社会的贵族阶层。夫余王室在具有千年青铜文化传统的濊人基础上建立的政权，是东北三大族系中第一个进入文明时代的族群，开启的夫余文化——东团山文化，可谓西团山文化的延续与发展。

2016年12月

第二辑　叩问

夫余国"西徙近燕"原因探析

　　吉林市作为中国历史文化名城，夫余国可谓是其最不可忽视的背景。夫余国立国于西汉初年，近年学术界将汉设北方四郡的时间——公元前108年，确定为其立国的相对时间，因之吉林市政府将夫余国立国时间定为吉林市历史上限。

　　往事越千年。两千多年来，夫余国并未被时间淹没——有国时在中华史籍留下踪迹，亡后亦从未被历史遗忘，对其历史及其存在之谜的追寻与探究也不绝于史。直到今天，仍是现代东北考古发现的重点，与之相关的历史之谜，亦是学术界备受关注的重要课题。特别是随着考古发现，夫余国立国之所即前期王城——"鹿山之都"被确立为今松花江畔的龙潭山下之后，其迁都到后期王城——"西徙近燕"的原因，再次成为争议的焦点。

　　公元346年前后，夫余国结束了以今龙潭山为标志的"鹿山"为都的历史，西徙到"近燕"之地。

　　夫余国为何迁都，迁都的真相是什么？

　　关于夫余国迁都，《资治通鉴》卷九十七《晋纪》这样记道：

　　穆帝永和二年（346年）春正月，初夫余居于鹿山，为百济所侵，部落衰败，西徙近燕，而不设备。燕王皝遣世子儁，帅慕容军、慕容恪、慕舆根三将军、万七千骑，袭夫余。儁居中指授，军事皆以任恪，遂拔夫余，虏其王玄及部落五万余口而还。皝以玄为镇军将军，妻以女。

　　这条史料是关于夫余国非常重要的一条历史信息。其中备受瞩目且争议最多的曾有以下几点：一是"初夫余居于鹿山"，即夫余国前期王城——鹿山在哪里；二是所迁后期王城在什么地方；三是为谁所侵而"西徙近燕"。

其中前两点曾是东北史的两大谜题，而今随着现代考古发现，谜题已破解，争论诸家高度认同以下结论——夫余国前期王城即"鹿山"之都城所在，为今吉林松花江畔龙潭山、东团山与帽儿山三山之间；后期王城即"西徙近燕"之地为今辽源市龙首山一带。随着这两个谜题的解决，夫余国为何"西徙近燕"，其到底为谁所侵，成为值得探究的重要问题。

史料虽记载夫余"为百济所侵，部落衰败，西徙近燕"，但深入历史真实，历代研究者都注意到，百济不具备侵夫余的条件。其时百济在高句丽之南的朝鲜半岛南部，不可能长途跋涉越过高句丽来侵夫余。对此，有人认为"为百济所侵"之"百济"是"高句丽"之误，也有人坚持夫余为百济所侵也不是没有可能。

夫余到底为谁所侵而"西徙近燕"？

回到历史发生的现场，着眼于夫余有国近六七百年间与周围族群或政权的关系，夫余为"挹娄"所侵，最符合历史真实。

夫余国的地理位置，《三国志·魏书·乌丸鲜卑东夷传》记载："夫余国在长城之北，去玄菟北千里，南与高句丽、东与挹娄、西与鲜卑接，北有弱水，方可二千里""其印文言'濊王之印'，国有故城名濊城，盖本濊貊之地，而夫余王其中……"这一记载指明，夫余国初居的鹿山之都，原本是濊貊之濊城，夫余在此立国称王，名"濊王"。汉兴以来立国于濊貊故城的夫余国，拥有两千里疆域，最重要的邻国有高句丽、挹娄与鲜卑。

这样的地理格局，也是东北除汉族外其他民族三大族系关系的概括与缩影。这三大族系源流，分别为肃慎—挹娄—勿吉—靺鞨—女真—满族族系；东胡—鲜卑—契丹—蒙古族系；濊貊—橐离—夫余—高句丽—百济族系。

其中夫余的南邻高句丽出自夫余，与夫余是同源关系。与他族相比，夫余与高句丽关系较为特殊，虽也争斗不断，但在夫余国历史上，带给其重大打击的都不是高句丽，相反，每当危亡，高句丽都是夫余国族的避难所。无论族源关系还是历史事实，高句丽都不是导致夫余国部落衰败、西徙近燕的原因。因为夫余选择西徙之前若干年时间里，高句丽与鲜卑慕容氏争权辽东无暇也无力北侵夫余。

公元337年，慕容皝称燕王，《资治通鉴·晋纪》记道："（342年）冬十月，燕王皝迁都龙城（今朝阳），赦其境内。"迁都龙城，慕容皝称霸东北然后谋划中原的野心，首先视高句丽为心腹之患。迁龙城不久兵锋即指向高句丽，几近使其灭国——慕容皝还"……发钊（高句丽王）父乙弗利墓，载其尸，收其府库累世之宝，虏男女五万余口，烧其宫室，毁丸都而还。"此时遭此重创的高句丽，自身难保，北侵夫余是不可能的。

当时夫余国从位于北部的鹿山之都城，向近燕之地的西南部迁徙，显然导致其部落衰败的敌人不是鲜卑慕容氏。

初居鹿山的夫余国"其国殷富，自先世以来，未尝破坏"，由盛转衰的沉重打击，确曾来自鲜卑。汉初立国于松花江畔龙潭山一带的前期王城，"太康六年（285年），为慕容廆所袭破，其王依虑自杀，子弟走保沃沮"，致使夫余几于灭国。第二年虽在晋武帝的帮助下得以复国，国力已今非昔比。走向衰落的夫余国，如果复国后不断受到的侵扰，是鲜卑慕容燕所为，按人之常情也不可能迁都到与强敌更近之地。而之所以选择"西徙近燕"，动机一定是为避祸，而非求祸，目的是躲开更不堪忍受的强敌——挹娄。

"西徙近燕，而不设备"的后果，为强大的慕容燕轻易所取，这种选择合理的解释是，其西徙之前，燕为取高句丽，策略上采取远交近攻，不仅让衰弱的夫余感觉不到威胁，甚至视自己为可以依赖的强大友邦。而夫余在不堪另一强敌不断侵扰的情况下，只有视慕容燕为可依赖的友邦，才会选择向近燕之地迁徙。迁至近燕之地不加防备，给燕以可乘之机。

挹娄是怎样的对手，何以让夫余如此畏患？

挹娄为肃慎族系与夫余国同时存在的一个族群，是最早进入吉林松花江"依粟末水以居"的勿吉族先世。夫余与挹娄的敌对关系，可谓由来已久，其难以调和的矛盾闻名中原，史料对两族的记载，往往也是互为参照，互相印证。

《后汉书·东夷列传》记道，"夫余国，在玄菟北千里。南与高句丽、东与挹娄、西与鲜卑接，北有弱水"。同一史料又记："挹娄，古肃慎之国也。在夫余东北千余里，东滨大海，南与北沃沮接，不知其北所极……无君长，其邑落各有大人……""自汉兴以后，臣属夫余""种众虽少，而多勇力，处山险，又善射，发能入人目。弓长四尺，力如弩。矢用楛，长一尺八寸，青石为镞，镞皆施毒，中人即死。便乘船，好寇盗，邻国畏患，而卒不能服……"

以濊人、夫余为代表的濊貊族系和以肃慎、挹娄、勿吉为代表的肃慎族系的恩怨，最远可以上溯到西周初年。在东北诸民族中，肃慎，为最早进入中国史册的东北民族，以"楛矢石砮"为标志物，成为与中原通贡关系最早、历时最久、记载也最多的族群。

史册记载说明，早在帝舜时代，肃慎就以"楛矢石砮"通贡中原。周初，"及武王灭纣，肃慎来献石砮、楛矢……康王之时，肃慎复至"（《后汉书·东夷列传》）。康王以后肃慎就从史中消失了，直到三国青龙四年（236年）复现于史，从此在中原史籍中不绝于缕。

从周康王（公元前1020—前996年）到魏明帝青龙四年（公元236年），长达1200多年间，肃慎为何中断了与中原的联系？

立足古今人类共同依存的相对不变的地理状貌，结合考古发现和史料记载，还原历史发生的现场，这1200多年间，今黑龙江中下游和全部松花江流域的历史主人主要是两大族群，即濊貊族系的濊人（西团山文化主人）与夫余，和肃慎族系的肃慎、挹娄与勿吉。这两大族群毗邻而居，但不是友好邻邦。

肃慎与濊貊这两个东北大地最早相邻而居的族群，第一次共同出现于中原并记入史籍，是周成王时在洛阳召开的全国少数民族头人大会，肃慎氏与濊貊首领均到会，并坐在正北方席位——"……正北方，稷慎大麈，濊人前鲵。"（《逸周书·王会解》）

由此可见，周成王时，肃慎与濊貊关系尚好，能并肩坐正北方席位。这一是说明两族是正北方的代表，一是说明两族与周王朝的关系也是平等的。这次大会后，成王之子康王在位时，即公元前1020年前"肃慎复至"。从西周早期的康王以后，直到三国青龙四年（公元236年）前，肃慎无闻于中原。

肃慎无闻于中原曾是一个千古之谜。随着半个多世纪以来的考古发现，这个问题已经有解。在新中国成立之初派出的"东北考古发掘团"命名"西团山文化"以来，其文化主人为濊人，已成共识。董学增先生在《西团山文化》与《夫余史迹研究》两书中，对濊人疆域即西团山文化分布范围和夫余国疆域有详细论述，其活动中心即位于吉林市松花江畔的龙潭山、东团山、帽儿山之间，即夫余前期王城"鹿山"之都所在。

20世纪80年代以来，黑龙江省友谊县凤林古城的考古发现，学界确认为肃慎族系挹娄时代的文化中心。吉林龙潭山与黑龙江友谊县凤林古城的地理位置，印证了史料"挹娄在夫余东北千余里"的记载。两族系中心的确立，可以进一步探讨两族在长达一千多年时间里可能有的关系。

肃慎氏是最早进入中国古史的东北民族，在中国历史进入纪年以前的帝舜时代就有入贡的记载。而新开流文化的考古发现证明，早在七千多年前，肃慎先民就生息于黑龙江支流乌苏里江、兴凯湖流域，饶河小南山、莺歌岭、凤林古城等的考古发现，属于肃慎及其后裔的遗存，地理上均在"夫余东北千余里，东滨大海"的范围之内，其活动中心的变动，与西团山文化主人濊人与夫余国不无关系。

西团山文化考古发现，上限为三千多年前即西周初年，下限为西汉初年与夫余文化相接。其间近千年的时间，正是西团山文化发生与勃兴时期。西团山文化的兴起，从地理上阻碍了肃慎通往中原的道路。周成王、康王时肃慎入中原还不是问题，或者初兴的濊人还不能挡住肃慎通中原的所有道路，或者两族间关系尚好，允许肃慎通过。康王以后关系便恶化，形成完全对峙的敌对局势。至西汉初年，夫余兴起，作为东北最早建立政权且越来越强大的夫余国，肃慎成为其必然征服的对象，两族西周初年可能有的相对平等关系——"汉兴以后臣属夫余"被彻底打破，东北最古老族群肃慎氏后裔，开始臣属于夫余国。

肃慎（挹娄）臣属夫余，直到三国魏文帝时开始反叛。《三国志·魏书·乌丸鲜卑东夷传》记载：

　　挹娄在夫余东北千余里，滨大海……其人形似夫余，言语不与夫余、句丽同。有五谷、牛、马、麻布。人多勇力，无大君长，邑落各有大人，处山林之间，常穴居……自汉以来，臣属夫余，夫余责其租赋重，以黄初中叛之。夫余数伐之，其人众虽少，所在山险，邻国人畏其弓矢，卒不能服也。其国便乘船寇盗，邻国患之……

　　从三国黄初年间，夫余开始遭受曾臣属于自己的挹娄族的反叛。夫余虽几经讨伐，未能使挹娄顺服重归臣属。公元285年，夫余国鹿山之都为慕容氏所破，遭受几近灭国的打击后，“其国殷富，自先世以来，未尝破坏”的强国国力由盛转衰。从此夫余国不仅无力使挹娄继续臣属自己，反过来受到强大起来的挹娄不断侵扰，致使自己部落衰败，彻底走向衰落。

　　不堪挹娄侵扰的夫余国族，选择向远离敌人之地迁徙以避危险是很自然的。其时慕容燕与高句丽争夺辽东经年，暂无暇北顾夫余，也未把虚弱的夫余当作对手。在这样的形势下，衰弱的夫余选择远离挹娄靠近雄强辽东的燕国，一定是相信慕容燕对己有益而无害，因而无防备之意。迁都不久，夫余虽为鲜卑慕容所“拔”，但并未被灭国。

　　事实证明，在东北各族群中最早立国称雄的夫余国，最致命的敌人不是别人，正是肃慎与挹娄的后世勿吉。494年，夫余为“勿吉所逐”，灭国。

2016年3月

夫余国最著名的国王——尉仇台

夫余国，东北诸多民族中第一个建立民族政权、最早跨入文明门槛的北方郡国，随着现代考古发现和史学研究的深入，夫余国立国之所的确立和考古发现的成果，使这个被时间重锁充满迷雾的古代方国，渐渐露出较为清晰的历史真容。作为东北民族史重要部分，它文明程度的最好参照，自然离不开与中原王朝的关系。

夫余国立国时间当在汉初，具体在哪一年学界仍存争议。有学者认为"汉兴"之时即已立国，即公元前206年以前，有人认为在公元前108年汉武帝设北方四郡以前。公元前108年夫余归汉四郡之"玄菟郡"所属，说明这时夫余国肯定已经立国。有史记载明确的灭国时间——公元494年为勿吉所灭，可以推之夫余有国时间长达六七百年。

夫余国有国长达六七百年的历史中，曾有多少位国王，已不可考，从史料的记载可知，尉仇台是其中最著名的一位。

尉仇台生于何时不能确知，但是在他还是王子的时候，第一次以王位继承人的身份出使汉宫，出发之地，应是位于龙潭山下的"鹿山"之都。他此行在中原史册中留下了明确的记录——《后汉书·东夷列传》记载为"永宁元年"，即公元120年，汉安帝时期。在汉宫，"天子赐尉仇台印绶金彩"。这是很高规格的礼遇，汉王朝对这位王子的赏赐，显然也是对自己所属夫余国的看重。

印是皇帝所授官职或品级的信物，绶是系印的带子。佩绶是汉代的一种制度，同官印一起由朝廷颁发，退职（或死亡）时印与绶要一同交还朝廷。绶的长度、颜色、纹样与印相配，都有严格的等级规定，是身份的标志。夫余王子尉仇台的"金彩"印绶是什么品级，我们不能得到肯定的结论，但是从夫余王继位"汉朝常豫以玉匣付玄菟郡，王死则迎取以葬"——只有汉室刘姓亲王才可享有的葬制可以得见，夫余王室与汉朝不寻常的关系。

这次进汉宫朝贡后的第二年，《资治通鉴·汉纪》记道："建光元年（公元121年）十二月，高句丽王宫率马韩、濊貊数千骑围玄菟，夫余王遣子尉仇台将二万余人与州郡并力讨破之……"尉仇台王子率兵救玄菟，无疑是尉仇台为汉王朝所重的功绩之一，因而在史籍中留下记录。

尉仇台何时继承夫余王位也没有记载。但是顺帝永和元年（公元136年）他以夫余王的身份到汉朝京师朝拜时，史官记道，"帝作黄门鼓吹、角抵戏以遣之"。"黄门"，即皇帝居处的禁中，也指服务于帝王娱乐的职能部门。"黄门鼓吹"是汉乐之一，是帝王娱乐或宴乐群臣仪式的重要内容，也用之赐有功诸侯。"角抵戏"是朝廷招待宾客的主要表演项目。可以想见，夫余国王尉仇台这次汉宫朝贡，所受重视与礼遇的程度。

尉仇台也是夫余国历史上有史可载在位时间最长，也最长寿的一位国王。"汉末，公孙度雄张海东，威服外夷，夫余王尉仇台更属辽东"，并娶了公孙宗室女儿为妻，这时已至公元189年。尉仇台何时去世没有明确记载，仅从公元120年他以夫余王子身份入汉朝贡，至公元189年请求汉庭批准夫余国更属辽东郡管辖并娶公孙宗室女，已历时近七十年。他在位时期是夫余国显著中原史册的时期，也应该是夫余国最鼎盛时期和由盛转衰的转折关键节点。

汉时，较东北他族，夫余国还享有汉王朝一个特殊待遇，即夫余王即位时，汉王朝会将一个玉匣即银缕玉衣，交给管辖夫余国的地方机构——玄菟郡保管，王死后前往迎取以葬。尉仇台去世时一定享有了汉室给予夫余王的葬制待遇。

20世纪80年代以来，在吉林市龙潭山之南帽儿山一带，发现了近万座夫余墓葬。这一考古发现，成为史上不断寻找夫余国立国之所最重要的依托。因而帽儿山古墓群也是吉林市被国务院批准的第一处"全国重点文物保护单位"，是吉林市能够荣获"中国历史文化名城"最重要的资本。

2013年4月

东北民族史上最早的诗人——类利和他的夫余故国

"翩翩黄鸟，雌雄相依。念我之独，谁其与归？"

诗虽短，从今天的角度也可以看出，作者不仅有很强的使用汉语言表达感情的能力，而且有很好的文字与文学修养。诗本身情怀质朴、格调清新，字字音声相谐，可歌可咏，诗名为《黄鸟歌》。风格有如《诗经》中的"风"，很容易让人想起"风"中的许多诗句——"关关雎鸠，在河之洲。窈窕淑女，君子好逑……"（《关雎》）、"葛之覃兮，施于中谷，维叶萋萋。黄鸟于飞，集于灌木，其鸣喈喈……"（《葛覃》）、"燕燕于飞，差池其羽。之子于归，远送于野。瞻望弗及，泣涕如雨……"（《燕燕》）。四言句式特点、以物寄怀的风格，亦如《诗经》。

《诗经》，作为中国最早的文学经典，名之为诗，实则为歌，圣人孔子编此书所收305篇，"孔子皆弦歌之"。一般认为，《诗经》之旧曲，在汉末只存三四曲，魏晋以后就全亡了。或许这只是"中原中国"的情况，在"边疆中国"诸如"四夷"可能仍有流传，与汉末流传的"中国失礼，求诸四夷"情况相似，《黄鸟歌》可以为证。

《黄鸟歌》的作者名类利（亦名孺留），公元前37年（或公元前36年），出生于夫余国。夫余国是东北民族最早建立的地方民族政权，兴起于西汉初年，公元前108年汉武帝设北方四郡，夫余国为汉玄菟郡所领有。现代考古发现已确定，夫余国立国之所，在今吉林市松花江畔"帽儿山、东团山、龙潭山"之间。考古发现与史学研究，已揭开这一东北民族最早进入文明时代的古国的历史面纱，进一步讲，有关这一古国最重要的文化，包括语言、文学亦有探索的意义。

考古学讲"透物见人"。透过类利和他的作品，也可得见其所在族群语言、文字以及文学程度之一斑。类利所歌是他自己的心声，但表达心声的方式，却是直到今天我们都不陌生的汉语言文学方式。《黄鸟歌》可谓迄今为止所能见到的东北民族最早的文学作品，类利可谓长白山地区乃至大东北最早的诗人。

这个事实不容置疑，有诗人和他的传世作品为证。但是，往往引人质疑的是，这位两千多年前生长于吉林松花江畔的东北人，可能受到《诗经》语言与歌乐的影响吗？还有，在什么背景下，他能如此自如地使用汉语言文字，唱出自己的心灵之歌？汉语言可能是他的母语吗？

这些质疑也曾是我的疑惑。

带着这些疑惑，走进类利故国的原址，站在夫余国民安息的小山上，重温他们生时"行路昼夜无老幼皆歌""国中大会，连日饮食歌舞"的传统，我相信，类利的《黄鸟歌》，哪怕不是在这里创作的，但是他使用汉语言创作诗歌的能力，一定是在这里养成的。事实上，《黄鸟歌》虽短，其产生的背景，不仅与他生长的夫余国的文化传统有关，也与他在夫余故国特别的经历与命运关系密切。

两千多年前，类利生命中一段最悲情的故事，就发生在这里。这段故事是类利故国——夫余国历史上一件微不足道的小事，却是他的家国——高句丽历史上的一件大事。这些小事和大事，都是《黄鸟歌》不能忽视的背景。要想找到这首诗在文学史上应有的地位和类利作为东北民族第一诗人的位置，这段悲情故事有必要重新讲述。

类利的出生地　为了讲好这个故事，下笔前，我决定走进类利出生的地方——现代考古已公布的夫余国都城所在区域。这个区域已是国家级重点文物保护单位保护范围，帽儿山是其中心。

秋分前后一个晴朗的日子，我和朋友相约，去踏访这个我记怀很久的区域。

顺着起于吉林大街与松花江流向相伴的一条城市交通干道——华山路北行，用高德地图定位"帽儿山遗址"，地图以一楼阁图标更准确地显示"帽儿山国家级文物保护区"。过北华大学校区，过与华山路呈直角的038乡道路口，路侧景色陡然从城市转入乡村，开始出现视野开阔的农田。离开华山路直转入通往帽儿山的一条小路，陡然直转的感觉，如同城市转向乡村的地理路口，也仿佛是时间转换的入口。

从此进入，如同进入了另一个时空。

这是一条乡村田间只容汽车单行的村中土路，路的尽头是山下一列杂乱的平房，一个老妇人坐在房前搓玉米。走到她面前，问她这里是帽儿山吗。她点头说是，又说啥都没有，有什么好看的。

老妇人说的"啥都没有"当指可观赏游乐的景致、设施及其标志物。但是我知道，两千多年前，这里就不是性情快乐的夫余国民的游乐之所，而是一处承载他们最庄严、最沉重情感和说不尽悲情的地方。无论古今，人类最重的情感，莫过于生与死。一个重死的民族，往往也更重生之快乐。

史料记载，东北诸族群丧葬送亡传统，在夫余人中至为隆重："其俗停丧五月，以久为荣，其祭亡者，有生有熟。丧主不欲速而他人强之，常诤引以为节。其居丧，男女皆纯白，妇人着布面衣，去环珮，大体与中国相仿佛……"（《三国志·魏书》引《魏略》）"其死，夏月皆用冰……厚葬，有椁无棺"（《三国志》）——夫余人死去，停丧时间长达五个月，越久越引以为荣，就是在夏季也不例外，尸体都用冰保存。停丧之后，不用棺，盛在木椁中，厚葬……

我相信，守丧与入葬的人群中，也一定会有孩子，包括我的传主类利。

我准备进入的，就是夫余人"厚葬"的核心区。或许是心理作用，甫一走进，首先感到的是荒凉与阴森。上山的路是一条踩踏出的毛草小道。山上草树茂密，荆榛交错，乱绿交杂。小路在乱草间时隐时现，小心试探地迈步，脚步常为荒草枯滕牵绊，引来阵阵莫名惊慌……

帽儿山是一座很小的小山，西面开阔的平原与东团山相接，东与北向与群山相连，和龙潭山相望。走出树林，转向山体的另一边，很快找到作为文保标志的石碑。

这通石碑与我多次见过的其他文物保护碑有些不同，规格比常规的稍大，碑体很新，正午热烈的阳光，使碑体呈白色，显得字体墨黑，分外醒目。碑身矩形，横立在基座上，中间横书"帽儿山墓地"几个魏碑体大字。大字上一行小字："全国重点文物保护单位"；大字下方为两行更小的字，上行："中华人民共和国国务院 1996年11月20日"；下行："吉林省人民政府 2018年5月8日"。拨开被荒草遮住的石碑另一面，铭刻的是"帽儿山墓地简介"。内容如下：

帽儿山墓地是吉林省已知最大的一处汉代遗存，包括帽儿山、偏脸山、南山、西山四个墓区和东团山、南城子两处城址。南城子是夫余国前期都城所在地。帽儿山墓地以其分布范围大、种类繁多、文物丰富而极富代表性。初步确定埋藏有土坑木椁墓、土坑墓、土坑封石墓和积石墓四种墓葬形制，总共近万座，是汉式墓葬在我国分布的最东地点，具有重要的学术意义和政治意义。

从碑文可知，1996年11月20日为国务院公布帽儿山墓地为全国重点文物保护单位的时间，2018年5月8日，为此碑立碑时间。可见此碑新立，不过一年多的时间，碑文内容，也是对这处国保单位所具有的内涵最权威性的定论。这个定论告诉这个世界，这处国保单位的保护范围，曾是一个文明古国——夫余国的心脏，是王室与国民政治、经济、军事、文化和丧葬等习俗的核心地带。这个王国悠久的历史、传统与习俗和不乏汉文化的风尚，生生不息、丰富多彩的生活，以及喜怒哀乐、生老病死、恩怨情仇等，虽然都在奔流的时间中消散，但是，视死如视生的信仰，他们生时热爱过的大地，留下的上万座墓葬，是他们生命的归所，也是他们曾经鲜活存在的证明。

这处国家级文物保护单位的保护范围，就是类利的出生地——夫余国王城所在。

类利的父亲母亲 类利的父亲朱蒙、母亲礼氏，都是夫余人。

朱蒙是夫余国一个出生奇异、天资超群的王子，夫余王以及大王子恐其夺位，被迫南走，逃离夫余到桓仁卒本川（今辽宁桓仁县），另立一国。他是东北民族史备受瞩目的历史人物，在许多中国史料以及朝鲜等国史料中留下珍贵记载。他不是此文的重点，但类利生命中这段悲情故事，与朱蒙离开夫余国有关。

夫余国立国者名东明，出身与来历非同寻常，最早见诸中国史料，是东汉王充的《论衡》。王充在《论衡·吉验篇》中，将东明与黄帝、尧、舜、后稷、乌孙王昆莫等受命于天、历尽磨难不死而践帝命的传说并列，用以论证"凡人禀贵命于天，必有吉验于地"，且以较其他传说更多更翔实的笔墨，记述东明"命当都王夫余"的天命。

夫余国立国约二百年后，囊离国王子东明的命运在他的一个后代——夫余王子朱蒙身上复制。公元前37年，朱蒙因才略过人，为大王子带素所妒，意欲加害，被迫离开夫余国，南走至卒本（今辽宁桓仁），建立卒本夫余。

朱蒙从夫余南走前已娶礼氏女为妻，《三国史记·高句丽本纪》（吉林文史出版社2003年，以下简称《本纪》）记道："朱蒙在扶余，娶礼氏女有娠。朱蒙归后乃生，是为类利。"由此可以推测，类利出生时间当为公元前37年与公元前36年之间。类利在夫余王宫中长大，直到公元前19年离开夫余去找父亲，已是十七八岁的青年。类利十七八岁以前，因为没有父亲的呵护，他不会是一个受宠的王室子弟，所受教育至多是王室成员普遍享有的常规教育。

走出帽儿山，在山下向西、向北眺望，东团山、龙潭山以及松花江赫然在目，特别是东团山，山体虽小，却在江畔平原拔地而起，陡然兀立于江干，紧控松花江流南来北去，为扼制大江流向的一个关键节点。松花江至江右的东团山山前附近开始呈正南正北走向，江面宏大宽阔，江流平稳深沉，如静水般直到雄踞江畔的名胜——龙潭山北端（龙潭山公园正门附近）终止，转向西北流去。

龙潭山作为这个区域最雄伟且集结太多历史之谜的大山，学界已普遍认同，它就是史料记载的"初夫余居于鹿山"——作为夫余国前期王城标志的"鹿山"。与龙潭山相距2.5千米，与帽儿山相距1千米左右，即东团山。

东团山位于帽儿山西北1千米左右的松花江畔。在帽儿山与东团山之间，有一条河流，从山东侧向北环抱帽儿山，转东西流向，在东团山与龙潭山之间，注入松花江。这条河流因与类利有关（后文将提到），我特别寻找过。高德地图上标注的名字叫"嘎宜河"，流经裕民村。访问村民，又称它为"巴音多河"。

巴音多河不知是它某一段的名称，还是嘎宜河上游的一条支流。如今它已细若游丝，看不出一丝它曾是哺育过青铜文化、汉夫余文化以及其后许多历史人群的意义，但作为松花江一级支流，夫余王城就建在此河的冲积小平原上。

地理是历史的基础。地理恒久不变性，使许多消失的历史有了重构的可能。随着类利和他的故国夫余国的地理已明晰，其间鲜活的历史，也有了情景再现的依托。

类利在夫余出生、成长、生活的时期，为公元前37（或前36）至公元前19年间，正值夫余国"其国殷富，自先世以来，未尝破坏"（《魏略》）的兴盛期。夫余国为汉王朝所设北方四郡之玄菟郡所领有的地方郡国，位置在玄菟郡治所北千里之地，即帽儿山国家级文物保护单位保护范围，即《后汉书》《三国志》等史料记载的"盖本濊貊之地""国有故城名濊城"的濊貊人的中心与东明立国的夫余王城所在。

想讲清楚类利故国夫余国的历史，绕不开"濊貊之地"原本的历史主人。

与东团山相对，吉林市城西10千米左右位于松花江左岸，亦有一座团型小山，名"西团山"。两山隔松花江相望，共名"团山相峙"，为吉林旧八景之一。搜索"西团山"，高德地图显示"西团山文化遗址"。此处与"帽儿山墓地"和新公布的"东团山遗址"同为国家级文物保护单位。西团山山下立有两通保护碑，一通为省保碑，立碑时间较早，碑文已漫漶不清。

另一通为国保碑，正面镌刻：

全国重点文物保护单位

西团山遗址

中华人民共和国国务院

二〇〇一年六月二十五日公布

吉林市人民政府立

保护碑背面"遗址简介"内容如下：

西团山遗址是我国东北地区最早发现并命名的一种青铜文化——西团山文化的命名地，距今约三千年。遗址主要由墓葬和居住址组成。墓葬型制为石棺墓，居住址为半地穴式建筑。出土遗物有石器、陶器、青铜器等。西团山遗址从不同角度反映了我国东北古代社会史的一个侧面，丰富的遗物具有鲜明的地域特色，对于边疆地域的考释、论证具有极其重要的价值。

西团山文化历千年积淀，于西汉初年收纳来自"北夷橐离国"王室的一支——即因橐离国王恐其夺位被迫南走至濊地的橐离国王子东明，建立了夫余国。

《三国志·魏书·乌丸鲜卑东夷传》记道："其民土著，有宫室、仓库、牢狱。多山陵、广泽……土地宜五谷，不生五果。其人粗大，性强勇谨厚，不寇钞。国有君王，皆以六畜名官，有马加、牛加、猪加、狗加、大使、大使者、使者。邑落有豪民，名下户皆为奴仆。诸加别主四出道，大者主数千家，小者数百家。食饮皆用俎豆，会同、拜爵、洗爵，揖让升降。以殷正月祭天，国中大会，连日饮食歌舞，名曰迎鼓，于是时断刑狱，解囚徒。在国衣尚白，白布大袂、袍、袴，履革鞜……行道昼夜无老幼皆歌，通日声不绝……"从记载可知，夫余国大多数国民即西团山文化主人濊貊人，少数南来濊地的东明及其后裔，包括朱蒙与类利，为夫余国王室成员。

夫余国在东北民族史上，被视为最早建立民族政权、进入文明时代、隶属汉王朝的方国。其民族政权体制有国王，国王之下有等级不同的官员，最大特点是"以六畜名官"。王城有宫室、仓库、牢狱，王城以外设"四出道"，各道由马加、牛加、狗加、猪加等诸加主掌。道之下有邑落，邑落有豪民和豪民名下的奴仆——可谓等级分明。此外，这一国体下的国俗民情，主要当为夫余立国前——原有濊貊人故有传统的延续，一定不会是东明带少数人到来后形成的——这从夫余国俗仍可见殷商文化余续可知。

夫余以"殷正月祭天"。其时在"国中"——即帽儿山保护范围的夫余王城，举行全体国民同欢共庆的大会，会间"连日饮食歌舞，名曰迎鼓"。夫余这个一年一度以"迎鼓"命名的节日，国民身着白布大袂、袍、袴，脚着皮质鞜鞋，除了连日载歌载舞，期间还有装在豆器中的美食和装在爵中的美酒，陈放在俎（几形桌案）上，可以享用。这样举国共欢的节日，类利也一定像所有夫余的孩子一样，是快乐的参与者。

除了一年一度于殷正月祭天的"国中大会"，夫余人平常也喜欢歌吟——"行道昼夜无老幼皆歌"是夫余人的日常生活……

这些见诸中国史料的记载，是夫余人陈陈相因的习俗与生活，也是朱蒙与类利生长的环境。在这个环境里，关于东明的传说，不仅夫余王室，或许所有国民都耳熟能详。之于类利亦不例外，或许比他人，对祖先立国的传说更为刻骨铭心。起初他不知父亲是谁、遭遇了什么的时候，他是个无忧无虑也很顽皮的孩子，像所有夫余人日常一样，穿白衣白裤，不论白天还是夜晚，行走于路上，也会边走边歌……

我们已无法得知夫余国民所唱之歌的具体内容，但可以推想，一些歌或许口口相传自殷商时代及以后各代，包括《诗经》。或许里面有濊貊人的和与他们相关的商汤的赞歌（孔子在《诗经》中收《商颂》篇），也有类利祖先东明立国的颂歌……类利在其间长大，一定也会吟唱。这种熏陶，也当是类利有汉语能力的原因之一。从《黄鸟歌》的风格，至少类利受《诗经》影响是肯定的。

类利和他的父亲朱蒙，生长于这样一个环境，也和所有夫余人一样，都是这个族群文化传统与民族风习的继承者、遵循者与传递者，其中的国俗民情无疑也会积淀为他们生命的精神基因。仅在帽儿山墓地保护区范围内，现代考古发现的近万座作为生息于此的夫余人生命归所的墓葬，参酌

167

"其俗停丧五月，以久为荣……大体与中国相仿佛"的记载，可见葬礼在夫余习俗中的重要程度，而葬礼的源流也非源于其他文化，与"中国"葬礼传统差不多。

从夫余文化与中原文化存在源流关系可知，夫余人的语言或许与汉语言相比存在方音，但文字与中国文字一定是一脉相承的。除了国民代代传颂的可能传自商代的古老歌声和民族故事，至汉初立国以后，与汉王朝的联系更为频繁，关系也更为紧密，与汉王朝所领有的其他方国相比，所受青睐与恩惠也更多，"汉时，夫余王葬用玉匣，常豫以付玄菟，王死则迎取以葬"。玉匣内装银缕玉衣，汉代刘姓亲王才可以享有。如今夫余王所用银缕玉衣虽尚未找到，但帽儿山墓地上万座墓葬，从葬制与史料记载的葬俗"与中国相仿佛"可知，所受汉文化影响之深。虽然我不能确定，夫余国是否有与中国相似的官学或私塾，但汉文化经典为夫余人所崇尚，所歌吟内容亦有《诗经》等经典，也不是不可能的。

少年类利的心事　类利，包括他的父亲朱蒙，作为夫余人——且是王室成员，他们注定是夫余文化的一分子，他们个人生命经历和命运与其他夫余人无论多么不同，但骨子里难以脱离与夫余文化的血脉关系。

类利还未出生，父亲朱蒙就离开夫余远走他乡。从小没有父亲的呵护包括管教，与其他同龄孩子相比，类利所受约束也少，包括在官学堂（如果有官学堂的话）中的学习也不一定是最好的学生。直到少年时，类利仍不知道父亲是谁，朱蒙南走之事在他幼年时的心灵中没有造成太大的阴影。他懵懵懂懂但也无忧无虑地成长，像所有的孩子一样，或许比一些同龄的孩子更顽皮、淘气。《本纪》记道："幼时出游陌上弹雀，误破汲水妇人瓦器。"

"陌"，与南北向田埂"阡"相对，古汉语指东西向土埂。类利幼时出游的"陌上"，或许就是今东西向注入松花江的嘎宜河的河边小路。可以想象，河畔路边茂树成行，其上雀鸟翔集。树荫下的河畔有孩子嬉戏、打闹，有妇人洗衣或用"瓦器"汲水；河畔的林荫小路上，幼年的类利在"弹雀"（弹雀是否与我们少时用弹弓射鸟类似？）。他弹雀的技术不是很准，发出的弹没有打到雀，误中了河边一位汲水妇人盛水的瓦器。

最早在东团山、帽儿山、龙潭山三山之间进行考古调查的考古学家李文信先生，以《吉林龙潭山遗迹报告》刊发在1937年的《满洲史学》上。其中关于东团山遗物之瓦器一节，他在文中记述了四种。一为"鬲"，一为"灯"，一为"豆"，一为"把手器"。鬲为"腹部下附三足如鼎状之瓦器"，他20世纪二三十年代调查时，曾见"田中道侧，触目皆是"，也是后来考古发现数量最多，也最能代表西团山文化（为夫余文化延用）的一种器物，多用于煮食。妇人用于汲水的，当是一种肩部有耳为把手的陶罐，李文信因没有看到完整器，称之为"把手器"。

妇人汲水的瓦器为类利误破，妇人很气恼，不由得骂道："此儿无父，故顽如此。"妇人对类利一定不陌生，她不仅认识这个孩子，还知道他的出身和家事。类利听了妇人的话，《本纪》记道："类利惭，归问母氏：'我父何人，今在何处？'"这时母亲礼氏才将朱蒙临走时留下的话相告。朱蒙将一把剑折为两段，对她说："汝若生男子，则言我有遗物，藏在七棱石上松下，若能得此者，乃吾子也。"

类利听了母亲的话，从此，他就比一般孩子多了一桩心事——寻找父亲所遗之物。《本纪》记道："类利闻之，乃往山谷，索之不得，倦而还。"类利索剑的山谷，不只在帽儿山墓地保护范围之内，远及松花江两岸有松有石的山山岭岭间。并且索剑行动一定不是一天两天、一次两次，而是从幼年知道父亲的留言开始，直到17岁已成长为一个青年。一次次着意寻找，总是无功而返，"倦怠还家"，他的心气也一定不断在失落与希望间跌宕。越寻而不得父亲所称藏在"七棱石上松下"的遗物，便越牵着他的心。也或许在寻而不得期间，从小口口相传的祖先东明的神异往事与对父亲朱蒙的想象相交织，相置换，进而合为一人（非如此，便无法解释，东明本为与朱蒙相距一两百年的祖先，何以两人的出身与经历如出一辙）。功夫不负有心人，类利"一日在堂上，闻柱础间若有声。就而见之，础石有七棱"，他俯身观瞧，发现础石有七棱，才明白，父亲藏遗物之地，不在别处，所谓"七棱石"，即所居殿堂的柱础，"松"，即以松木制成的殿堂支柱。在此石上柱下搜寻，果然得到一段断剑。他带着这把断剑离开夫余去找父亲朱蒙时，已是十七八岁的青年。

《本纪》记载，类利找寻父亲的时间为"东明圣王十九年"，亦即公元前19年，这一年"夏四月，王子类利自扶余与其母逃归。王喜之，立为太子"。这年秋天（九月），朱蒙去世，类利继位，成为高句丽第二代王。他为朱蒙所加谥号为"东明圣王"。

夫余始立国者东明，与高句丽始立国者朱蒙，他们奇异的出身、在旧国的遭遇以及立国传说，如出一辙，成为东北民族史一大谜题。有学者研究发现，东明的传说，与商始祖契和周始祖后稷的出身存在相似的模式，而契与后稷，与中华上古五帝均有血脉联系。不能确定，影响声闻中原的夫余立国者东明的传说，被置换到他的后裔朱蒙身上，是否与类利有关。这是东北史充满争议的课题之一，这里不做过多探讨。可以确定的是，类利出身夫余，夫余是他的故国。有《黄鸟歌》为证，他也是一名诗人。从文化影响来看，他作为诗人所受汉语言文学教育与他的故国一定有关系；从时间来看，他是迄今为止东北史上最早的诗人；从地域来看，他也是东北长白山地区最早的诗人。

类利和他的《黄鸟歌》　　类利这首《黄鸟歌》，是他离开夫余两年后即公元前17年所作，他汉语言以及文学的修养，主要应该是在夫余习得的。

这是一首典型的情动于衷、有感而发之作，显然与爱情有关。此诗产生的背景，《本纪》有较详的记载：

秋七月，作离宫于鹘川。冬十月，王妃松氏薨。王更娶二女以继室，一曰禾姬，鹘川人之女也；一曰雉姬，汉人之女也。二女争宠不相和，王于凉谷造东西二宫，各置之。后王田于箕山，七日不返。二女争斗，禾姬骂雉姬曰：'汝汉家婢妾，何无礼之甚乎？'雉姬惭恨亡归。王闻之，策马追之，雉姬怒不还。王尝息树下，见黄鸟飞集，乃感而歌……

这首《黄鸟歌》的产生，可谓表达真情实感的激情之作。此时的他，不像一个王者，而更像一个不够理性的诗人，且是一个长于使用汉语言直抒胸臆的诗人。他用中国诗特有的比兴手法与意境，准确表达出作为诗人所能有的孤独的情怀。

这情怀本是一个王者不应有，也不能够随意表达的。

此时，他虽然已身为高句丽王，他的心还没有成为王者，更多是一个多愁善感、尤其对孤独很敏感的青年。首先，他历经十余年孤独地寻索，得以和朝思暮想的父亲相认。但父子相认不过五个月时间——十九年（前19年）夏四月，至秋九月，朱蒙就去世了，类利可能还没有适应作为太子的角色，就不容选择地成了王。第二年（前18年），为王不到一年时间，娶"多勿侯松让之女为妃"，这当是一桩政治婚姻（一说，松让本为朱蒙初到之地沸流国王，王无子，朱蒙娶其女，王死后朱蒙继位，成为朱蒙建立高句丽的立国基础）。第二年（公元前17年）王妃死去，类利的内心似乎没有多少影响，他很快"更娶二女以继室"——禾姬与雉姬。

禾姬为鹘川人之女，雉姬为汉人之女。类利在王妃去世前即已"作离宫于鹘川"。鹘川女出身优越从骂雉姬的话"汝汉家婢妾，何无礼之甚乎？"中可知。禾姬优越的出身，类利不能忽视，但他显然更喜欢的是汉女。"二女相争宠不相和"，他便置东西二宫让她们分开居住。或许二女相争令他烦恼，"后王田于箕山，七日不返"以躲避。但是当他听闻汉女雉姬"亡归"，便不顾其他，策马急追心中真正喜欢的女人。

激情而去追雉姬，孤独而回——像所有正值这个年龄的青年一样，满腔炽热，爱而不得。喜欢的女人不肯与他同归，他备感孤独，无奈地在一棵树下歇息，抬头仰望，见枝干上有成群的黄鸟飞起飞落。它们一雌一雄、翩翩同飞、两两相依、成双成对、同栖同止，这两情相依的情景，与自己顾影自怜的处境，让他备感忧伤。自省自己如此孤独，不由得叹息有谁能和自己相偕同归、相依相伴？乃感而歌曰："翩翩黄鸟，雌雄相依。念我之独，谁其与归？"

此歌无疑道出了初为王者的类利最隐秘的心事。

这无论在他个人生命中还是他的家国高句丽都是一桩重要的事，因此不仅流传后世，还为史官郑重记入史册。其后，身为国王的类利，在他的国史《高句丽本纪》中空白了8年，直到公元前9年——离开故国十年后，真正以王者应有的地位，成为国史的主角。类利直到公元18年去世，谥号为"琉璃明王"。

类利诗名无疑为自己后来的王者身份所掩。

诗虽短，但如此准确自如地直抒胸臆，与任何以汉语为母语的诗人相比，都不逊色。此诗产生时，距他离开生活了十七八年的夫余故国仅两年多，在心理上，父亲立国的卒本川还如异乡。虽身为王者，连自己娶的女人都驾驭不了——摆布不了地位优越的鹘川女，也不能随心拥有自己真正喜欢的女人。以他当时的处境，鹘川女或许是他不得不娶的女人，而汉女是他自己选择的。汉女有如他在异乡所遇故知，汉语言与文化或许是他与汉女重要的情感媒介和感情基础。

夫余与高句丽，东北民族史上属于同一族系、王族来源相同的两个民族政权，从源流上可谓兄弟之国。类利所作《黄鸟歌》，属于他后来的家国——高句丽文学，也同样属于他的故国（或母国）夫余文学。《黄鸟歌》是夫余文学与高句丽文学的代表作，也是东北文学最早的传世之作。就汉语言文学而言，也是中国古代文学不能忽视的文化遗产。透过一首《黄鸟歌》，可证类利是位真正的汉语诗人；透过诗人类利，可证他的母国夫余曾有的汉语言文学程度之一斑。

2019年10月初稿，2022年7月修改

夫余国独特的名官制度与大使位居

夫余国作为东北史中最早进入文明时代的古国，有国700年左右，亦有支撑自己的国体结构——国民、国王、宫室、仓库、牢狱和各级官员。其中以官员的命名方式最为独特，最大特点是——以"六畜名官"。

位居，出生于夫余国牛加家族，在国中为大使，在夫余国名官制度中具有代表性。从他身上可以得见夫余国体以及官制功能之一斑。

夫余国独特的名官方式，不是偶然产生的，或许内涵着夫余国立国基础与国体结构长期稳定的内在因素，是认识与研究夫余国的关键所在。

一

"夫余国在玄菟北千里。南与高句丽，东与挹娄，西与鲜卑接，北有弱水。地方二千里，本濊地也"——《后汉书》对有关夫余国方位的记载，因语焉不详，曾是难以破解的千古之谜。今以吉林市区雄踞松花江右岸的名胜景观龙潭山为标志，与其南的帽儿山和紧邻江干的团形小山环抱的台地与平畴沃野，总面积20万平方米范围，散布着不同年代树立的众多区保、市保、省保和国保碑。

这里就是濊地的中心、夫余国王城所在，无疑也是位居日常生活、工作的区域。

仅从遗址20万平方米保护范围，仍可见古代都城的选址理念——广川之上、大山之下。发源于长白山天池、源远流长的广川——古之濊貊水今之松花江，至东团山附近，大江呈弯弓，浩大江流，为这个团形小山所阻，水流平缓，成南北走向，过大山——古之鹿山今之龙潭山，转西北流去。在江流的右岸，为龙潭山、帽儿山、东团山环抱之地，就是夫余国王城所在。夫余国立国于此长达500多年，强盛时期曾使东北最古老的族群肃慎氏后裔挹娄长期臣属，直至公元346年前后"西徙近燕"，494年为肃慎氏后裔"勿吉所逐"而灭国，存国700年左右。

在遗址间行走，仍可见到褐色夹砂陶、泥质灰陶等陶器残片——西团山文化主人濊人和夫余人的生活遗留，可见生活积淀之厚。

自汉武帝设北方四郡，直到汉末，夫余一直是玄菟郡领有的北方郡国——"夫余本属玄菟"。随着汉室衰微，中原群雄割据，辽东太守公孙度（？—204）割据辽东，"雄张海东，威服外夷"。时夫余国尉仇台为国王时期，周围邻族高句丽、鲜卑等强起，已届年老、无心抗争的尉仇台投靠公孙度，请求更属辽东郡，并娶了公孙氏女为妻。公元237年，公孙度之孙公孙渊叛魏自立为燕王，魏明帝派司马懿征讨辽东。公元238年，公孙渊被诛杀，夫余国复归玄菟郡领有。期间，夫余国王尉仇台死，其子简位居继位为王。简位居死，"无适子，有孽子麻余"，麻余为诸加共立为夫余国王。这时期的夫余国，先后有两个"位居"，一位是国王简位居，一位是大使位居。因为同名，后来的史料往往将两人混为一人（后文将会论及）。

大使位居生卒年不详，但他在任的一个具体而明确的时间节点，也是他的一项重要功绩，与曹魏时期重要历史人物毌丘俭（？—255）出征高句丽有关。

约公元244年的秋天，一名将军从远在辽东的玄菟郡出发，专程前往千里之外的濊貊水（今松花江）滨、鹿山之下的夫余王城。这位将军的到来，是夫余国中一件空前大事。这时的夫余国，复归玄菟郡不久，到来的将军，是时任"行裨将军、玄菟太守"的曹魏名将王颀。王颀此行，不仅是作为玄菟太守到所属郡国的巡访，还担负着更重要的使命——受毌丘俭所遣，为出征将士征收军粮。军粮是毌丘俭征讨大军成功与否的物质保障，能否满足所需，是夫余国，也是位居面临的挑战。

为迎接这位玄菟太守的到来，位居派遣诸加中的"大加"到王城郊外隆重远迎。大加所指，当是诸加中的"马加、牛加、猪加、狗加"。

夫余国"国有君王，皆以六畜名官，有马加、牛加、猪加、狗加、大使、大使者、使者"。

"以六畜名官",是夫余国官制的突出特色。但多种史料包括《三国志》,只列"马加、牛加、猪加、狗加"这四加,或许为六畜所名诸加中以这四加为大,是夫余国最有实力且位高权重者。国王以下诸大加受位居所遣到王城郊外迎接王颀,是夫余国对玄菟太守所行最高礼仪,也是对中原政权忠贞不贰的态度。

史料虽然没有明确记载夫余国的名官制度是怎样形成的,但在其习俗中,"其国善养牲,出名马、赤玉、貂狖……"可以推想,夫余在立国前,生息于此的濊人,已有巨大的贫富分化,最富有、势力也最强的部落或家族,以养家畜著名。如记载所言,"其国善养牲,出名马",以出名马闻名中原。而濊人善养名马的族群或家族,或许原本就被称之为"马家",其他如牛家、猪家、狗家亦如此,为来自北夷的夫余国王室——以东明为首的少数橐离国的一支所倚重。

夫余立国者名"东明",来自橐离国。现代考古已认定,黑龙江省宾县庆华古城遗址所代表的"庆华文化",为东明所出的橐离族遗留。

关于东明,历史上有一著名传说。后汉王充(公元27—约97)所撰《论衡·吉验篇》、鱼豢撰《魏略》、范晔著《后汉书·东夷列传》等,均记载或转载了内容大同小异的夫余立国的传说。这个传说版本不同,讲述的内容相近。《论衡·吉验篇》这样写道:

北夷橐离国王侍婢有娠,王欲杀之。婢对曰:"有气大如鸡子,从天而下,我故有娠。"后产子,捐于猪溷中,猪以口气嘘之,不死;复徙置马栏中,欲使马借杀之,马复以口气嘘之,不死。王疑以为天子,令其母收取,奴畜之,名东明,令牧牛马。东明善射,王恐夺其国也,欲杀之。东明走,南至掩㴲水,以弓击水,鱼鳖浮为桥。东明得渡,鱼鳖解散,追兵不得渡,因都王夫余。故北夷有夫余国焉。

从东明立国传说以及相关史料可知,夫余国所辖两千里地方,原本是濊人居地,夫余国是在濊貊之地以濊城为基础建立起来的。

夫余国立国之后,在长达数百年时间里,都保持着"其国殷富,自先世以来，未尝破坏"（《魏略》）的局面。一个幅员辽阔的国度，这一局面的达成与延续，自然与国体结构和管理者权力分配方式分不开。

夫余立国的濊地，两千里疆域亦是西团山文化的分布范围。国体以国都所在为"中"，即"国中"，为王权中心，一年一度"以殷正月祭天"、全体国民同欢共庆的"国中大会"在此举行。国中以外，划分四方，设四出道，类似于国都以外的地方政权，由诸加主掌。这些分掌四出道的地方官员，权力大小以所出家族所掌邑落、财富相关，职位名称约定俗成，只是将代表马家、牛家、猪家、狗家的"家"，改为更像官名的"加"。诸加大者主"数千家"，小者"数百家"，可知四出道主掌者权力并不均衡，也有大有小，领有邑落与豪民的多寡有别，地位与权力差异很大。其中，排在前面的马加、牛加等主掌四出道的大加，在国中地位举足轻重，是国体运行的重要因素，对国王的权力亦有相当的限制与制衡作用，担负的责任与义务也相应更大。夫余国的军队也不直接掌握在国王手中，或者说兵士不由国家供养。

从这个意义上，诸加的权力，与其说是国王赋予的，不如说国王的权力是诸加赋予的。"旧夫余俗，水旱不调，五谷不熟，辄归咎于王，或言当易，或言当杀"，可见诸加权力之大，大到国王的废立也常由他们决定。

这样的国体结构，诸加对国家的忠诚，也是国家稳定运行的保障。

除了国王和诸加，下设大使，大使之下，有大使者、使者等。从大使、大使者和使者等官称，可以推想，这些官员的主要职能，一是处理国家日常如外交、迎来送往等事物；一是协调国王与掌管四出道的诸加的关系，处理、平衡国内外种种事物，发布各种政令等。大使当为这一官员系列中地位最高、权力最大者，大使者、使者等为其下属职官。这些官员虽可能直接听命或服务于国王，是国王的近臣，但他们的产生，亦非国王任命，大多亦出自诸加所属家族，或诸加从子弟中选拔、推荐给王室，加以任用。

位居，即是出于牛加的一位族中子弟——牛加的侄子。

位居作为大使，他的职位不算高，在诸加之下、大使者、使者之上。

二

位居为大使时期，正值中国历史的一个重要时段——司马懿诛杀公孙渊、毌丘俭征高句丽，这也是位居人生的重要时段。有关这段历史最重要的文献《三国志》，也是中国正史有关夫余国最重要的史料，著者陈寿在《乌丸鲜卑东夷传》中，留下了有关夫余国地理、历史以及习俗等最为全面而丰富的信息。

夫余国自秦汉之际立国，"其国殷富，自先世以来，未尝破坏"，夫余国的殷富，几与两汉相始终，未尝破坏的局面，当与汉王朝对夫余国特别看重，与夫余国对汉王朝的臣服、忠孝相辅相成。"汉时，夫余王葬用玉匣，常豫以付玄菟郡，王死迎取以葬"，夫余国每当新王继立，汉王朝都会将玉匣（即银缕玉衣）送到玄菟郡，王死时迎取玉匣穿上玉衣入葬。这样的待遇是汉朝刘姓亲王才可享有的。"公孙渊伏诛，玄菟库犹有玉匣一具"，这件玉匣，是夫余国备受汉王朝重视的物证。

夫余国的安定与殷富，随着汉末政权的跌宕而改变，开始由盛转衰，时尉仇台为夫余王。

尉仇台死后，夫余国王位继承开始出现问题。陈寿在所著《三国志》中记道："尉仇台死，简位居立。无适子，有孽子麻余。位居死，诸加共立麻余。"

这里需一提的是，陈寿在此提到的"简位居"，是尉仇台之后承继夫余王位的一位夫余王，是尉仇台之子。这位夫余王因与大使位居同名，《太平寰宇记》卷174"夫余国"，将夫余国国王简位居当作尉仇台之孙，省略"简"字，称"位居"。《太平寰宇记》为宋代作品，对四夷或东夷的记载，都是综合前代史料上的概述。事实上，该书对夫余的记述，陈寿的《三国志》也是其参酌对象，有些内容几乎照录原文，或在原文基础上的删削。

关于夫余王简位居，陈寿这样记道："尉仇台死，简位居立。无适子，有孽子麻余。位居死，诸加共立麻余。牛加兄子名位居，为大使，轻财善施，国人附之，岁岁遣使诣京都贡献。正始中，幽州刺史毌丘俭讨句丽，遣玄菟太守王颀诣夫余，位居遣大加郊迎，供军粮。"

《太平寰宇记》对此记道："尉仇台立……至孙位居嗣立，魏正始中，毌丘俭讨句丽，因遣玄菟太守王颀诣夫余，位居遣使郊迎，供军粮……"将夫余王尉仇台之子简位居，与牛加兄子、大使位居，混为一人，是有误的，而错误的原因，是对夫余王简位居与大使位居的误解。两个位居，除了同名，出身差别巨大。一位出身牛加家族，一位出身夫余国王室——槀离国东明后裔。《太平寰宇记》将其混为一人，只因同名，显然不明了他们完全不同的出身，他们的存在时间也有差别。而为了让国王位居与大使位居发生的事在时间上相合，将他从尉仇台之子，变成尉仇台"之孙"。

位居当是简位居死后其子麻余为国王时才当上大使的。他"轻财善施，国人附之"，深得民心。

位居出于牛加家族，是牛加的侄子，能够到国中为官，无疑是族中备受宠爱的优秀子弟，在国中官至大使，也令家族倍显荣耀；同时家族的力量也是他在国中为官、位高权重不能忽视的背景。无论客观还是主观，他的身份是双重的。一方面，他属于国家，听命国王、忠于国家利益是他的职责；一方面，他是牛加家族在国中利益的代表。在国家强盛殷富、国体运行正常时期，国家利益与家族利益并行不悖，国强族益强，或者说族强国更强，作为出于强族的国中官员，为国尽忠、为家族尽力并不矛盾。

简位居"无适子"即无合法继承人，有"孽子"名麻余。孽子之意，当指非正妻所生之子。简位居死，缺乏合法继承权的麻余，由诸加"共立"，成为夫余王。可知夫余国诸加地位虽在国王之下，但国王的立废往往由诸加共同决定，事实上国王不能把握自己的命运——"旧夫余俗，水旱不调，五谷不熟，辄归咎于王，或言当易，或言当杀"，另立新王。为诸加共立的麻余国王，不知是自然死亡还是为诸加所杀，麻余死后，"其子依虑年六岁，立以为王"，他年仅六岁的儿子依虑被立为国王，自然更没有能力掌控国政和自己的命运。

时值汉末、三国时期，夫余国国体自身的矛盾凸显——国王弱、大加强，夫余国内部国体运行实则已失常。位居作为以国王为代表的国家和自己出自的牛加为代表的大加之间的一名官员，在国家利益与家族私利面前，面临的是严酷的考验。

最考验他的，诸加中"有贰心"者，是他的至亲——父亲的弟弟、族中当权者叔父牛加和其子——牛加父子。

三

位居出自牛加，在国中任大使，自然也是牛加家族利益在国中的代表者或维护者，同时他在国中，当是代表国王执行国政、直接听命于国王、服务于国家利益的官员，是国体正常运行的重要环节。

牛加的贰心也是有原因的，或许可以远溯到汉末中原群雄并起，夫余国外部与中原关系失势、内部国主继立失常。他作为牛加的侄子，叔父的贰心，一是指对代表国家的弱小的夫余王，一是指对主管夫余、代表中原政权的玄菟郡。玄菟太守王颀受毌丘俭所遣为征高句丽等筹集军粮而来，或许也是点燃夫余国内部矛盾的导火索。

位居"遣大加郊迎"王颀，不仅是夫余国对玄菟郡礼仪所需，主要是王颀所需军粮，不为国王所掌握，大多掌握在诸加们手中，或者需经诸加们同意。值王权衰弱之际，诸加包括牛加父子的"贰心"，无疑已是国家安全的巨大隐患。

在国家利益与家族利益之间做出选择，无论古今，对任何为官者，都是难以面对的两难选择。之于位居，更是巨大挑战。

陈寿在《三国志·魏书·乌丸鲜卑东夷传》中对夫余这样记道："户八万，其民土著……""土著"，指自商周交替开始就生息于今吉长地区的族群，是松花江流域青铜器时代西团山文化的创造者，活动中心即东团山"南城子"。他们是春秋时期东北九夷中承华夏之风、最重礼仪的族群，是孔子"欲居九夷"求中华之礼的对象，汉初夫余立国，成为夫余国最早的居民。"其人粗大，性强勇谨厚，不寇钞"，是他们的特征，也是中原人对夫余国民（包括位居）的评价。在长达千年的西团山文化时期，他们恪守传统，有礼有节，少有争斗；汉兴以后，夫余国在长达数百年历史中，与东北其他族群如高句丽、鲜卑相比，很少侵犯他国，忠于与中原华夏的臣属关系。位居为大使，他的职责除了处理王室与掌管四方的诸加的关系，更主要的还担负着夫余国和中原政权及周边邻国的外交使命。他除了"轻财善施"，"岁岁遣使诣京都贡献"，也是"国人附之"的重要原因——信守与中原华夏的忠孝诚信，是夫余全体国民的人心所向。

魏明帝令司马懿征辽东、灭公孙氏统一辽东后，将辽东人口大量迁往关内，对中原政权叛服不定的高句丽，欲乘虚占有辽东。魏正始三年（242年），高句丽进犯辽东西安平，毌丘俭奉命东征讨伐。

有道是，大兵未动，粮草先行。粮草作为战争最根本的物资保障，毌丘俭出征前，保证东征军士所需粮草，是确保胜利的关键。毌丘俭派王颀前往夫余，既有军事策略的总体考虑，亦基于对夫余的了解与信任。

1906年，"毌丘俭纪功碑"在吉林集安被发现，至今备受学界关注。该碑碑文结合《三国志·魏书·毌丘俭传》可知，正始三年（242年）高句丽反。毌丘俭"遣玄菟太守王颀诣夫余"，夫余大使"遣大加郊迎，供军粮"。正始五年（244年）毌丘俭率军征讨，"束马悬车，以登丸都（高句丽都城）"，高句丽王带着妻儿逃窜；正始六年（245年），"复征之"，毌丘俭"遣玄菟太守王颀追之，过沃沮千有余里，到肃慎南界，刻石纪功，刊丸都之山，铭不耐之城"，"得大胜而还"。

毌丘俭得大胜，位居的"供军粮"，无疑是魏军获胜的重要保障。从大胜的经过，亦可知毌丘俭遣王颀诣夫余的战略意义。从地理上，高句丽在辽东之东、夫余之南，征伐战线"过沃沮千里"，到夫余东北邻的肃慎南界。而夫余疆域，"在长城之北，去玄菟千里，南与高句丽、东与挹娄、西与鲜卑接……方可二千里"，国中王城之外，"诸加别主四出道"，魏军用兵，无论东伐还是北进，从夫余供军粮不仅有保障，路线也最便捷。

但是，魏军的军粮供给，不取决于夫余王，而是诸加，尤其是诸加中的大加。汉末公孙度为辽东太守掌控辽东时，夫余国王尉仇台选择依附公孙氏。值公孙氏被灭（238年），夫余国脱离与玄菟郡关系已逾几十年，刚复归玄菟郡不久，让包括牛加在内——或许以他为主的诸大加，不仅要"郊迎"这位"陌生"的玄菟太守，还要"供军粮"，当也是不太情愿甚至反对的。而从夫余国的利益，这时玄菟太守的到来，正是夫余国与中原中断数十年关系正常化的最佳契机。

在这样的境况下，牛家父子所怀"贰心"，已是国家安定与安全的隐患。在国法与亲情之间，位居选择大义灭亲——"杀季父父子，籍没财物，遣使簿敛送官"。他"籍没"的财物，当是牛加父子聚敛的不义之财；"送官"——他就是执行官，杀牛加父子，不需再言"送官"，"送官"之意，当指牛加父子在夫余国与代表中原政权的玄菟郡关系中有违逆行为，于国家不利，他才会倍显绝情地"遣使"——派出使者，将叔父与堂兄弟的尸骨简单收敛后"送官"，交付管辖夫余国的直属机构。

仅仅几十年后，夫余国与中原世守忠孝的意义，在国破王死的危机中得以显现。

晋武帝太康六年（公元285年），夫余"为慕容廆所袭破，其王依虑自杀，子弟走保沃沮"，夫余国遭遇几近亡国的重创。王城虽为慕容氏所破，国王依虑因之自杀身亡，但是夫余国并未灭亡。中原值魏元帝"禅让"司马炎为帝（晋武帝，在位266年—290年）。晋武帝对夫余国破的境遇充满悲悯，因之下诏："夫余王世守忠孝，为恶虏所灭，甚愍念之。若其遗类足以复国者，当为之方计，使得存立……"（《晋书》），"武帝以何龛为护东夷校尉。明年，夫余后王依罗遣使诣龛，求还旧国，龛遣督邮贾沈以兵送之……"（《太平寰宇记》）依罗在晋军护送下，回到夫余王城——鹿山之都，成为夫余王，夫余因之复国。

夫余国历史，随着夫余王城在吉林市的确立，与夫余国相关的"西团山遗址""东团山遗址""帽儿山墓地""龙潭山遗址""杨屯大海猛遗址"等均进入全国重点文物保护单位名录。夫余国与中原关系以及独特的名官制度、大使位居的故事，都是夫余国史的重要内容，是龙潭地域久远历史不可忽视的内涵，亦是吉林市得以位列"中国历史文化名城"的重要砝码。

2022年10月

从挹娄王城看夫余王国

夫余王国是中国历史上有史可查有着重要历史地位的东北民族政权，因此在东北史及东北民族研究中备受关注。随着吉林市帽儿山古墓群的发现，吉林市一度成为夫余文化研究的焦点。依据考古发掘和对史料的研究，许多专家学者推断，吉林市即东北民族最早的（中国汉魏时期）地方民族政权夫余国王城所在。帽儿山古墓群，成为吉林市被国务院最早批准的全国重点文物保护单位。

近年，黑龙江省友谊县凤林古城的发现，成为继夫余文化之后，东北考古与研究的又一热点。凤林古城被认定为东北三江平原汉魏时期面积最大、规格最高、结构最复杂的城址，是中国史载东北最古老的民族肃慎系挹娄时期王城所在，亦被国务院批准为全国重点文物保护单位。

友谊县挹娄王城的发现，洞开了东北民族史研究一个新视野，揭开了东北乃至中国古代史以及民族史研究的新篇章，而夫余王国与挹娄王国作为中国汉魏时期关系至为密切的东北民族政权，挹娄王城的发现，也是我们了解夫余、进一步认识夫余的一个契机。为此笔者专程到黑龙江省友谊县寻访凤林古城，以期通过挹娄王城得见夫余王国真相之一斑。

挹娄，是史料记载的中国东北最早的民族肃慎氏的后裔，是曾建立海东盛国渤海国的靺鞨族、建立大金的女真族以及建立大清王朝的满族的先世。肃慎，是于帝舜时期就向中原朝贡的族群，在其后一千多年里，持续以"楛矢石砮"为方物向中原王朝朝贡，这种行为不断被不同时期的中原史官写入中国史籍。

令所有史学研究者都不能忽视的，史籍中许多关于肃慎（挹娄）的记述往往与夫余分不开，对夫余的记载往往也与挹娄分不开。如《三国志·魏书·乌丸鲜卑东夷传》关于夫余所在位置这样记道："夫余在长城之北，去玄菟千里，南与高句丽、东与挹娄、西与鲜卑接……"《后汉书·东夷列传》中："挹娄，古肃慎之国也。在夫余东北千余里，东滨大海……"《后汉书·东夷列传》中还说：挹娄"自汉兴后，臣属夫余……"

诸多记载可以确定，挹娄与夫余不仅汉魏时期曾是毗邻的东北民族，而且还曾有过臣属关系。

曾经臣属于夫余的挹娄活动中心，史料记载"在夫余东北千余里"，具体今指哪里，是一个怎样的族群，始终是一个千古之谜。友谊县凤林古城的发现，不仅解开了这个千古之谜，也向世界呈现了一个真实的汉魏时期的东北古国——从中亦可得见夫余王国可能有的规模与风貌。

来到友谊县，笔者首先访问了友谊县文体局副局长于长青先生，在于副局长和《挹娄文学》主编谢全真的带领下走进凤林古城。

凤林古城城址位于黑龙江省友谊县成富乡凤林村西约1300米的平原岗地上。它不是一个独立的城址，还有一座被命名为"炮台山古城"的城址隔一条名为"七星河"的河流与之相望。如今两城虽然分隶两县（炮台山古城隶属今宝清县七星泡镇平原村，城址位于该村东北约3千米的孤山上），实际距离可谓近在咫尺，之间只有七星河一河之隔。于副局长说：生息于三江平原上的赫哲族有一个传说，称两城为"巴如古苏霍通"。赫哲属满族系统，语言属满族南派语支，"巴如古苏"意为"对面"，"霍通"意为"城"，即"对面城"。

凤林古城，周长6330米，占地面积114公顷，大城里由内城墙分隔成9个小城，亦称9个城区。炮台山城址周长4500米，占地面积48公顷，大城里分割成8个小城。这两座城与黑龙江历史上著名的古城相比，凤林城址名列第三，仅次于唐代渤海国国都上京龙泉府（其城址周长约16千米）和阿城金上京会宁府（城址周长约11千米），泰来辽代塔子城第四（周长5千米），炮台山城址为第五。但是从年代上，凤林、炮台山城址比它们要早500至800年。

于副局长首先带我们来到凤林古城的七城区。这是凤林古城城址曾被考古工作者精心发掘清理过的一个城区，出于保护的需要被回填，发掘的痕迹已被青草覆盖，看不出被清理过的房址的痕迹。站在虽为青草绿树披覆但仍清晰可见的高大的古城墙上，于副局长指着墙内一处低地说，在那里曾清理出一座东西宽23米、南北长33米、面积666平方米的半地穴宫殿（或可称议事厅），宫殿中有横四、竖五排列整齐的20个大柱洞，在房东侧有一道门道……

离开凤林古城后，在谢全真陪同下又赶到双鸭山市专访凤林古城的发现者、双鸭山市文物管理局王学良局长。

王学良局长说，这是目前国内发现的最大的半地穴宫殿。它充分证实了满族祖先挹娄人已进入文明时代，建立了黑龙江历史上最早的"挹娄王城"。他说，与凤林城址相对的炮台山城址，经多位考古学家实地考察，考证结果为国内目前发现的规模最大、气势最宏伟的"北斗七星"祭祀坛。我国著名天文学家、天文考古专家伊世同先生认为：凤林城址是行政管理之地，炮台山城址是祭祀之所，挹娄王城符合古人"敬天、礼地"之说……

凤林古城的发现，尽管仍有许多谜团有待破解，仅就其作为王城的规模与气势，也让我们据此可以想见，与其同时代的夫余王城可能有的辉煌。

更为出人意料的是，凤林古城及炮台山城，仅仅是一向有着"北大荒"之称的亘古荒原上文化发现的开始。作为挹娄文化发现第一人，王学良先生说，目前三江平原地区发现的汉魏遗址已多达1500余处，随着今后文物调查的深入，遗址应超过2000余处。

2010年7月

从挹娄古城到乌拉古城

今年（2011）是作家萧红100周年诞辰。这位伟大的东北作家最重要的代表作是《呼兰河传》。呼兰河，这条东北大地上似乎并不算特别的河流，因她而名扬天下。某种程度上，萧红就像呼兰河的代名词，提起呼兰河，人们首先想到的也是萧红——萧红的故乡。实际上，萧红的《呼兰河传》并不是关于这条河流的传记，只是这条河流在久远的时间里某一时段——20世纪20年代呼兰河两岸生活的写照。

萧红笔下的这条呼兰河，《东北古今地名辞典》"呼兰河"词条有如下记载：松花江支流。在今黑龙江省中西部地区，流经铁力、庆安、绥化、望奎、呼兰诸县市。《金史》称活剌浑、胡剌温河，《元史》作哈剌温，《明一统志》名忽剌温，《满洲源流考》谓哈勒珲、哈勒珲水，《寰宇通志》作忽剌温江，《清通考》《水道提纲》《龙沙纪略》皆称此河为呼伦、胡兰、湖兰河，《黑龙江外纪》名霍伦河。清雍正十二年（1734年）设呼兰城守卫后，才定名为呼兰河。胡剌温，女真语，意为"灶"，是呼兰河取名的原意，因音转而为活剌、忽剌、呼伦、胡兰、呼兰，皆满语，烟囱之意……

不是巧合，呼兰河的名字，与明代一个著名的女真部族"扈伦"同名。《东北古今地名辞典》关于"扈伦国"与"扈伦四部"词条有如下记载：扈伦，又译为胡笼、呼伦或忽剌温，原为黑龙江女真部族。明永乐四年（1406年），女真人纳齐布禄收服乌拉附近诸部，建都洪尼罗城，领有牛头山、东京城、辉发、定国军、混同江（今松花江）等地，始称扈伦国……扈伦国历经150多年走向衰落，后分裂为乌拉、哈达两部，后继有辉发与叶赫部加入，被称为海西四部，又名扈伦四部。

扈伦国建都的洪尼罗城在哪里，更多倾向是在乌拉街满族镇乌拉古城。满族口头遗产传统说部《扈伦传奇》（呼兰纳兰氏秘传，赵东升整理，吉林人民出版社出版）中讲述，乌拉城是在纳齐布禄第六世布颜在洪尼罗城基础上扩建的。乌拉城黄土筑成，筑城的土取自护城河道，就是把挖护城河的土运来筑城，共筑三道城池，内城、中城和外城，又名内罗城、外罗城和紫禁城，统称为乌拉城。

扈伦人与呼兰河，不知是人以河名还是河以人名，但是可以想见，呼兰河曾是扈伦国先世的故乡。至少在金代，扈伦国创始人纳齐布禄的先祖即已到达呼兰河流域。且不论这支女真人来自哪里，但是有充分的史实可以证明，乌拉古城是他们的终结之地。

乌拉国与海西女真（扈伦四部）各部，曾是努尔哈赤统一女真各部进而问鼎中原的心腹大患。那曾是中国最后一个封建王朝大清前史不可忽视的篇章——乌拉国与努尔哈赤的建州部曾经旷日持久的对决，是清史的转折性之战。重温那段历史，仍不断有人想象，假如那场对决，胜出的不是努尔哈赤而是乌拉国，中国历史就将改写……当然历史不能假设，最终乌拉国及其统治集团呼伦那拉氏融入满族共同体，成为满族入主中原的重要力量，其后乌拉国国民自然成为大清国民。也许因此，清朝统治者亦喜欢将乌拉称之为祖宗发祥之地。

如今，松花江边的乌拉古城，护城河早已干涸，但是黄土筑就的墙垣遗址尚存，内城城墙保存基本完整。乌拉城作为城的功用结束之后，在日益被遗忘的时间里，黄土墙垣上随着乌拉国的覆灭成为柞与榆的家园。300多年的岁月小树也已长成古树，与古城相生为一体，成为古城标志的一部分。今天，每一位来到乌拉街满族镇的人，最想看的首先是乌拉古城。而要看乌拉古城不用询问，那些比这块大地上任何存在都要高大且蔚为壮观的参天古树，就会把你引向那里。

生长古树的乌拉古城是乌拉国最重要的遗存，同时也是一个历史悠久的部族最后终结的标志。扈伦四部终结前的历史，在史料中，在当地满族人的记忆与家史中，在满族说部《扈伦传奇》中，有丰富而翔实的记录与讲述。那么，扈伦人的起点在哪里？

今天生活在关东大地的绝大多数东北人，是来自关内的闯关东者的后裔，我的父祖亦如此。闯关东而来的人们初到这块大地时，赋予了这块大地一个前所未有的俗称——北大荒。直到半个多世纪前，今天变成"中国大粮仓"的北大荒的开发者们，还以为自己开发的是亘古荒原。而对这亘古荒原的荒凉，流传至今的最有名的一句描绘莫过于"棒打狍子瓢舀鱼，野鸡飞到饭锅里"。东北三江平原，数十年前还是最荒凉的北大荒，而今是最有名的大粮仓。中国农业现代化程度最高的辽阔大地，一望无际的田畴为人工林所区划，反复耕种着养育数亿人口的大豆玉米和高粱。然而，友谊县作为三江平原现代化农业示范基地，所受到的前所未有的关注，不是因为它高度发达的农业，而是这块大地沉睡千余年的历史遗存——凤林古城。作为当今学界公认的挹娄时代古城的发现，揭开了关东大地乃至中国古代历史缺失数千年的章节。那是一个至今仍为中国人包括生活在关东大地上的人们备感陌生的章节。

2010年夏天，笔者怀着巨大的好奇，从吉林出发专程奔向三江平原，渴望一睹挹娄古城的模样。走向挹娄前，我对这座古城和它所置身的大地充满想象。想象这座兴建于两千多年前的东北荒原上与乌拉古城间隔一千多年的古城，呈现的将是怎样残破、"落后"而原始的面貌。

至今难忘挹娄古城留给我的出乎意料的震撼。

如果没有友谊县文体局副局长于长青先生与《挹娄文学》主编谢全真的引领，走进这座已被公认为挹娄时代王城的古城并不容易。他们是这座两千年前的古城今天的东道主，是挹娄文化最赤诚的传播者和守护者，也是挹娄文化内涵的专家。几年来他们不知已把多少像我一样的好奇者引向这座古城，以他们满怀的热情带引热爱文化的人们进入古城的历史细节……

那是夏天的一个午后，走在通往古城的路上，友谊大地为葱茏整齐的庄稼所覆盖。在一望无际的平坦田地的尽头，可见杂草与荆榛丛生的漫岗，其上生长着与田野上的人工林完全不同的、充满原生态气象的高大树木——而这有着荒原气息的荒草间和古树下，就是古城的黄土墙垣。

站在古城的黄土墙垣上，顺着于副局长的手指，眺望为古树勾勒出的城池的轮廓，不能不让人惊奇的是，这景象与我熟悉的乌拉古城如此相像。最初走上黄土墙垣，走进覆披它的巨树的树荫的一刻，我几乎忘记了是在数千里之外的三江平原，仿佛是在松花江畔的乌拉古城墙上。行走在这古城墙垣上，向城内与城外眺望，它与乌拉古城亦有太多的相像。不同的，这座挹娄古城的整体格局，比乌拉古城宏大得多，我们行走其间的与乌拉内城（紫禁城）相像的这部分，只是全城的一小部分，是它的第七城区，是这个古国半地穴式宫殿（或者议事厅）所在。

走进这座超出我想象的古城，感受它给予我的与乌拉古城相似的印象，我莫名地想到，扈伦人进入呼兰河以前，这里可能曾是他们出发的起点？或者，挹娄人原本就是扈伦人的祖先？

事实上不止我有此猜想。这座挹娄古城一经闻名，首先吸引了许许多多来自全国各地及海外的满族人（包括乌拉满族人）来此寻根问祖。

这座被发现者王学良先生命名为"凤林古城"的挹娄城池，并不是一座孤城。

跟随王学良在三江大平原上寻访古挹娄的踪迹，是一种神奇的经历。

现任双鸭山市文物管理局局长的王学良先生，我慕名来到双鸭山访问的时候，他刚刚送走一批来自黑龙江大学历史与考古专业的师生。他来不及歇息，带着我这远道而来的慕名者奔向一座又一座挹娄古城址。一路上他以发现者特有的兴致与激情，指给我们看车外一片又一片大同小异、整齐划一的田畴的边缘出现的生长野生林木的区域，他说，这是滚兔岭城址、东辉城址、兴隆山遗址群……因此，每每汽车经过一处野生树木生长的地方，我们就会兴奋地问：那是什么遗址？

王学良先生发现凤林城址以来，他最高的发现纪录是一天发现多达16处挹娄时代的遗址。他推断，挹娄时代的三江平原，绝不是荒无人烟的荒原，其村寨城池的密集度高于今天的城镇与乡村。从已发现的城址与居住址内灰坑分布计算，人口数量也极为可观。

2000年前仅在三江平原人口就如此繁盛的挹娄人，他们后来到哪里去了，什么时候、什么原因这里又人烟缈缈成为荒原的？

翻开《简明中国历史地图集》（谭其骧主编，中国地图出版社出版），东北大地东部，黑龙江中下游以东以南的辽阔地域，从商时就是肃慎人的家园。在这辽阔的地域内，几乎与中国古代纪年——夏、商、周、秦、汉、三国、两晋、南北朝、唐、宋、元、明、清相始终，从肃慎开始，其后人以挹娄、勿吉、靺鞨、女真、满族等称谓，在这块大地上上演着与中原不同的波澜壮丽的历史。数千年里，也可以说，就像大兴安岭是"中国历史安静的后院"一样，东北的古肃慎与挹娄之地，亦是中国历史的又一个后院。这个后院养育的民族，也像大兴安岭养育东胡民族一样，在漫长的历史岁月里，蓄积最充分的力量，从这里出发，目标所指都是中原方向——远在先秦，肃慎人就开始不远万里不计千山阻隔，以朝贡的方式，不断表达对中原文明的崇拜与归顺，直到有清，肃慎与挹娄的后裔女真进而满族，以祖先在东北大地积蓄数千年的有生力量，入主中原，成为中华统治民族。清朝初年，多数生长于东北大地的满族都进入了他们的远古祖先曾心向往之的中原，进而消融其间，成为今天中华民族的成分之一。清朝统治者完成了祖先积淀数千年的中原情结以后，东北大地上曾经林立的具有战备功用的城堡村寨尽皆荒废。这时的王朝统治者对养育了自己的大地表现出了一种莫名的眷顾——对东北实行封禁，把他们所谓的"龙兴之地"变成了真正安静的后院。乌拉之地，入主中原前曾经激战的战场，成为清王朝直属并专为王室生活服务的专设机构——打牲乌拉总管衙门所在。

东北的荒凉，应该就是从清朝统治者入主中原后对这里实行封禁开始的。肃慎人从数千年前就生息繁衍并不断开发的大地，仅仅一百多年的时间，就回到了亘古洪荒的状态，重新成为野生动植物的乐园……

现在学者们越来越认同，凤林古城即为挹娄时代王城所在。如果确实如此，那么以凤林古城为中心的三江平原，就是肃慎族系的发祥之地，自然也是满族的发祥之地。不可思议的是，清朝统治者定鼎北京之后，兴建的祭祀之所小白山望祭殿，设在了吉林。在小白山望祭殿，他们遥拜的是长白山神，也许在那时，长白山就已阻隔了他们与挹娄祖先的精神联系……

最近两百多年来，闯关东的浪潮，不仅改变了关东的面貌，也从根本上改变了汉民族与少数民族的比例，进一步，随着清王朝被推翻至今仅仅百年，满族的文化与传统就已全面失落，沦为亟待抢救与保护的对象。挹娄时代遗迹的发现，不仅在考古学上具有了不起的意义，对重拾与重新认识肃慎至满族已失落的文化具有非凡的意义——无疑，近几年来，有意在凤林古城举办的满族祭祖活动，是弘扬这种失落的文化传统可贵而有益的努力。

僬鸡，是中国史籍中唯一一位有据可查的挹娄人的名字。当地的艺术家以丰富的想象力，绘制了他的画像。在凤林古城举办的风情独特的祭祖典礼上，僬鸡的巨幅画像高悬在典礼台上——他魁伟强健，神态坚定，气宇轩昂，有着不凡的王者气象。这位我们所知的有名姓的挹娄人，虽然不失艺术家主观的臆想，但同时也表达了人们对这位远古祖先共同的崇拜与敬意。

而今天乌拉古城所在的乌拉街满族镇，扈伦四部乌拉国最后一位贝勒——洪匡，仍有许多后人生息在这里。这里的乌拉那拉氏不仅保留着自始祖纳齐布禄传至今天的世系谱牒，亦承续着许多来自他们祖先的记忆、生活与传统。我们无法追溯今天的乌拉那拉氏与挹娄时代的僬鸡有无关系，但可以肯定，乌拉那拉氏所具有的纯正的满族血脉，一定有着其远古祖先肃慎氏的基因。

2011年4月

古之"鹿山"今之龙潭山之谜

　　位于吉林市东部、松花江右岸的龙潭山，现代全称为"龙潭山遗址公园"，免费开放，是吉林市民四季热衷流连之所，是外地游客必来之地。吸引人的一是它的形胜，一是它承载的太多历史之谜。

　　每次走进景区，我都会在中心广场一巨型碑刻前驻足。碑刻如展开的汉简，其上铭刻的是乾隆皇帝东巡吉林登临此山时留下的一首诗。此诗最吸引我的是，诗中道出了乾隆皇帝的疑惑，实则也是我包括许多走进这里的人们的疑惑。

　　乾隆皇帝可谓迄今为止登过龙潭山最有名的游客。时间是乾隆十九年，公元1754年。他在龙潭山上留下许多遗迹，还留下了这首表达对龙潭山观感的诗——《登尼什哈山》：

> 吉林城东十二里，尼什哈山巍岌嶷。
>
> 度江览景一登峰，红绿清秋错如绮。
>
> 精蓝大士乃白衣，何代补陀飞至此？
>
> 天池澄湛万山巅，翠樾倒影波中美。
>
> 旱不知竭涝不盈，亦不飞流落洞底。
>
> 地灵雩禜固其宜，兆叶维鱼谁所始？
>
> （见《吉林通志》卷六 天章志）

尼什哈山即龙潭山。

　　乾隆，这位生逢盛世喜欢游历的皇帝，东巡至吉林，像所有外地游客一样，来到龙潭山——可证至少两三百年前龙潭山已是必至的名胜之一。他在龙潭山的足迹，在当时一定是游览龙潭山的最佳路线。如今龙潭山遗址公园将他走过的路辟为"御路"，所经每一处，都树立了碑刻标识，成为景中之景。

龙潭山吸引乾隆——这位身份特殊游客的，除了自然天成的美景，还有历史留下的种种神秘。比如远在浙江普陀山的观音堂，何年何代飞到塞外东北的这座山上成为"龙凤寺"？还有，这居于"澄湛万山巅""旱不知竭涝不盈"的天池（即水牢遗址）中的龙神，为之建庙立祀的传统是谁开创的……

乾隆帝尽管疑惑连连，面对刚刚修葺一新的龙凤寺，仍以盛世王者的气度，题写了一幅豪迈的匾额——福佑大东。他所指的"大东"，当是大中国的大东北。乾隆东巡150年后的1905年，没有到过龙潭山的光绪皇帝，在大清的国运即将走向尽头的时候，也为龙潭山题写了一匾——"挹娄泽洽"，悬挂在水牢边的牌楼上，为今龙潭山有名的三大牌楼之一。"挹娄"是满族两千年前的先世。这位末世皇帝，面对危机四伏、风雨飘摇的王朝，于绝望中祈望这里的神灵护佑祖先发祥的故乡，仍能恩泽普降、敦睦祥和。

显然在他们心中，成功入主中原的满族祖先，从来都是这里的主人。

实际上，满族及其先世，是龙潭山最早的历史主人吗？

有史记载，满族最远的祖先——肃慎，是东北最古老的民族，从4000多年前的虞舜时代就以"楛矢石砮"入贡中原并留下记载。至三千多年前的周代，肃慎氏同与之毗邻的另一族群——濊人首领，应邀参加周成王在洛邑（今洛阳）举行的全国少数民族头人大会，并肩坐在正北方席位。这是东北两大族系——肃慎与濊貊先世第一次在中国古史同时亮相。

此次亮相的记录史上有载，但因语焉不详，两三千年来，他们从哪里来，后来到哪里去了，曾是东北史上充满争议的谜题之一。

直到新中国成立之后，这个充满争议的历史之谜渐为现代兴起的考古学解开。1950年由中央人民政府派出的"东北考古发掘团"，在吉林松花江流域展开的考古发掘并命名的考古学文化——西团山文化，是吉林松花江流域青铜器时代的代表。随着考古学的发展，如今已经确定，西团山文化，是濊貊人留下的，今龙潭山、东团山、帽儿山之间的三山地带，即为濊（貊）人——西团山文化主人的活动中心，亦是后来在此基础上立国的夫余王城所在。

龙潭山山城、山城中的旱牢、水牢，是龙潭山最重要的遗址，也是有关龙潭山争议最多的谜题。近年龙潭山辟为遗址公园，新的景区大门，是一座具有汉代风格的牌楼建筑。明显的汉宫元素，很容易让人疑惑，作为公园标志的大门，为什么是汉式的？

问题本身也是答案所在。

至少从汉王朝初兴开始，以龙潭山为地理标志的东北史也发生着巨变。在西团山文化主人濊貊基础上兴起的夫余族，在东北诸族系中异军突起，建立了东北历史上第一个国家政权——夫余国。夫余国不仅有国王，国王以下有以六畜名官的各级官员，还有军队、监狱等国家机器和深受汉文化影响的城池与宫阙……其东北近邻——西团山文化时期共存的肃慎，两汉时期名挹娄，仍处于部落时代——部落各有君长、不相统属。成周大会与濊人并肩同席的肃慎氏后裔挹娄，这时"臣属夫余"，失去了曾有的平等地位。也因此，这个两三千年前，遍布吉林松花江流域的西团山文化，历经千年积淀，于两千多年前的秦汉之际兴起，在龙潭山下建都，以龙潭山为地理标志，夫余王城被称为"鹿山"之都。

龙潭山，这座松花江畔气象非凡的大山，曾有多个名字，因夫余国，始以"鹿山"第一次见著中国史册。《资治通鉴》有载："穆帝永和二年（346年）春，正月，初夫余居于鹿山……"夫余有国约七百年，前后有两座都城，鹿山之都作为前期王城，从汉初立国直到公元346年前后迁都，长达五百余年。夫余国的兴起，鹿山——龙潭山，当是这个塞外古国之于中原王朝和周邻族群最显著的地理标志，亦应是夫余国精神上的圣山。

战国时的管子有论："凡立国都，非于大山之下，必于广川之上……"这里即有广川——松花江，又有大山——龙潭山（鹿山），这样的地理条件，或许是夫余国选此立都的重要原因吧。

从这座具有汉式风格的大门进入，一条可以行车的盘山路，通往山城遗址。此路必经一古迹——"雨旸时若"牌楼，是龙潭山有案可查最早的景观标志。牌楼为中国古建风格，三门四柱，黄琉璃、红抱柱，跨路而立。两边山体林木苍苍，茂树虬枝，如礼如拜向牌楼倾俯。夏季，绿树葱茏，与牌楼相映，万绿丛中，嫣红一点，互衬得红更明艳，绿更葱翠；冬季，白山黑木，朱红木柱，上承的楼檐，为白雪覆盖……不同季节、不同物候，或雨或雪、或阴或晴，各呈其美。从功能上此楼可谓龙潭山人文第一景，也是进入龙潭山胜境及历史之谜的门户。

逆时光上溯，可追到两百多年前，乾隆皇帝也定是经此牌楼进入龙潭山怀抱的。

龙潭山这样的牌楼共三座，风格相似，各有标志性匾额。另两座，一为水牢的标志，其上"挹娄泽洽"匾额，最早为大清末世皇帝光绪所题；一为通往南天门的标志，上有现代人书匾"紫气云霞"。从形貌风格，后两座牌楼当都是"雨旸时若"的衍生。

此"雨旸时若"牌楼，究为何年始立，其上的匾额最早何人所题，不断引人探问，终无可依线索。然匾额立意，出处可究。不可思议，三千多年前商末三贤之一的箕子，在商亡后回复周武王问策的治国方略——《洪范》有言："……曰雨，曰旸，曰燠，曰寒，曰风，曰时。五者来备，各以其叙，庶草蕃庑。一极备，凶。一极亡，凶。曰休征：曰肃，时雨若；曰乂，时旸若……"

三千多年前，周武王向殷商箕子问策时，西团山文化开始在吉林松花江流域留下遗迹。这一文化主人以今龙潭山、东团山一带为中心，历经千年积淀，至西汉初期夫余国建立，成为夫余国国民。龙潭山牌楼"雨旸时若"，其意为或晴或雨或寒或暖，各以其序，都与天时相顺应。有意味的是，史料记载，"夫余国旧俗，水旱不调，五谷不熟，辄归咎于王，或言当易，或言当杀……"逆时违天，国王是要受极罚的。

《后汉书·东夷列传》《三国志·魏书·乌丸鲜卑东夷传》《太平寰宇记·东夷》等史料记载，夫余国是一个殷实富庶的国家，在很长的历史时期，直到汉末也没有被破坏。夫余国的富庶，在它的国之大典有充分的体现。夫余国在"殷正月"，举行国中大会，名曰"迎鼓"。迎鼓节是夫余人最隆盛的节日，举国同庆，"连日饮食歌舞"，核心内容是"祭天"。

"雨旸时若"就像夫余王的祈愿与自警，是巧合吗？

当年乾隆过此，是否也曾心生疑窦？

过此牌楼不远，即为山城遗址，可见一人工筑造的断崖隔路巍峨对峙，如山门，曾长期被当作山城城门所在。近年对山城展开的考古发掘，此谜已解，此处为山城墙体，人为断开，成为出入城内外、山内外的门户。

龙潭山山城形似盆状，周围是山脊，中间是深谷，山城城垣即建筑在山的脊梁之上，随山势起伏。城墙大部分为黄土掺凝灰岩碎石迭筑，小部分为黄土夯筑。据载城的西、南、北三面凹伏处各有一门，是考古发掘的重点，结论尚未发布。其中以南平台为最高，山的制高点处即指"南天门"。山城中，最重要的旱牢和水牢遗址，与乾隆走过的御路相连，都有明显的标志。

作为夫余国最重要的节日，哪里可能是它的祭天之所？

许多次，我在龙潭山城随着山脊起伏的墙垣上行走到南天门。这里总是会有许多人久久流连，无论从哪条路，条条上山的路都会通向这里。

南天门是龙潭山及其山城的制高点，也是周围松花江两岸众山的制高点。站在这个制高点上，不仅能够俯瞰到松花江如玉带萦回，浩荡南来、悠然北去，还可眺望万千群山及无际的平原……龙潭山下，与东团山之间的开阔地带，即是夫余王城所在和夫余国民的生活之域；王城之南，看上去形似草帽的帽儿山，曾是夫余人的安息之所——一切尽收南天门的视野之中。

南天门，可能是夫余国的祭天之所吗？

从南天门拾级而下，所经"南天门"牌楼，也是"旱牢"遗址的标志。旱牢就在此牌楼旁的山坡上。它与"挹娄泽洽"的"水牢"遗址就像同一双父母所生的兄弟与姐妹，彼此相像，又各不相同，一圆一方、一涸一盈，虽分处南北，又遥相呼应。它们到底是谁建造的，是做什么用的，为何分别以"牢"为名？

牢，原本为专门饲养古代帝王祭祀祖先社稷用牺牲的圈。《管子》有言，殷人的祖先"立帛牢、服牛马，以为民利"。"帛"为"亳"的同音字，有商一代多座都城称"亳都"，后世亦以"亳"称商。史界亦公认立牢传统源于商。水牢、旱牢，可能是夫余人延续商人习俗以之饲养祭天牺牲的地方吗？

龙潭山，260多年前乾隆皇帝的慧眼看不透它们的真相，直到今天它集合了太多历史之谜，仍引人遐想。

"福佑大东""挹娄泽洽"，两位肃慎氏（挹娄）的优秀后裔，以这样的笔调寄望这座有灵之山也是恰切的。"挹娄，古肃慎之国也。在夫余东北千余里，东滨大海，南与北沃沮接，不知其北所极……自汉兴已后，臣属夫余。"（《后汉书·东夷列传》）挹娄与夫余的臣属关系，最终为挹娄的后世勿吉所颠覆。公元464年，存国长达七百余年的夫余国，最终为"勿吉所逐"而灭国，从此肃慎族系后裔——勿吉、靺鞨、渤海、女真、满族，先后成为濊貊故地的主人。

往事越千年。两个曾经对峙的族群，先后都退出历史舞台，只有龙潭山如故。这里护佑过它们的"神灵"并没有随之云散，不知起于何时的有关"龙"的传说，在此继续获得越来越现代的演绎……

2018年4月

第三辑　记录

　　乌拉陈汉军旗单鼓舞，是国家级非物质文化遗产，也是乌拉文化独一无二的非遗瑰宝。传承它的人群，是打牲乌拉重要家族；这一文化承载的内涵，可追溯至流传久远的"唐王征东"。面对不可抗拒的消亡，记录也是有力量的保护。

"乌拉陈汉军旗单鼓舞"内涵探析

"乌拉陈汉军旗单鼓舞"，是国家级非物质文化遗产保护名录中对一项内容广博的非遗项目的现代概称。这一文化进入非遗名录以前，自20世纪80年代被发现以来，就受到文化学、宗教学和民族学等领域的广泛关注，甚至是多所大学重点研究目标，且产生丰硕成果。

这一文化历经半个多世纪的研究，其活态存在，并未随着研究的深入与广泛而得到更充分的发展，相反，许多曾经存在的，如今多已名存实亡，"乌拉陈汉军旗单鼓舞"成为唯一保存较为完整的活态遗存。这项宝贵而独特的非物质文化遗产，要了解其内涵与价值，首先需要明晰"乌拉陈汉军旗单鼓舞"这一称谓所应有的含义。

"乌拉陈汉军旗单鼓舞"的含义 "乌拉陈汉军旗单鼓舞"，就概念本身，具有狭义与广义两种含义。

其狭义，是指乌拉陈汉军旗祭祖续谱典仪的一部分，坛中人称之为"腰铃趟"，是典仪中最具表演性的单鼓与腰铃舞；其广义，是乌拉陈汉军旗祭祖续谱烧香典仪全部仪式的代称。从进入国家级非物质文化遗产名录开始，无论是狭义还是广义，都属于这一项目的应有内涵。

作为国家级非遗项目的"乌拉陈汉军旗单鼓舞"，就整体性而言，属于当代人类非物质文化遗产抢救与保护工程成果的现代称谓，这一称谓的内涵却是具有明确的地理范围和历史背景的，是特定地理、特定历史中的特定人群所代表的特定文化的总和。

所谓单鼓，是这一文化中所用代表性器具的诸多名称中的称谓之一。单鼓又有太平鼓、三皇鼓、花仙鼓、花鼓、神鼓等名称。历史上，乌拉以外地区民间对这种持鼓边鼓边舞的人，称之为"跳单鼓子"，以此来指称这种祭祀文化，以区别其他祭祀文化；在乌拉习俗中，则以"汉军旗香""旗香文化"或"打旗香"称之。

乌拉对这一习俗的称谓，是与其存在背景分不开的。在乌拉历史上，因人群不同曾盛行三种不同的烧香形式，即满族烧香、汉军旗人烧香和民人烧香。三种烧香的目的，均是以祭祖（续谱）为核心而烧官香、太平香或还愿香，以祈福禳灾。学术界多以"旗香文化"称谓汉军旗人的祭祖烧香仪式。"乌拉陈汉军旗单鼓舞"也可谓这些历史上存在过的诸种称谓的总称。此外，"乌拉陈汉军旗单鼓舞"的含义，还包括这一文化存在的特定地域与特定人群。所属地域——即"乌拉"，所属人群——即乌拉地域的"陈汉军旗"人。

总括起来可以说，"乌拉陈汉军旗单鼓舞"的全部含义，是指在乌拉地区陈汉军旗人中保存的一种以单鼓舞为突出特征的祭祖续谱烧香典仪和与之相关的一切文化的总和。特定的地域、特定的人群和与之相关的生活与习俗，无疑是这种祭祖续谱烧香典仪存在的土壤与根基，是这一项目不可忽视的有机组成部分。

乌拉作为地域名称，是现实概念，更是一个历史概念。现实的乌拉，指今天的吉林市龙潭区乌拉街满族镇；历史的乌拉，一是指明代乌拉国都城所在，一是指清代打牲乌拉总管衙门辖区。今天的乌拉街满族镇，是历史的乌拉的延续；历史的乌拉，是今天乌拉的根基，是"乌拉陈汉军旗单鼓舞"这一国家级非物质文化遗产存在的土壤。

"陈汉军旗"是一个纯粹的历史性称谓，特指因清朝八旗制度而产生的特定人群。八旗制度随着清王朝的灭亡而终结，但是这个制度下的历史性人群，并未随社会的变迁而消失，他们仍生生不息地存在着，成为"乌拉陈汉军旗单鼓舞"习俗的保存者，这项国家级非遗项目的传承人就产生于这个人群。

昔日的乌拉"陈汉军旗"人，在乌拉本土，其族属均已成为满族，是今天乌拉街满族镇的主要成员。他们的来历、发展、演变，以及生活、信仰与习俗，是"乌拉陈汉军旗单鼓舞"这一国家级非物质文化遗产存在的前提。

"乌拉陈汉军旗单鼓舞"的核心内容，是乌拉汉军旗人为祭祖续谱、喜乐祖先、祈福禳灾而举行的特有的祭祀仪式，又名烧"官香"与"太平香"（或"还愿香"）。仪式盛大隆重，纷繁复杂，博大精深。仪式现场称之为"喜洛坛场"或"金花坛"，围绕"迎神""接亡人""放神""送神""送亡人"等，以单鼓、腰铃为主要乐器，以高亢悠扬的神歌、精彩的腰铃趟、抓人心魂的放神舞等为表现形式，仪式全部主旨，概括起来，被称之为"喜乐祖先"。喜乐祖先即烧香的目的，是让故去的亡人，保佑烧香家族辈辈安康、家族繁盛、兴旺太平……

总之，"乌拉陈汉军旗单鼓舞"作为一项宝贵的国家级非物质文化遗产，是现实的，更是历史的，某种程度上可以说，是历史内涵的现实延续，历史与现实不可分割。今天的现实，是历史根源性遗存的活态标本。活态传承中保有的人类精神、民族心理、生活习俗、历史密码等丰富的基因，以及衍生的独具特色的文学、音乐、舞蹈、美术等多种艺术内容，均是这一文化遗产的具体体现。

汉军八坛之说 "乌拉陈汉军旗单鼓舞"，民间俗称"汉军旗香文化"。目前，在学界和汉军旗香文化保存地乌拉一带，关于汉军旗香流传有"上三坛"与"中五坛"或"下五坛"之说。相传祖师爷杨子修先传上三坛，再传中五坛，没有传下五坛，也就是说，下五坛没有存在过。相对上三坛，民间习惯称中五坛为"下五坛"。不论上三坛中五坛，还是上三坛下五坛，共为八坛是没有异议的。"八坛"之说，在各坛所传的神歌中亦有传唱。在弓通张氏神辞里，有"本坛八坛"之称。

汉军八坛之说，一定有它的来历。传说上三坛与中（下）五坛之别是，上三坛均为陈汉军旗人，中（下）五坛均为新汉军旗人。上三坛传"王学（xiáo）、廖学（xiáo）、常学（xiáo）"三姓，中（下）五坛传"曾、谢、万、胡、侯"五姓。作为非遗项目的"乌拉陈汉军旗单鼓舞"的传承者，一是指直接传自王学一脉的弓通张氏坛班，即"王学坛"。一是指间接传自常学一脉的大郑常张氏坛班，即"常学坛"。廖学一脉只有神本遗世。廖学坛及中（下）五坛仪式已失传。

现在的王学坛，又被习惯称为"弓通张氏坛"。这一称谓的由来，一是王学之后的掌坛人张荣阁，出自弓通张氏。张荣阁的弟子多居弓通，他之后的掌坛人和现今坛中成员，均出自弓通张氏本族。王学坛被认为是上三坛的首坛，以"王学"为老老师傅，传承完整、世系清晰，是"乌拉陈汉军旗单鼓舞"最重要也最受关注的传承者。

现在的常学坛，坛中无一常姓，因掌坛人张俊文是常学弟子，坛中成员均拜他为师。因张俊文所居为大郑村，曾被称为"大郑常张氏坛"；又因坛中人姓氏各异，学术界亦曾称之为"八姓坛"。这一坛的构成与坛员来历都很独特，可谓常学一脉的演变。他们的存在，是对这一文化现实存在的丰富与补充。

乌拉陈汉军旗单鼓舞即陈汉军烧香典仪，民间俗称"打旗香""跳单鼓子"等。祭祀者亦称"顶神弟子""神将""香童""察玛"。以"坛"为单位，一坛由一位掌坛人和多位坛员构成。以今王学坛为例，每一坛成员来源，不一定来自同一姓，但均来自汉军旗户，烧香对象亦不拘于某一族一姓，凡汉军旗户均可为其烧香。祭祀对象和神歌颂唱的诸神如天神、城隍、太尉、眼光、五道等及中华英雄神如先锋、关爷、唐王等（统称二十四铺神，实际上不只二十四铺神）。诸神中除鹰神和虎神两铺野神外，其他均为中原汉文化英雄神、道教神及佛教神祇。

"陈汉军旗"称谓探究　今天的乌拉，指吉林市龙潭区乌拉街满族镇政府所在及所辖范围，现"乌拉陈汉军旗单鼓舞"传承人王学坛与常学坛所有成员，均属乌拉街满族镇所辖村屯。

作为"乌拉陈汉军旗单鼓舞"——这一国家级非物质文化遗产的活态传承者，被冠以的"乌拉陈汉军旗"，所指"陈汉军"，深究其属性，是有意为之的。这个人群源出于汉族，在清代所属旗籍为满洲旗而非汉军旗。或者说，所谓陈汉军，是既有别于满洲旗的女真人又有别于汉军旗的汉人。

这一概念本身，也限定了这是一个有特定历史来历的人群，这一非遗项目，就是由这个特定人群来传承的。这个人群与所传承的文化是什么关系，暂且不论。但这个人群与"陈汉军旗"这一称谓的关系，是不能忽视的，某种程度上可以说，这不仅关乎传承人来历与存在的历史背景，也关乎这一文化何以在这个人群中得以传续的秘密。

关于陈汉军祭礼，徐鼐林主修的《永吉县志》有载，其中对祭祀人群的陈汉军旗身份，亦有记述。《永吉县志·礼俗志》中《陈汉军祭礼仪度纪略》一节记道："吉林汉军旗籍，有新陈之别。隶满洲厢（镶）黄、正白两旗协领所属第五佐领管下者，陈汉军也。其有边台、驿站、水师营、官庄丁，或以考试、或以军功得入鸟枪营八旗者，新汉军也。揆新、陈意义，是犹满族有佛满洲、伊彻满洲之称，蒙古有锡伯、巴尔虎之分也。今揭陈汉军祭礼言之，当汉军祭祀之始，有以年丰岁稔，追远致祭者，俗曰烧太平香。有以子孙因病许以十五岁为尸主者，俗曰抬神……"此记载所谓陈汉军，就是特指满洲八旗中镶黄、正白两旗中的汉军旗人，且是满洲八旗上三旗的成员——弓通张氏为镶黄旗，乜司马等村的常氏为正白旗，均在其中。

王学坛弓通张氏先祖的来历，原为由盛京内务府满洲上三旗拨迁或者说内部调动到隶属清廷内务府的打牲乌拉任职。据弓通张氏族谱记载，这个家族来乌拉之前，其先祖隶盛京内务府，被编入满洲八旗镶黄旗。从这个意义上，弓通张氏在后金及清初，属于佛满洲八旗镶黄旗，也因此，其始祖德耀的名姓，被收入《八旗满洲氏族通谱》。打牲乌拉总管衙门设立于顺治十四年（1657年），张氏于顺治八年迁到乌拉，显然是内务府为打牲乌拉总管衙门的筹建特命而来的。

自从乌拉陈汉军续谱祭祖习俗成为非物质文化遗产抢救对象开始，乌拉弓通张氏和今土城子乡乜司马村及乌拉街镇大郑等村的常氏，为世界所瞩目。这两个家族来源，先世均为盛京内务府包衣，在乌拉分别为陈汉军镶黄旗与正白旗，现族属均为满族。

陈汉军旗这个人群，在八旗制度中是较为特殊的存在，其"特殊性"本身，不仅作为"乌拉陈汉军旗单鼓舞"这一命名值得探讨，之于这一非遗项目何以在这个人群中得以传续亦不容忽视。

打牲八旗的设立是在总管衙门设立后的顺治十八年（1661年）。初只设满洲八旗，张氏来到乌拉后，亦属打牲八旗满洲镶黄旗。正白旗常氏与张氏来历相似，不同的是，常氏先祖常朗为明朝名将常遇春第九世孙。据满族学者尹郁山先生考证，常遇春本为回族，其九世孙常朗世居辽阳成为汉人。其后代以汉人入盛京内务府成为包衣人，编入满洲上三旗正白旗。

汉军旗香祭祀对象与目的　　清朝的国策，规定凡是旗人，视同一体，在乌拉被视为满族故乡之地，拨迁于此的隶属内务府的上三旗汉人，在与满族同地域共同生活的数百年间，入乡随俗，从生活习惯到民族心理，越来越满族化或者受满族深刻的影响，都是必然的。某种意义上可以说，乌拉陈汉军是已完全满族化的汉人。在传统满族全面汉化的进程中，新中国成立以后民族归属的确认上，仍居乌拉的陈汉军旗人，族属均认同为满族，是当代满族大家庭中没有争议的成员。

乌拉陈汉军旗祭祀，祭祀者称神将、顶神弟子、香童等；烧香人家，神辞中有称"施主""官阁""事主"等。烧香人家烧香的目的，是给"故去的亡人上明堂"，而设"喜乐祖先"的坛场，是将所信或所敬的神和家族故去的亡人请回来赴宴。但是，乌拉陈汉军旗人烧香仪式所供奉和所请神灵，有代表诸天神的"上神"——关爷、丰都（即酆都）、眼光、五道等，还有先锋（唐朝名将薛仁贵）、王子（唐朝皇帝李世民）及随唐王征东的诸多名将。

关于汉军旗烧香与唐王征东的渊源，王学后人保存的《汉军坛序》有这样的记载：

汉军祭神源于大唐太宗东征高（句）丽。平乱班师回朝，阵亡将士英灵难过山海雄关。子夜梦奏唐王用巫仪超度，得以过关西归，此夫流传民间为祭神起度祭祀之源也。

今常学坛所用张世范抄录的神本《坛续》这样记道：

起源于唐朝，以唐王征东，在唐二主封薛仁贵为先锋官，在宋祖仁宗皇帝坐殿，三年二月十九日，祭龙坛，仁宗皇帝拜三坛为主，天坛地坛龙坛……

从神歌和坛续可见，汉军烧香起源可谓久远，最远可上溯至一千多年前的唐代。而传续这一文化的人群，在乌拉的历史不过三百余年。

2016年5月

汉军旗香文化源流与传续真相

乌拉汉军旗香文化关于上三坛与中（或下）五坛的说法，并非只是传说，最重要的文献出处是各坛与神本一同传世的坛序。无论在学术界还是乌拉民间，汉军烧香文化流传"上三坛与中五坛（亦有称下五坛）"之说，其文献依据就是所传神本的序言，被称为"坛续"或"坛序"。

笔者目前所见以下几种坛序。

乜司马汉军常氏《坛序与神本》中的"坛序"这样记道（标点为笔者所加）：

圣主仁皇帝登极坐殿，三年二月十九日祭龙坛。圣主仁皇帝操拜三坛为主天坛地坛龙坛。陈汉军之根籍，乃杨子修传流，姓杨字忠义，道号其蓝老主，传流立祖上三坛、中五坛。中坛行五，胡侯谢曾万。上三坛、中五坛成立。安神位西方呢啦哦佛、如来佛、五老天尊、四大君王、佛上神之位，雷公伞旦、三皇中央火神文武财神师父太爷山神土地五道。主师爷修于老白山，传流三五坛之根籍，位于白山东南山角巽山洞。

现常学坛所用张世范抄录的神本《坛续》这样记道：

起源于唐朝，以唐王征东，在唐二主封薛仁贵为先锋官，在宋祖仁宗皇帝坐殿，三年二月十九日，祭龙坛，仁宗皇帝拜三坛为主，天坛地坛龙坛。陈汉军之根基，指杨字修之传统，杨子忠的义道儒其兰老祖。三坛中五坛，胡侯谢曾万。中五坛安神位，有雷公雷母为三王之事。陈汉军以二十铺神为主要的唱词。老祖师傅修道位于长白山东南角下，异山洞。各坛的神祇不一样，有的用香招，有的用一蒿。

两份"坛序"在《神本》序言位置，与神辞一同流传。坛序的存在，无疑是解读陈汉军烧香文化不可忽视的文献资料。坛序虽短，但涉及的内容很多，且历时久远，有些内容有待深入研究才可能分辨真相——比如

《坛续》中提到的康熙"三年二月十九日祭龙坛"以及操拜三坛之事等。《坛续》所指三坛"天坛、地坛、龙坛"与今流传的"上三坛"是什么关系，有无关系？《坛序》真切地记述"中坛行五，胡侯谢曾万"，说明"胡侯谢曾万"五姓，祖师爷杨祖修传时分别代表中五坛，与上三坛是什么关系？或许因为时间的久远，其中原本明确的含义，我们已难以释读。以上两份坛序，原本出于一门，但从坛序到神本均有很大出入，从中可以想见流传中的衍变现象。弓通张氏张忠华所藏其父张荣武手抄本《陈汉军张氏本坛二十四铺神辞》没有坛序，传承人张忠华对这一文化由来的阐释与常氏坛序亦有不同。

此外，社会各界及学界对此有几说，没有共识。有代表性的看法有以下几种：

当地一说认为上三坛是由陈汉军旗人构成并掌坛，中（下）五坛由新汉军旗人构成，上三坛出于王、廖、常三个家族，中五坛以胡、侯、谢、曾、万五个家族各为一坛，共八坛。

一说以著名学者尹郁山先生为代表，认为上三坛中（下）五坛指的是汉军烧香组织内部结构，一坛指一姓，其中一姓为掌坛世家，代代掌坛人都出自一家，另两姓为掌坛世家的陪坛者，从属掌坛世家，三者构成上三坛；"胡侯谢曾万"五姓为中（下）五坛，与上三坛构成从属关系，位置不可替代。

一说认为，当年祖师爷杨子修传的时候，可能先传三姓弟子为上三坛，又传五姓弟子为中（下）五坛。后来八姓弟子再往下传，是为上三坛下五坛。不分姓了。

事实上，乌拉后来坛班很多，不只八坛，姓氏也不止此八姓。

对乌拉民俗深有了解、对汉军旗香亦很关注的满族学者关云蛟先生，他提出不同的见解，还拿出了一份与王学坛有关的"坛序"。他认为，传说中上三坛中五坛的说法，和乌拉的王、廖、常与胡、侯、谢、曾、万没有关系。这应当是指最初创立这一文化的祖师爷杨子修，先传三个徒弟，其后各领一坛，称上三坛，又传五个徒弟，各领一坛，为中五坛。王、廖、常和胡、侯、谢、曾、万是指祖师爷亲传的弟子的姓。之所以叫上三坛、中五坛，说明他还准备再教五个徒弟，为下五坛，但有什么原因没教成，就传下来这八坛。这八坛的成立，应该是康熙年间的事儿，也不可能发生在乌拉。以后这三个徒弟各自立坛，另五个徒弟各自立坛，各收徒弟，上三坛、中五坛是这么来的，就像一个始祖的八大支，以后不断分支，越分越多。不管怎么分，你是从上三坛来的还是中五坛来的，是很清晰的。附会上三坛就指王、常、廖三个姓，中五坛就指胡、侯、谢、曾、万五个姓，这没道理，也说不通。

关云蛟先生以张荣波先生抄录自王学后人的一份《汉军坛序》为佐证，内容如下：

汉军祭神源于大唐太宗东征高（句）丽。平乱班师回朝，阵亡将士英灵难过山海雄关。子夜梦奏唐王用巫仪超度，得以过关西归，此夫流传民间为祭神起度祭祀之源也。

大清康熙年间有辽阳人氏姓杨名忠字子修，自幼聪颖好学，过（遇）异人传奇门之术、吐纳之法，自此每月踏罡步斗，餐风饮露，精心潜修，后入长白山坎离洞修炼廿载后重返民间，传人设坛，鸣鼓请神之序。先后共传八姓家族，王、廖、常、曾、谢、万、胡、侯，亦称关东八坛。时光流逝，岁月更迭，八坛再传不计数也。自始汉军祭神之式遍及关东矣。八坛请神之序，西方呢啦哦佛如来佛东方上神壹佰贰拾位五老天尊四大天王三皇五帝水火之神唐王祖师土地无常五道三百六十祖师（野神未计）本家各辈太爷。

此记为本坛相传上三坛，杨忠祖师先传王、廖、常三族故称上三坛。王氏家族三世察玛王云龙于大清乾隆三十五年元月望日记 ——抄录者张荣波 2015年大暑日

廖学一派，有关其人及家族的信息很少。访问关云蛟先生，知廖氏一族，亦为陈汉军镶黄旗。他曾接触过廖学一派一位传人叫杨志云。据关云蛟先生介绍，20世纪80年代，他当时为吉林市满族研究会会长，杨志云先生找到他，和他讲述过汉军旗香。关云蛟先生是满族，当时全心关注满族

民俗与信仰研究，对汉军旗香的看法，认为不属于满族文化。他印象中，杨志云唱得好，鼓打得好。杨志云后来凭记忆写成《汉军祭祖神语》稿本。杨先生手写此本时已86岁。此文本长达三万四千余字，想象如此高龄的杨先生，将如此长的文本凭记忆一字一句抄录下来，可见其对这一文化的拳拳之心。该手写稿本他曾交给关云蛟先生，关先生的一位朋友将杨志云的手写稿本打成电子文本，后关先生将手稿本又交还杨志云。笔者通过关先生，看到了杨志云先生手写本的电子版。杨先生手写本开头，可谓序言部分如下：

我原籍吉林省永吉县土城子满族乡蔡屯人

现住吉林市昌邑区新华一小区九号楼一楼

我现年八十六岁1920年生人

我从十七岁拜陈福田老前辈为师学习。我二坛第四代弟子，从1949年中断五十多年，在最近听到党的民族政策又进行研究历史民族风俗文化，有上级领导组织工作，各民族要发挥传统、历史风俗经历，我重新回忆整理了此神本以备参考材料便查根据供给领导组织参考备录。

汉军领坛察玛　吉林市殡葬管理处退休工人杨志云

2005年10月

从此序中可知，杨志云称自己是"二坛第四代弟子"，二坛当为上三坛"王、廖、常"三姓中的廖姓坛。但他的师傅也不是廖姓，"我从十七岁拜陈福田老前辈为师学习"。说明从他的师傅陈福田开始，廖学一脉就已传非廖姓弟子。从王学、廖学、常学当为同一时代的著名掌坛人来推算，陈福田或许为廖学所收外姓弟子之一。杨志云拜陈福田为师，称他为"老前辈"，说明其年纪已不轻。杨志云出生于1920年，他17岁时，为1936或1937年，时间比张俊文拜常学时间略早。他拜陈福田时，陈应已是一位有丰富经验与影响的老师傅了。

杨志云17岁拜师，至新中国成立，他三十多岁。他应该在1949年烧香中断以前，就已是廖学一脉的掌坛人。也因此，在中断五十多年后，他以86岁高龄能够如此完整地将祭祀仪程及神语记录下来，可见其功力之扎实，从中亦可见老一辈汉军察玛对这一文化的情怀和为了不使其湮灭所做的不遗余力的努力。

廖学一脉，或许作为上三坛之"二坛"，它的历史与变迁应该与另两坛有相似的经历，只是被岁月消释得更为彻底。好在因杨志云先生的努力，最核心的神语，得以传续下来，成为廖学一脉留给后世的宝贵遗产。

省级代表性传承人张忠华对汉军烧香来历的记忆，有与以上几份坛序不同之处：祖师爷为杨祖修、杨祖义兄弟俩，在长白山修炼二十年，传下八坛。两兄弟一个在长白山东山、一个在长白山西山，所传弟子，被区别为"东山"与"西山"派。东山与西山所传内容大同，其小异的区别在调门上。他认为，当初王学与常学所传为东山，廖学为西山。作为坛中当事人，他的源自口传和亲身经历的讲述，可备为一说。

张忠华：都传坛班有王学、廖学、常学，是上三坛。实际上这是三个有名的掌坛人。一个是王学，他本人名叫王禄。王学住在大口钦这边有个屯叫桦树嘴子，再早叫桦树村；一个是常学，叫常文长。常学待的那个屯，去大郑不是有一个水泥桥吗，就在那个水泥桥半拉，那儿叫小常屯；有个廖学，廖学传下来这个名，本人叫啥咱也不知道，没见着过他们的人。但我知道这个廖学和俺们不一样，他们是"西山"。为什么说廖学是西山呢？比如我们是东山的，我们一开声，"哟嚎——"声往上，"哟嚎——哎哎咳咳咳"，往上走，西山我还真学不好，声往下压，声还小。

你说我没见过这个，我怎么知道它不一样？一是你学这个，师傅得教，另外你干啥得学啥。你必须去看去了解，你不知道的，它存在了，就会有知道的，你经常和别人探讨这家那家，你也就都知道了。你比如说张俊文这块，张俊文和老常家，和常志谦他俩说是师兄弟。赶后呢常志谦想恢复，他用的响器，腰铃我们叫响器，头一次，常志谦找的我，我帮他做。他们头一回烧香，画谱，常志谦也找的我，也是我帮他找的人，找这街上文化馆的常铁生给画的。常志谦我们常在一块，他走路都这样式了（蹒跚状）。他给我打电话，说张师傅，我上你那住一宿，行不行？我说，这话说得，咱俩有啥说不行呢。他说那我这就去。打车来的，天都黑了。赶那以后，他们就开整了。他们就是"一嚎"，常志谦说张老师还是你们的"哟嚎"好，我也改哟嚎。搁那以后，他改的哟嚎。改了哟嚎以后呢，它不合辙。他那个神辞，神调还往下压呢，你光改了哟嚎当啥！你比如说咱们烧香，哟嚎是头一声，"哟嚎——"，这头一声是什么意思呢，就是对神灵的呼唤，告诉他们呀，我们有事了，我们祭请神灵，请神灵来，哟嚎就是这个意思。起神，凡是起神都有，"哟嚎，哎哎咳咳咳，忽听啊上方啊金鸡叫，又听啊下方啊鼓槌声"，调门俺们是往上升，他是往下压，咱们学不好。东山和西山的调门不一样。

老常家属于东山还是西山？常志谦活着时，我跟他探讨过。他说他是跟常学学的。他说的也有道理，因为啥呢，常学是他们的本家，你本家有，为啥上别人那学去？但你和常学学的，王学、常学都是我们这个调门，俺们是和王学学的，他和常学学的，怎么还往下压，是西山的调门呢？这事我还真弄不通。廖学没有传人了，廖学始终是留这么个名，啥样咱没见过。

我知道历史上就只有王学、常学、廖学，再没别的称"学（xiáo）"的了。这暂都说这三学（xiáo）是上三坛还有下五坛谁谁谁，它们是怎么个关系，我不知道。我们是这样称的，称"本坛八坛"。很早很早以前的事儿，谁也说不清了。要我说我们这行是怎么传的，我就这么说：是当地有这三个师傅，三个师傅就搁他的师爷、他的师傅那学的，他们又往下传。传到我，我就知道，我的师爷姓王，我的师傅姓张，是我本家大爷，我的大爷传给我。

俺们老张家是顺治八年来的，我们是在辽阳入的旗，后来到了沈阳，以前这里不会有这种文化，有汉军旗人的地方，才会有这种文化。

我们来到这儿是顺治八年，但我们入旗不是呀，我们是在辽阳入的旗，后来又到沈阳，从沈阳到这儿，是随着打东珠过来的，来这儿也和这个（旗香）文化没啥关系。与谁谁传啥，先辈没说。你要问我，我只能这么说：我的师傅是我本家大爷，我的师傅叫张荣阁，我的师爷是王学叫王禄，再往前我就不知道了。过去的神本子都很少，都是口传。

过去我师傅那辈称自己的师傅王学、常学、廖学，这是他们的名号，这几位都是掌坛的，各领一支儿，再往后没有称"学"的了。为什么从他们这么叫，没有解说。他们也有师傅，也是传代传下来的。最开始的祖师爷叫杨子修，据我师傅说不是一个，是两个。他们是两兄弟，一起在长白山修炼，一个住在东山一个住在西山。传的内容都一样，那个味儿有区别。张俊文他们那伙的调就和俺们不一样。下五坛，东山西山也都有。

从坛序及代表性传承人的讲述可知，上三坛中五坛的历史，最早始于清康熙年间。其中王氏家族所传坛序的记述者王云龙，是其三世，记述时间为"大清乾隆三十五年元月"，此时清朝历康熙、雍正、乾隆三世，时间相应，可以参酌。借此推算，至清末民初，上三坛传至王学、廖学、常学当不止五世。

从王学后人所传坛序，"此记为本坛相传上三坛，杨忠祖师先传王、寥、常三族故称上三坛。王氏家族三世传人王云龙于大清乾隆三十五年元月望日记"可以推想，祖师爷杨忠所传上三坛各姓，曾经是在本家族内传，王姓一坛，至乾隆三十五年时已传三世，传承人叫王云龙。此信息如可据，综合另两份坛序信息，八坛创立时间"圣主仁皇帝登极坐殿，三年二月十九日祭龙坛……"指康熙三年（1664年），王姓传至乾隆三十五年（1770年）王云龙时为三世，由王云龙传至王学（名禄）时，至少是五世或六世。

据坛中人讲述，王学、廖学、常学三人当生活在同一时代，主要活动时间为清末和民国年间，是上三坛传人，是当时诸坛中最著名的掌坛人。这个时期，是乌拉陈汉军烧香最繁盛时期，与之相应，也一定是乌拉汉军旗人各族各氏作为香主对此需要也最盛时期。烧香人家多，也带动着坛班的发展。汉军旗人烧香，除了举族祭祖续谱"烧官香"，多数是各家各户烧太平香、还愿香或家中人许神前效力的"抬神"。王学、廖学、常学三位掌坛人，他们又分别是上三坛王、廖、常三族的正宗传人，他们在这一行中影响大，拜师或抬神入门的弟子也众多，因而声名鹊起。传自康熙年间的"王、廖、常"三族，无法统计曾有多少位大察玛，但各族传自王学、廖学、常学三人，才被冠以某"学"的称呼。这称谓始于他们也止于他们。王学、廖学、常学成为上三坛最有影响的代表。

据此我们可以复原一下汉军旗香历史传承的真相。

以上三坛王氏为例，在王学以前王氏各世坛中弟子应均为本族，属于家族内传，王禄堪称其家族最后一位掌坛人。从王学开始，他所传弟子不只王姓，如弓通张姓。坛中口传，王学共传三十余位弟子，张荣阁为王学大弟子，是继王学之后王学坛第一位掌坛人，上三坛王姓家族内传的烧香传统，从他开始打破，由张氏掌坛。上三坛其他两姓，情况也当如此，只是传承脉络不如王学坛清晰，甚至失传。

弓通张氏加入烧香组织从张荣阁开始，弓通张氏坛成为继王学之后，远近最为知名的烧香坛班。张荣阁作为出色的掌坛人，他的弟子也很多。他收的弟子也不局于某一姓氏，但是他作为弓通张氏本族的一员，自然对本家族影响最大，本族入坛人数也最多。他曾是弟子张荣武家的房户，同住一个屋宇下，张荣武拜他为师。作为张荣武之子，张忠华8岁时因病亦拜他为师，并举行了抬神仪式，成为他众弟子中年纪最小，也最钟爱的一位弟子。

八坛的来历与传说，自然不会是空穴来风，可谓渊源自有。

2016年6月

214

现存乌拉汉军旗香神辞遗存概况

　　神本，为记录神辞或神谕的文本，是汉军旗香文化的基本内容与灵魂，如同戏剧的一剧之本，没有这个灵魂的存在，汉军旗香文化便失去存在的依托、意义与价值。汉军旗香文化的神本，依其核心内容，又普遍称为"二十四铺神辞"。

　　神谕内容的传承，基本上是以口传心授的方式。这种方式一是文化本身神秘性的需要，同时也因为传承者均是不识字的农民。即便有文字本，也是掌握在掌坛人及其后人手中，秘不示人，坛中人都难得一见。

　　笔者见过七种神本。

　　第一种，目前乌拉地区最早也是唯一出版发行的汉军旗香神本，以附录的形式，收入1992年出版的长白丛书《满族萨满跳神研究》，编著者石光伟、刘厚生。该附录以"吉林省永吉县土城子满族朝鲜族乡乜司马屯汉军旗香《坛续与神本》"为题，其前言介绍了该神本（及坛续）的来历——

　　这本资料中"神本"的原件，是吉林省永吉县土城子满族朝鲜族乡乜司马屯汉军旗萨满常恕春于1939年"学乌云"时，在老师傅传授下亲手抄录的；"坛续"则是常恕春的师傅常宗焕于中华民国初年所抄。……1985年2月28日，常恕春同志毅然决定，将三册神本，一件坛续，全部献给国家……

　　此神本可称为"乜司马常氏本"。此本可堪是上三坛常氏（常常氏）所传的经典神本。今传自常学的常学坛的神本与此本不同，显然不是一本。为何不同，有待探究。

　　第二种，今保存在王学坛弓通掌坛人张忠华手中的神本，为他的父亲张荣武手抄本的复印本。张忠华说，此本得以保存下来，多亏富育光先生。此本封面有富育光先生的题字："陈汉军张氏本坛二十四铺神辞，吉林陈汉军 张忠华惠存二〇〇五年元月。"

此本为张荣武抄本，可谓王学一派传本。富育光先生评价此本，是汉军神本中内容最为完整的本子。最为可贵的是，从神本到典仪，在这一脉中都较为完整地传承了下来。张荣武为张忠华的父亲，父子俩师承张荣阁。张荣阁师承王学，并成为弓通张氏坛班第一位掌坛人。

第三种，由杨志云凭记忆整理的《汉军祭祖神语》，此本前言如此记道："我原籍吉林省永吉县土城子满族乡蔡屯人，现住吉林市昌邑区新华一小区九号楼一楼。我现年八十六岁，1920年生人。我从十七岁拜陈福田老前辈为师学萨满，我是二坛第四代弟子……"从"二坛第四代弟子"的记述和知情者传述，此本为廖学一派传本。

以上三本，堪称汉军旗香文化的经典神本。特别是作为上三坛"王、廖、常"的范本，即是关于三坛最重要的传世文献，同时，三本的共存，也为旗香文化的研究和对这一文化内涵的认识，互为参照、互相佐证的珍贵资料。

第四种，手抄本。神本用一横条笔记本手抄，字体工整。正文前一页整页记有如下文字："关东八坛 上三坛满族陈汉军镶黄旗 吉林乌拉桦树宋氏神本子 汉军烧香祭祖用"。神本正文最后，有"2001.12.5"字样，当是抄录时间。此本说明，所出自的"乌拉桦树宋氏"，与王学为同村，为上三坛，可以推想是王学一脉的一个分支，是否为王学弟子，有待探究。此本可作上三坛神本的一个补充。

第五种，为今常学坛各成员人手一册的打印本。神本开头有"汉军旗香"字样，正文前起首两行记道："作者简历：张世范吉林省吉林市乌拉街满族镇人，47岁，在常氏和张氏家族的推荐下，拜志谦大伯为师，成了文亮、常学的第八代弟子……"此本是常学坛张俊文侄子张世范的手抄本，但此本显然与乜司马常氏本不是一本。

第六种，手抄本的复印本，封面上部，书"神谱"两字，谱字旁有一圆形刻有"万士学"字样的名戳，中部为"丁亥年金丁"字样，其下为

"公元一九八五、正月初廿七抄"，下部落款为"万士学执"，其旁有一与上部同样的圆形名戳。正文最后落款处有"于公元一九八五年三月廿六日（万士学戳记）旧历二月初八，抄录神书 忠"字样，说明此手写本抄录者名"忠"，所抄为"万士学"持有的本子。是否为中五坛"万姓"所传，值得考证。

第七种，手抄本，开头有"陈汉军中五坛胡氏祭祀神谱"字样。正文最后有"2012.1.11"，当为抄录时间。此本当为中五坛胡姓所用神本的抄本。

以上第四至第七种，由乌拉街镇中心校满语老师胡彦春手抄或保存。其中胡氏本为家传本。

这些家传或由不同姓氏人保存下来的神本，是汉军旗香文化的宝贵文献。各神本的内容、异同以及来源，都是值得重视和研究的。

现只有弓通张氏神本与大郑张世范抄本，尚能应用。特别是弓通本，有神本传承人和典仪传承人。传承人具有的亲历、亲见、亲闻条件与优势，作为非遗代表性传承人对其文化内涵的阐释，无疑有着无可替代的价值。

神本曾经是以口传方式流传。以上诸文字本，均为民国以后整理的抄本，这也是诸本出入很大的原因。

2016年7月

张忠华讲述汉军旗香神本与坛班关系

笔者参与抢救性记录过程中，首先接触到的汉军神本，是《陈汉军张氏本坛二十四铺神辞》。该本是手写本的复印本。

此本当属陈汉军上三坛"王、廖、常"中王姓一脉所传，自王学口传至张荣阁，张荣阁口传至众弟子包括张荣武。在旗香文化作为四旧中断的岁月里，张荣武凭记忆，将烧香仪程及全部神语记录下来。此本是诸本中内容最全最完整的稿本。陈汉军旗香，这种以口口相传为传承方式的文化，它博大精深的内容，能够凭记忆被记录下来是不容易的，而这个难得的手抄本也几乎失落。它所经历的波折与失而复得，也是今天弓通王学坛所历波折最终得以存续的写照与缩影。

最为难得的是，王学张氏本是三本中唯一能够活态演绎的一本，因此也是当之无愧的非物质文化遗产宝贵的遗存。

王学坛及张氏神本得以完整传续，是极为难得的。它濒危的境遇与其他两坛也大同小异。拥有并传续它的坛班，成为国家级非物质文化遗产的体现者与活态演绎者，是这一文化的万幸。从这个意义上，王学坛弓通张氏坛班的存在，所代表的不只是上三坛之王学一脉，也是上三坛的代表。

现掌坛人张忠华，作为吉林省"乌拉陈汉军续谱习俗代表性传承人"，他还是这一文化半个多世纪以来从毁灭到复兴的亲历者与见证人。而王学坛最终在濒危中独活下来，与他始终不懈的坚持和对这一文化赤诚的坚守分不开。作为坛班历史当事人与现实掌坛人，他是王学一脉神本的持有者，也是神本命运的亲历者。他关于神本来历与坛班关系的讲述，也可以佐证上三坛王、廖、常三族的烧香传统。在王学、廖学、常学以前，旗香文化在三族中各成系统，族（坛）内流传，各自的神本也是族内密传。从王学、廖学、常学三位掌握坛人开始，广收外族弟子，坛班的选择与神本的选择仍要求同一，不能混淆，从中也可见昔日坛班间各自独立、不可逾越的某种潜在规则。

张忠华关于父亲张荣武与王学坛张氏神本

张忠华：这个神本子是我爸爸留下的。我爸爸叫张荣武。说起来，这神本子差点就没了。那年富育光找的我爸爸，我爸爸找的傅秀廷、刘国明，请他们烧香，神本子始终使俺们的这本。后来，发生很多事儿，我不想干了。那时长春的程迅，还有一位叫石什么的，来找我。我和程迅说，这本子你拿去吧，我不要了，我不干了。就这么的，本子让程迅拿去了。程迅拿去以后，让富育光看见，复印了。要不叫富育光，这神本子就没了。咱们现在这个，就是富育光复印的那个本子。后来我又接着干，想找程迅要回这个本子，程迅我也找不着了。那年长大（长春大学）来，和孙运来说起程迅和神本子，我说找不着程迅了。孙运来说他能找着啊，程迅就和他在一个小区住着。他回去后还真找着程迅了，但程迅拿去的本子没找回来，也没办法了。还是多亏富育光当初把这个神本子复印了。

我这个本，就是我爸爸手抄本原封不动的复印本，这个本是我爸爸凭记忆写下来的。任何一个神本子，不信你去看，都没有我们这个本子好，地位高。这不是我说，富育光是研究专家，他就承认这个。在咱们这界上，他就承认俺们老张家的，他说这个本好，写的顺序也好，写得也全。他就承认我们，老张家没有第二个本。

我爸爸也是我师傅的弟子，他多大和我师傅学的我不知道，从我记事儿，我爸爸就已经出坛了。他和我是一师。为什么是一师呢？我8岁时，他三十来岁了，他让我也拜了我师傅，还抬神了。我师傅张荣阁掌坛，是我的师傅，也是我父亲的师傅。我师傅是王学的徒弟，王学是我的师爷。我们这行，一伙一伙的，不论别的，就论坛，咱俩一坛，他俩一坛，你在你的坛里，我们不论在家族里是什么关系，就听掌坛的。

过去给人烧香叫赶台子。师傅说今天你放鹰神，你就放鹰神。明天说你别放鹰神，放虎神吧，你就放虎神。不像现在，干这一个干顺手了，就干这个。那时不行，不管啥你都得全学会，搁到哪儿是哪儿，那时必须那样。我学徒那前儿就是。你要想跟我学，给我当徒弟了，那你就得认可我。你认可我了，你就没有发言权了。让你咋做就得咋做。冷不丁弄错了，他就会骂你两句。我8岁开始学的时候，我父亲已是成手，搁哪儿都能干了。

张忠华讲述神本代表坛班

张忠华：过去，可以这么说，各坛班都有自己所传的神本。比如说你想干这个，首先学前儿必须说你学哪户的神本子。以我们张氏家族为例，你是我们家族的人，但是你学的不是本家族这坛的神本子，学的是老王家或是老赵家的，我们就不能承认你是我们这家的。你学老王家的，你就去找老王家，老王家他承认了，那你就是老王家这坛的，那你就得听他的。

我师傅张荣阁学的就是王学家的神本，老王家不光是承认他，还让他掌坛了。我们老张家这坛，就从我师傅开始掌坛。乌拉街弓通村张氏家族，你想成为我这坛的，就得学张氏家族的神本子，你学的不是张氏家族的神本子，老张家就不承认你是老张家这坛的。你的本子可以是从老刘家淘换来的，可以是跟老汪家淘换来的，你人是老张家的，但你的身份和老张家无关，得看你学谁家的神本子。学的是老刘家的你就去找老刘家的，学的是老李家的你就去找老李家去。如果你学的这神本子是老王家的，老王家一看也承认你是他家的，你可以报王氏户，你姓张，你得说我是王氏坛的。神本子是一个坛的灵魂，你不学我的神本子，我不承认你，你学谁的神本子找谁去。学老王家的神本子，找老王家去，老王家不承认，那你也没招啊。

按理说，神本子一般没有多大差别，应该都一样，一个祖师传下来的嘛。起先原始的神本子咱没看见过，看见的，就是从这几"学（xiáo）"传的，神本子就都是一样传下来的。要问一样传的，这么强调神本子是谁家的，有什么意义？就像啥似的呢，过去都是口传，同样的东西，不同的师傅教的方式也不一样啊。我在你这儿你是我师傅，我在你这儿学别人的东西，你能愿意吗？

这神本子传的时候要求是不许走样的。那么一厚本，唱的时候，也兴许谁会忘了一句两句，这都允许的。但是传达的意义还是一样的。

打牲乌拉历史延续到清末民初，曾风行三种烧香文化。三种烧香仪式曾经并存，风行于三类不同的人群中。神本内容与仪轨包括与之相关的一切细节，均是以口传心授方式传承。之于汉军旗，烧香组织即坛班，是汉军旗人续谱烧香典仪的祭祀者。其中掌坛人，往往是神本的继承者与持有者。

2016年8月

第三辑 记录

221

王学坛弓通张氏掌坛人与坛中弟子

二十多年来，随着世界性人类非物质文化遗产抢救与保护工程的启动与推进，乌拉弓通——吉林松花江畔一个看似普通的村庄，以不容置疑的存在，成为吉林省乃至中国非物质文化遗产抢救与保护工程的重点对象，进而进入世界视野。弓通张氏传承的旗香文化，是吉林省多所大学文科院系研究的重点，也是吉林省非物质文化遗产重点保护项目，其中的单鼓舞，已进入"第三批国家级非物质文化遗产名录"。

作为非物质文化遗产的承载者，陈汉军镶黄旗张氏坛班（即王学坛）的存在、记忆与技艺，是非遗抢救、保护与传承工作的核心目标。

2015年年初开始，市非遗中心的工作人员，驻扎在乌拉一个多月，与王学坛弓通张氏坛班弟子们一起，对这项非物质文化遗产进行全方位采录。经过一个多月的挖掘、演练和事无巨细的准备，于2015年2月6日至8日，实录一坛原生态"烧太平香"典仪。笔者跟踪记录走进弓通村，走近这一文化的传承人与参与此次典仪的坛中弟子。

弓通村和张氏家族 弓通村位于乌拉街镇西南1.4千米、是一个毗邻松花江的村庄。乌拉松花江一带有多个以"通"为名的村落，除弓通外，还有曾通、官通、郎通等。有学者认为，被称为某通的地方，往往是指江河环抱、荆榛密布、杂树丛生的高岗地。征询弓通老人，昔日弓通村地貌确也如此。在周围各村，弓通最显著的标志是两棵有四百余年的老榆树，亦可谓昔日自然风貌的遗存之一。

随同市非遗中心走进弓通村采访期间，赶上一次有雾凇的天气，采录间隙，老榆树成为拍摄对象。虽天已过午，但凇花尚未散尽，撑天的树冠上不断有凇花飘落。午后的太阳映照着结有一团团冬青的老榆树，雄伟地傲立在白雪覆盖的大地上，倍显神奇。它们不容忽视的存在，是这个村庄张氏族人精神的象征，也可堪乌拉旗香文化命运的缩影。

弓通张氏原为山东登州府莱阳人，始祖德耀来关东采参，后带领二子迁居盛京。因随努尔哈赤征战有功，入盛京内务府包衣，编入汉军镶黄旗，成为旗人。德耀有二子，长子景和随清军入关，二子景发带领五子，于顺治八年（1651年）由盛京拨迁乌拉，至今已三百五十余年。在他们心中，张，就是弓长，此姓源于中华始祖黄帝一个善于制弓造箭的儿子。不一定是巧合，弓通张姓始祖，不仅姓张，二世祖即以制弓造箭拨迁乌拉，立户扎根。族人都知，张氏原本不是最早居于这里的姓氏。始迁祖来此地以前，已有赵、汪、钱三姓居此。三百多年来，该村以张姓最为繁盛，村庄以这个家族拨迁乌拉的身份而名。如今弓通这个一千七八百人口的村子，张氏族人占百分之七十，所有张姓都是始迁祖的后人。

老榆树所在曾是张氏家族祖茔地，辈辈先祖都葬于此。20世纪70年代平坟运动，茔地被平，化为农田，但老榆树如祖先的灵魂，在岁月中证明着他们的存在。族人张新华说，在弓通，这样的大树曾有七十多棵，后来剩下五棵，平坟时就只剩这两棵，现今两棵中的一棵也已经死了。

那棵显然已死去的老树，树干如白骨，仍挺拔地站立着，不失尊严。有限的枝干上像另一棵仍生机盎然的老榆一样，也寄生着一团团结着鲜润果实的冬青，仿佛神性未失。

现今王学坛弓通张氏坛班的坛中弟子，都出自这个家族。他们承载的文化，他们传续的古老仪式，可以上溯到唐代。而今，掌坛人张忠华已75岁，坛班其他成员，张新华70岁，张英甫63岁，张柏清57岁，张世冬45岁，张洪年39岁。从这个意义上看，他们比这棵老榆树更宝贵，传承的文化也更濒危。

掌坛人与坛中弟子 汉军旗香又分"烧官香"与"烧太平香"。每逢龙虎年（亦有鼠年）为祭祖续谱，由全体族人出资请坛班举行的烧香仪式，叫烧官香，每十二年举行一次；旗人一家一户单独出资为自家祈福或还愿请坛班烧香，叫烧太平香，烧香时间不分年份。2015年2月6日至8日的市非遗中心实录的烧香仪式，为烧太平香，在国家级非物质文化遗产"乌拉陈汉军旗单鼓舞"代表性传承人张洪年家举行。

烧香的核心内容，被称为"施主"（或事主）的汉军旗户主人，请来坛班察玛即参祭烧香的坛中弟子，以繁复的仪式和惊天动地的鼓声与歌声，为主人招来神灵和辈辈亡人来家中赴会，受享香火后再送走，以保佑烧香人家太平、富足。张氏坛班必请的众神有二十四位，被称为"二十四铺神"。从所奉神灵和神歌所颂，有中华数千年文化神祇谱中的神圣，如关爷、丰都、二郎神、眼光娘娘、灶王等，还有兼具道教的一位天神与北方民族所奉野猪神特点的太尉神。最有意味的是，供奉的神谱，不仅有"唐王"——李世民、先锋——随唐王征东的白袍将军薛仁贵，神歌所颂，还有唐朝诸多在中国历史上赫赫有名的人物，如秦琼、尉迟敬德、徐懋功等。仪式中，最具观赏性的"放神"中，有一铺是"采王子"，表现唐王李世民因忧患征东死难亡魂，疼痛难安、忧心如焚的情状。这情状的演绎，也是古老的模式——两位坛中弟子以双手交互握住对方手腕，称之为"搭王架"，成为唐王心疾发作疼痛翻滚时的支撑……

2015年2月6日至8日王学坛烧香典仪在张洪年家举行，参祭人员如下：

张忠华　出生于1940年。8岁时因病许愿拜本家掌坛人张荣阁为师，并举行了正式的"抬神"仪式，与父亲张荣武同为张荣阁亲传弟子。20世纪50年代至80年代，作为四旧对象的旗香文化亦遭禁止。这种以师徒传承口口相授为主要传递方式的文化，经三十余年的沉寂，几近湮灭。这一文化在乌拉大地销声匿迹的三十年间，记忆始终铭刻在张荣武、张忠华这对同门父子的心里。张荣武凭记忆，整理并手录了本坛神辞，即《陈汉军张氏本坛二十四铺神辞》。2011年6月20日省政府为张忠华颁发"吉林省非物质文化遗产乌拉街陈汉军续谱习俗省级代表性传承人"证书。

作为"陈汉军续谱习俗"代表性传承人，多年来，他是这一习俗古老仪式的核心传递者与主持者，还是神鼓及放神技艺最出色的演绎者。他的"放太尉"，在中国乃至世界研究界都赫赫有名。

太尉神是旗香文化二十四铺神中一位颇为特别的神祇，兼有道教的一位天神与北方古民族供奉的野猪神的特点，是一种奇妙的结合。二十多年来，在各种烧香仪式中，他的放太尉，往往成为仪式的高潮。他以插在上唇长达十几厘米长的银簪象征野猪獠牙为特征，伴着上冲云霄的鼓声的狂野舞蹈，对这位太尉神祇活灵活现的诠释，广受关注。

此次烧香，他是掌坛人。

张洪年　国家级代表性传承人，出生于1976年，张忠华之子。他以"乌拉陈汉军旗单鼓舞"杰出技能，与父亲同时成为省级非物质文化遗产项目"乌拉陈汉军旗单鼓舞"代表性传承人（注：2018年5月8日，张洪年入选第五批"国家级非物质文化遗产代表性项目传承人"）。2014年春，在市非遗中心的推动下，举行了正式的原生态"抬神仪式"，成为张忠华正式弟子。他的单鼓舞，坛中称为"腰铃趟"。打单鼓、摆腰铃、背神辞，是传统入坛弟子的基本功与必修课。他的单鼓与腰铃在继承传统的基础上，互相彰显的完美演绎，使这一古老的舞蹈得到更精彩更震撼人心的呈现。同时，他的"打五路"与"放鹰神"，在烧香仪式中备受瞩目。此次烧香在他家举行，他同时还是烧香事主。

张新华　出生于1945年。他无论在张氏族人中还是村里都有重要的影响力。弓通张氏在2012年举行的续谱烧香仪式上，他被推举为张氏家族的穆昆达（家族长），在坛班中亦是一位不可或缺的重要成员。他阅历丰富、见多识广、兴趣广泛，亲历张氏坛班半个多世纪由沉寂到复兴的全过程，对这一文化的传承亦有特殊功绩。不仅在本坛中唱、鼓、摆铃腰等各项技能均出色，对半个世纪以来乌拉一带民间流传的各种歌舞技能都很擅长。此次他是主唱并主放"采王子"。

张英甫　出生于1952年。父亲张玉海，亦为张氏第一位掌坛人张荣阁弟子，1985年以后，张氏族人重启续谱祭祖传统，开始主持烧香，以神歌高亢嘹亮、鼓技精湛，在省内外赫赫有名，被公认为张氏坛班第二位掌坛人。父亲的影响虽铭刻在心，但种种原因，直到2002年，他才开始学习打鼓，而今已是坛中重要成员。不仅打鼓、腰铃技艺娴熟，二十四铺神辞的唱颂尤其熟练，对祭礼程序也非常熟悉。此次他主唱并主放虎神。

张世冬　出生于1970年。他是弓通张氏嫡系子孙，祖父张荣发、父亲张振海，是今天张氏族人心中的家族功臣，在破四旧浪潮中，冒险从焚烧家谱及祭器的火堆中，抢出了记载家族来历及辈辈已故先祖的名册"已死簿"，并精心保存，成为后来家族续谱最根源的依据。张氏家族两次续谱烧香仪式都在他家举行。2012年家族最近一次举行的续谱烧香，他开始参加坛班活动。他加入坛班虽晚，但神辞的记忆及熟练程度惊人，成为坛中主唱之一。2月6日至8日的这次烧香，以他为主"放丰都"。

张柏清 出生于1958年。他是最晚加入坛班的成员。家族2012年续谱烧香中，他参与一些服务性工作。2014年开始参加坛班活动，已能够熟练掌握打鼓及腰铃趟技能。2月6日至8日的这次烧香，是他第一次参与坐唱颂神。这第一次，一定是他坛班生涯中的一个里程碑。

2015年2月

传承人张忠华讲述传承往事

　　吉林省"乌拉陈汉军续谱祭祖典仪"代表性传承人、王学坛掌坛察玛张忠华，2017年4月17日下午1时于乌拉街满族镇弓通村因病逝世，享年77岁。

　　因为他的存在与不懈努力，乌拉汉军旗香文化得以成为吉林市一项国家级保护项目的非物质文化遗产。他的离世，意味着这一肇始于唐代东北、清代由东北汉军旗人传续下来、民国时期在东北空前风行的祭祀习俗的终结，无疑是这项国家级非遗项目的巨大损失。

　　作为代表性传承人，张忠华不仅晓知汉军旗香文化本身，他还是乌拉地域丰富生活与习俗的晓彻者。2015年1月，吉林市非物质文化遗产保护中心，作为这一国家级非遗项目的保护单位，以张忠华为核心，对这一非遗项目进行长达一个多月的抢救性挖掘与记录。

　　笔者曾参与采访。为此，笔者特别对两年前采访记录中张忠华对师爷王学、师傅张荣阁、父亲张荣武以及张氏生息的弓通村的讲述加以整理。这些讲述栩栩如生，以他生前独有的生命气息与智慧，仍能真切地带引我们进入这一非物质文化遗产根植的土壤与历史之中。

　　张忠华与汉军旗香文化　　张忠华，1940年生于弓通村，毕业于永吉县卫生学校，曾在永吉县黄榆镇任乡镇医生，后辞去工作回到弓通村，以务农为生。

　　他出生时，正值乌拉汉军旗香文化最后的高潮。同族张荣阁，作为著名掌坛人王学最出色的弟子，接替了王学成为掌坛人。张荣阁弟子众多，张忠华出生前，父亲张荣武和弓通多位张氏族人均拜张荣阁为师。作为张荣阁的弟子，他以传自王学一脉扎实的功夫，成为这一文化最后的最具实力的传续者，经历并见证了汉军旗香文化最后的辉煌。

张忠华作为张荣武的独子，8岁时因病拜师，成为张荣阁最后一位，也是年纪最小的弟子。张忠华拜师时虽然年幼，且入门不久烧香习俗即遭禁止，但这一文化如种子，深植在他的生命里。在乌拉积淀深厚的乡风民俗中，在弓通张氏同宗共祖又兼同门师兄包括父亲的言传身教下，他生命中的种子等待发芽。

1985年，在吉林省社会科学院的筹划下，弓通张氏家族烧了一坛太平香。这是汉军旗香文化经过三十余年的沉寂几近湮灭时，第一次进行的恢复汉军旗烧香习俗的尝试，当时尚有多位功力扎实的坛中长者健在。其时坛中多数人均已进入老年，张忠华时年45岁，正值壮年。第一次烧香他虽不是主角，但烧香仪式不仅唤醒了他儿时学艺的全部记忆和成长中对这一文化的体悟，同时从这些老人身上，也补上了他当年学艺未完成的其他技能。随着老人们相继谢世，这一文化传续的使命，无论主观还是客观，都必然地落在了他的肩上。

张忠华作为王学坛掌坛人，经历过这一文化的遭禁以及重新复兴的全过程。这一原本濒危的文化，在现代文化背景下，已失去了它存在的土壤，某种程度上可以说，能够完整地传续到今天，与他坚定不移的坚守分不开。也正因为这份坚守，他不仅是这一文化遗产最有影响的传承人，还是中国乃至世界萨满文化领域均有影响的一位大师。

张忠华讲述师爷王学及其传承脉络　乌拉汉军旗香文化的来历与传承方式，历来是学界关注的焦点，亦是备受争议的课题。张忠华作为这一文化代表性传承人，这些问题也是笔者两年前访谈时的重点，他的讲述或许是破解其中一些问题的钥匙。在此以口述实录的方式记录如下——

张忠华：都传坛班有王学（xiáo）、廖学（xiáo）、常学（xiáo），是上三坛。实际上这是三个有名的掌坛人。一个是王学，他本人名叫王禄。王学住在大口钦这边拉儿有个屯叫桦树嘴子，再早叫桦树村；一个是常学，叫常文长。常学待的那个屯，叫小常屯；有个廖学，廖学传下来这个名，本人叫啥咱也不知道，没见着过他们的人。

我知道历史上就只有王学、常学、廖学，再没别的称"学（xiáo）"

的了。我的师爷就是王学，他传了我师傅，还传了很多人。他是跟什么人学的我不知道了，我就知道他是我师爷。以前乌拉的坛班多去了，四外都有。你比如老胡家、韩屯的，老沈家、常屯的，老曾家、老汪家等等。王学比较出名，在这些领坛的当中，是比较拔高的。王学以后比较有名的就是俺们家。

干我们这行有三种，一个是师传，一个是家传，一个是神传。家传是我父亲传给我，这是一个。要不我怎么说我是三个都占了呢，我还有师傅，还抬神了，抬神就叫神传。

我1940年生人，8岁时开始学，后来就解放（新中国成立）了。解放了，学这些东西都算牛鬼蛇神，扫除了，不允许你干了。你别看小，那小孩学东西多暂也不忘，后来逐步地往里悟。尤其弓通这地方，这个地方对这方面一直吸引力很强。不要说那些会的察玛对这文化始终忘不了，过去农民春天送粪啊啥的，赶着老牛车，抱着鞭子，边赶边唱神歌。不用说唐王征东，整个的祭祀，对当地的坐地户，特别是姓张的，影响力非常大。只要是懂点事的，还有那老人，都好念这个，都会念几段。

张忠华讲述师傅张荣阁与松花江畔的昔日生活　弓通村是乌拉街满族镇松花江畔依江而立的村庄。张氏先祖于顺治八年（1651年）因打牲乌拉的需要以弓匠之职从辽阳拨迁而来，扎根乌拉。除了打牲乌拉事业，这个依江而居的家族，也是松花江生活与习俗的亲历者。张忠华的师傅张荣阁不仅是著名的汉军旗香掌坛人，还是松花江上著名的掌舵人。张忠华的讲述，生动活化了一代大师张荣阁的风范，同时也是对旗香文化存在背景及昔日吉林松花江畔生活风情的珍贵追忆——

张忠华：过去弓通村这边的江道是松花江的正江，还跑火轮子呢，现在正江那边是支流。水从上边来，从风口（屯）那儿分出这么两个支流，后来公社说养鱼把这边给堵上了，把水就给别到那边拉儿去了，那边拉儿就成主流了。

我小的时候，俺家住在江边，门口就可以过船。船分几类。我们小前儿天天上江边儿玩，大船到那儿就卧槁。卧槁就是停下了，休息、做饭，第二天再走。那船用的也都是大帆哪，帆有的旧了，有的还用补丁补了。那时江上真好看，船从上边儿下来，呜呜呜，像小燕儿似的，到这儿停下。这儿顺水，再有点儿风，特别快呀。

大船种类有"尖嘴子""大头壳"，还有"舢板子"。每条大船都跟着一条小威虎（独木舟）。这威虎有什么用？就是说你要装个货，大船靠岸不方便，用它倒个短儿。另外主要的问题，过去那大江，江中那漩（xuè）呀，挺紧哪。大江有这么老深，也兴许出现啥意外，大船行动不灵敏，所以哪条大船都有小威虎。那尖嘴子啥样的呢？就像万达那个图形那样的，那船比它还大呀，能装几百吨货物。你比如说从吉林上货，到黑龙江卖去，从黑龙江上货到吉林卖去，它是重要的交通工具。这是尖嘴子。那大头壳是啥样的呢？它的头前儿是平的，船多宽，它多宽，头前儿往前多这么一块，那叫大头壳，没有尖嘴子大，吃水量也没有尖嘴子大。还有舢板子，比大头壳还小一些。一到晚上这些船就都停到这儿了。夏天前儿傍三点来钟，三点来钟不挺早的嘛，船工停到这儿，就都拢上火，做饭，在这儿过夜，第二天再走。

我师傅是船上掌舵的，各种大船他都待过。他技术好哇，挺有名的，都爱用他。我师傅是个磕巴。百八十里你打听"大磕巴"，没人不知道的。

过去有一种壶叫沙放壶（记音），沙放壶是缸窑烧的一种类似酒壶的东西，比酒壶大。我师傅跑船时喜欢带着这么一个壶，在里面装一下酒，掌舵时，把那壶搁在烟荷包上。赶上（那船）要下槕了，过去那水急呀，我师傅拿起那酒壶嘬两口，完了就下槕，他下槕下得非常准。

过去从下游黑龙江往吉林上，需要纤夫拉船。船从黑龙江那边来，要赶上没有风，顶水行船，都需要拉纤。纤夫就在这江边上拉。你比如这是河，这是边儿。一个大绳子，缆绳，绳这儿有一个套，套这儿有一个什么呢，有这么长一个小别棍，就像个小扁担似的，绑在绳上。我为什么看得这么准？我家就在江边儿上，天天看着。小别棍是木头的，非常结实，也有搁竹子的。缆绳上有些扣子，比如说你和张三拉着呢，我后去了，在你俩正中，我也贴着，把别棍往扣上这么一挂，拉着就走了。

一条船有几个纤夫，那得看船有多少重量。拉纤也非常累呀，不是说哈腰、直腰，到必要时得四个腿呀。那时这江是大江，俺们家住江沿儿，那时管俺们那房子就叫"西江沿儿"。俺们家的房不是正房，是东厢房。俺们家西边儿，是江沿儿。俺们家门口有一块园子，这块园子过去有一道棱子，过了棱子有两排大树，都是俺们家的。要不俺们家不缺烧火柴呢，秋天放两棵大树，劈柈子，这一冬够烧了。过了两排大树就是江岸，岸上有人拉纤。

岸上有拉纤的，我师傅在船上掌舵，船上还有蹬杆的。船两边有大杆子，搁肩膀头上，脚上还得蹬杆。船上蹬杆的那不是一个呀，两边都有蹬杆的。船顶水，他把这杆子扔出去了，把那杆子头往上一搁，那真是四肢蹬开呀。不仅有危险，还辛苦。

我师傅在船上。他个不高，比我现在高点儿，像我年轻时那么高吧。他是掌舵的，就比较轻巧，不像别人那么辛苦。他要不掌舵，就像咱过去唱的，"大海航行靠舵手"，没有舵手船就没有方向了。

张忠华讲述旗香文化传承最难忘的现场——"西江沿儿"老屋 两年前采录间隙，和坛中人说起昔日生活，总会谈到被称为"西江沿儿"的老屋——张忠华出生于此。老屋位于昔日村西的松花江岸，房子的主人热情好客，张忠华与父亲的共同师傅、弓通张氏第一位烧香掌坛人张荣阁，也常住在这里，闲暇时在此教授弟子。漫长的冬季夜晚，这里曾是村民们喜欢聚集的地方。张忠华说："我太太（他称祖母为太太）是纯满族，出身大户人家，特别有涵养，手特别巧，善于持家，从不烦人，谁来俺们家她都欢迎。""西江沿儿"约定俗成，成为指称他们家这座老屋的专用地名。现在村中上岁数的老人，提起西江沿都知道指的是他们家。

张忠华出生在这个老屋，他在这个家度过童年。西江沿儿老屋早已不在了，但它给张忠华留下了难以忘怀的记忆。老屋作为王学坛张氏两代传承人生活之所，是我们意外捕捉的王学坛前史中可信的历史现场。

张忠华：我师傅张荣阁和我爸爸都是"荣"字辈，我也叫他大爷。过去管俺们那房子叫"西江沿儿"。俺们那房子南边，有座大庙，都在河边儿上。我们家呀，冬天前儿最暖和，串门儿的人也多，我们家从来不烦人。我们靠着河岸边上，河棱子上有大树，大树搂都搂不过来。双行大树，一直到河棱子下边，都是我们家的。年年秋天前儿吧，放两棵树劈杵子，准备过年烧。

俺们那房，我师傅张荣阁住过，他爷爷，也就是新华他太爷，还在俺们那房住过呢。我听说我师傅的爷爷是个蘸爷（音），蘸爷过去是个军衔，搁到现在就像个连长、大尉似的。到他爸家就败活没了。那时的流门户很多，我师傅没房子没地，是流门户，住在俺们家。我师傅兄弟三个，他是老大，哥三个都磕巴，大磕巴、二磕巴、三磕巴。我师傅是大磕巴，你别看他磕巴，唱神念神时都不磕巴。

我师爷王学教过几个弟子，我说不清。我就知道有我师傅。我师傅张荣阁教了不少，我最小。教我那时候，我们还有一小帮呢。教来教去，我就学了放灶神。灶神短，好学。教到半拉铺子就放下了。赶上"大跃进"那时候，他手里拿着饭牌，等着吃食堂，等着等着就死了。

那时候一坛的人不是一个姓，可以是不同姓的人组成。我师傅领坛，他那坛除了俺们姓张的，还有傅秀廷、傅秀宽。傅秀宽是傅秀廷的哥哥。有姓刘的，还有姓王的，王喜生就是王学的孙子。王喜生有点儿罗锅，不太明显。有点儿前鸡胸，也影响不了人家帅。王喜生要到哪疙瘩，那也是帅才……那时候我师傅住在我们家，俺们家是厢房，东西炕，住这一个屋子就是一家人。就这一铺炕，平时那炕哪有地方就在哪儿睡呗。一有台子一告诉这些人就都来了，要不我怎么都认识他们，都知道他们长啥样呢？傅秀廷、傅秀宽，他们比我父亲都大。那都是茬老人儿了。王喜生、刘国明是又一茬，我学的时候他们也就二十多岁。再就是俺们那一小帮，那一小帮我最小，后来就我干这个了。别人不是不干，是不稀得干了。

我师傅这坛还有我父亲，我和我父亲是一个师傅。他是我父亲，在坛里不论这个。你入这坛，都拜这个领坛的为师傅，弟子就都是师兄弟。所以多暂我都不说我父亲是我父亲，我和我父亲是一个师傅。我父亲那个人很善良，跟谁处，你非说杯是带盖的，那就带盖的呗，说是敞口的，那就敞口的呗，很善良很随和。但他悟这个东西，和祖宗连带着的，做得挺认真，很虔诚……

后记：两年前抢救性记录中，张忠华讲到的他的师爷王学、师傅张荣阁及其弟子包括父亲张荣武，他们都是今天这一国家级非遗项目的传承者和历史当事人。没有他们曾经的存在，这一宝贵的文化遗产或许早已消亡；没有张忠华对这一文化的继承与坚守，这项文化也没有可能进入国家非遗保护项目。从张忠华讲述中可见，数十年来，他们始终鲜活地存在于张忠华的心中。

2017年4月

国家级代表性传承人张洪年讲述入坛经历

张洪年在今弓通王学坛诸成员中，是年纪最小、张氏成员中辈分也最小的一位。他年龄虽小，从事这一文化的经历却很丰富。他是陈汉军旗单鼓舞省级文化代表性传承人，是张忠华的儿子，张荣武的孙子。无疑，父祖的传承和家庭影响，是他成为传承人的重要原因。某种程度上也可以说，这一文化能够成为吉林省非物质文化遗产，并进入中国非物质文化遗产名录，和他与父亲张忠华对其执着的坚守分不开。

许多年里，他的父亲虽是掌坛人，但因年事已高，坛中诸多事务，他是实际执行者。

2018年他成为这一项目的国家级代表性传承人。

他的入坛经历，与昔日祖父和父亲入坛背景与原因完全不同，是他代表和传承的文化在他所处时代的缩影，具有典型性——也是坛班历史的一部分。

张洪年讲述入坛经历：

我出生在1976年2月15日，在弓通村读的小学，在乌拉街公拉玛读的初中，17岁毕业。

毕业后先做小买卖，卖糖等小吃，在弓通小学校门口，挣点零花钱。后来和父亲卖熟食、烧饼、炸麻花，做了有四五年吧。结婚后，养过猪，养过鹅，做过豆腐。姐姐结婚后，俺和姐夫摊煎饼，后来和妻子小静还摊过三年煎饼。

对于家族烧香，五六岁时就有印象。记得八九岁时，家里经常停电，点蜡或点豆油灯，大家常聚在俺家后面那个老房里，聚在一起练这个。那时经常来的有张新德我大爷、张玉海我老太爷、张新宽我大爷、张荣谦我大爷、我二叔张新华——我们老张家共有四个张新华，我老叔张新华和我爷爷张荣武，还有我父亲，他们经常在一起，打鼓、唱，老太爷张玉海耍鼓最好。那时（八〇年前后）这些老先生都有五六十岁了。他们在俺们家聚的时候，周围邻里都来看。我这房后的那老房，在早的格局，西屋是北炕，东屋是南炕，中间是堂屋。哥哥结婚，家里有九口人，老屋格局就改了。

我记忆中，我奶奶特别贤惠，手还巧，那时的神衣神帽都是我奶奶做的。那时都是手工，做一套神服很费时，现在也要求自己做。我奶奶和我母亲联和人，家里来多少人都不嫌烦，邻居们都爱来，我家是邻里聚会的一个点儿。记得冬天，每到晚上还没吃完饭，邻居们就都来了。过去不取暖，烧一泥火盆，这么大，直径有50厘米吧，大伙围着火盆，烤鼓，有时吃着储藏在窖里的红心萝卜……回想起来，非常快乐，亲情味特别浓。那时就感到这种文化的凝聚力。

那时来观看的人，老老少少、男男女女都有，冬天时有一两个月，天天如此，屋里装不下，有时院子里站的都是人。我三大爷和我父亲年龄差不多，啥时来对长辈都特别恭敬，对我爷爷"二叔二叔"地叫着，特别亲。

那时听他们唱，给我印象最深的是"十重恩"。一次父亲念这铺神，赶着念赶着落泪了。以后我就开始看神本，那时十岁左右吧，我爷爷去世不太久。我问奶奶爸爸为啥哭，奶奶就讲其中的故事，主题是人要孝敬父母、善待儿女，和家族的人和睦相处……

我开始摸鼓时有十来岁。我是家中男孩，可以摸鼓，女孩不许摸。1996年那年家族搞了一次烧香。新华我老叔说，老胖你把腰铃系上！老胖是我的小名。我就把腰铃系上，在那之前我也没拴过，就是看过家里这些老人整。我把腰铃拴上甩了几下，我老叔说，这小子行，这小子走那两步像那回事。

当时啥感觉？高兴啊，这老人一夸心里可高兴了。这次烧香的第二年，家族搞了一次培训。那前儿有个叫张新宁的我大爷，他是穆昆，他组织这些事儿。烧香第二年他就在家族里找，看谁对这感兴趣。教、练在西头我大爷家，他叫张荣谦。从那时我开始正式接触。

张荣谦也爱好这个。他和我老叔还不一样，我老叔始终参与，他参与得少，装装班什么的。新华我老叔呢，这么多年始终参与这事儿，懂得多，自身条件也好。从这时开始，我算正式接触咱家传的这文化，一点点儿了解。

一开始家族有活动，那时还没学会，还不是成手，也不让上场，在旁边贴贴鼓还是可以的，也算参与。那前儿也不像现在这样几年一搞。过去续谱烧香十二年才一次。我们家族最早每逢龙年续谱，后来改为鼠年烧香，现在又改龙年了。为什么改？是为了人丁兴旺，鼠不是繁殖快嘛。近几年又改回龙年烧香。日子过得好了，有条件了，大伙凑点儿钱，烧坛太平香，也不一定偏等龙年了。反正赶到这个年头好，就可以烧太平香，不一定是龙年还是虎年了。

那时烧香都挨家齐钱，我大爷张新明是家族长。最早一次烧香是1983年，香港来的导演在魁府搞了一次，是尹先生（尹郁山）介绍来的。1985年是家族第一次恢复烧香，那年是鼠年。那时我虽然还小，但印象还是很深的。现在我还能回想起，有傅秀廷，有刘国明，这是外头的，还有我太爷张玉海，有我爷爷张荣武，他们在一起搞的，我老太爷张玉海掌坛。下边儿参与的有张新宽我大爷，本家一位我叫二叔的，也叫张新华。这个张新华我二叔已经没了，跟我这个老叔（张新华）重名。还有张荣波我大爷，还有谁来的，我记不清了。反正那前儿我记得我三哥（张世冬）他家我二哥赶马车。那前儿这还没有这个房子（他现在住的新房子）呢，这一片还是三不管的地方，这有一块大土棱子，老高了，把车停这儿，把这些老察玛从这个房子后面的老屋接过去。

从我家把这些老察玛接到现在大队的东院儿，那里原先是我三哥家的老房子。他家那时我大爷还活着，有我大爷（伯父）我大娘他们，还有老老头，还有谁我记不清了，头一次在他们家烧香，当时家谱在他们家。

那时候房子小，宽下满算六米，实际都不到五米呢。在我三哥家搞的烧香，屋里不够大嘛，厨房间壁搁板给拆了。那卖呆儿的人，把间壁墙都给挤掉了。那时人都没见过，第一次烧香，但那次搞得挺隆重，原汁原味呀。那次来了好几百人，不光本村的，外屯来得更多，把三哥家的间壁挤倒了，把老关太太都挤得掉窖里去了。

用现在的话说，那次烧香都是大手。那前儿我老太爷，我老太爷张玉海是掌坛。人家那个子也大，魁梧，那耍鼓大开大合的气势，特好。我现在耍鼓也是借鉴人家的动作，感觉特好，咱们在学。我印象最深的，我老太爷从外屋进来了，他拎着鼓进来了。那前儿的鼓，搋鼓的时候有个龙口，在鼓把儿这块有个月牙形的小眼，搋鼓的时候，避免这块打褶，割（ga）个小眼，声音还好。就是利用这个龙口，我老太爷个子还高，进门就"唰"一下转起来，那腰铃唰唰的，特好。再就是我老太爷声音还好。我二爷（张英甫）嗓音就好，我老太爷嗓音在我二爷之上，有那种传得很远、悠扬的神韵。

那次我印象深的除了老太爷张玉海，再就是傅秀廷。傅秀廷我印象当中是他打的五路。他打的五路动作，那舞蹈形式，那架势，是急中带缓的那种。这些年再瞅着其他人打五路哇，那动作发死，说白了就是假，没有他那种急中带缓的感觉和味道。那几年我在伊通前儿，在那边表演，我在打的同时，就总是在想傅秀廷打五路的那些动作，其实咱们在做的就是模仿人家。

那前儿我才十来岁，是小孩，有一种好奇心。那时小孩挤不进去，就从底下钻。再有刘国明，刘国明个儿不大，给我的感觉是个小老头，给我的印象是他嗓音和别人不一样。他嗓音不那么宽阔，不那么洪亮，他有自己的风格，也挺好。我记得他念神，但我没看见过他放神。因为当时他也许也放神了，但是我没看着。

那前儿，我爷（张荣武）一个，傅秀廷、刘国明，他们三个，加上我老太爷（张玉海）他们四个，主要是我老太爷领头。那时我爷爷就是和他们一起做表演。我爷爷放神，他放丰都、先锋。我爷爷放神我没见过，但是我听我爸爸说过。我爸爸放的那个先锋，就是跟我爷爷学的。先锋这铺神，看上去不是多难，它就十来个动作。看似简简单单的十个动作，但是，你旁人想做，做不出来那么真，做不出来现实生活中那种真实的感觉。我也放过先锋，但是我放的那种动作，照我老爸那可是天地之差。

我爸爸放先锋，每一个动作，每个舞蹈语言，那种美，完全继承了我爷爷。放先锋，就是先锋要出征了，第一个动作，是解马，把马解过来，从那边儿拉到这边儿，从那个马桩子牵到这个马桩子，然后拿马刷子，刷马，接着，笼口戴上，紧肚带。紧肚带之后，再射三根箭，上马。这一系列动作，就这简简单单的动作，这不是三年五年的功夫能达到的。就像哑剧，旁边有解说的。每个动作什么意思，都有解说。

这个解说谁来做不一定。现在一般是我解说，以前是张荣波我大爷解说，有时候谁赶上谁解说。咱们家传的文化，内容每个人都熟悉，下边的人不一定看出来，有时得解说。我爷爷放先锋时，在过去没有解说，但是，他那动作到位，不用解说，大家也都能看出来他在干啥，是在放哪铺神。他做的每一个动作，让人一看就知道他在干啥，能感觉到他就是去牵马去了，让你感觉确实有匹马在那儿，他确定把这匹马牵过来了。再一个就是我爷爷记性好。我家的那个神本子，就是我爷爷凭记忆，一点点儿写下来的。

我爷爷这个本也不是最早的，最早的还有一个。应该是原先的老一辈传下来的，但我不知道那个哪去了。在我印象当中我就知道我爷爷这个，是我爷爷的手抄本。这个本是不是抄自那个本？也可能，也凭他的记忆。因为过去干这个，这些内容都得会，那前儿哪块烧香，请你们几个去了，那不可能有功夫的都凑到一起，要是赶上某一个没时间的，那个人的那部分你不能空啊，那不就缺了吗。所以你都得会，把全套技能都得掌握，你不说完全记住，也得差不多。

（19）85年那次烧香，是这四个老察玛第一次凑到一起完成的。那次我爸爸我记得他在里面贴贴鼓，他还不是主角。那时候还有我老叔（张新华），也是在旁边贴贴鼓。

（19）96年烧香，场面和（19）85年差不多，也可谓人山人海。那次还是在我三哥张世冬家，把他家的猪圈上的瓦和窗玻璃都挤碎了。这两次富育光先生和尹郁山先生都参加了。那次还是我老太爷。那时我也没正式参与，我铆大劲儿是烤烤鼓、贴贴鼓。那时我在做买卖。我印象深的还是2000年以后。当时吧，没有说我想正式参与的那种想法，都是顺其自然的。那工劲儿年龄大了，也懂事儿了，家族搞这个事，自然而然就参与了。因为只要家族搞这个活动，跑跑颠颠的事用的都是家族这些孩子呀，就自然而然地参与了。

以前烧官香是12年一烧，太平香不一定了。像我家（20）15年烧了，（20）14年烧了，（20）13年没烧，这连着烧好几年了。现在我老爹都76了，你非得等12年再烧香，说不好听的，到那时人在不在了都不好说了。

后记：此次采录时间为弓通王学坛为2015年2月6日—8日的烧太平香做准备的间歇。是张忠华主持的最后一次汉军旗烧香典仪，市非遗中心做了全程记录。2017年4月7日，张忠华病逝。2018年5月17日，"第五批国家级'非遗'传承人"公布，张洪年成为吉林市目前唯一一位国家级非遗代表性传承人。

2018年10月

常学弟子张俊文与"常学坛"

2015年10月27日，乌拉曾盛传的三"学"——"王学、廖学、常学"之"常学"的最后一位弟子张俊文逝世，享年92岁。

随着人类非物质文化遗产保护与抢救工程的推进，他作为常学最后一位弟子，所建坛班曾以"汉军常张氏坛班""汉军八姓坛""大郑常张氏坛班"等名称，受到省及国内外学术界关注。

近年，随着乌拉陈汉军旗祭祖烧香典仪以"乌拉陈汉军旗单鼓舞"进入国家级非物质文化遗产名录，市非遗中心作为这一遗产的保护单位，将仅存的两个坛班——以张忠华为掌坛人的弓通张氏坛班和以张俊文为掌坛人的大郑常张氏坛班，分别命名为"王学坛"与"常学坛"。

与王学坛相比，常学坛的历史较为复杂。在此对常学坛的来历进行追溯，亦是对张俊文老人的纪念。

现在的"王学坛"，又被习惯称为"弓通张氏坛"。这一称谓的由来，一是王学弟子张荣阁出自弓通张氏；一是张荣阁为继王学之后张氏第一位掌坛人，其弟子多居弓通，他之后的掌坛人和现今坛中成员，均出自弓通张氏本族。

现在的"常学坛"，因掌坛人张俊文是常学弟子，坛中成员均拜他为师。张俊文所居的大郑村，曾被称为"大郑常张氏坛"，又因坛中人姓氏各异，学术界亦曾以"八姓坛"名之。

汉军旗香文化以"坛"为单位，一坛一般五至七人不等，其中一人为掌坛人，其他人为坛中弟子，烧香时听从掌坛人的安排。常学，虽为常姓，但与上三坛"王、廖、常"中之氹司马村常族有别。其先祖本姓张，后改为常姓。学界将两常姓以"常常"和"张常"相区别。清亡之后，氹司马常族始传张常，常学之父为张常第一代传人，常学继其父，成为著名掌坛人。他的弟子不拘本族，张俊文为其最小也是最后一位弟子。

盛传的"王学、廖学、常学"三学中，与王学、廖学相比，常学当今给人的感觉更真切些。仍有健在的人见过常学本人，还能回忆起他的音容笑貌。

常学，名常文长，乌拉街大郑村康屯人，陈汉军正白旗。

打牲乌拉陈汉军正白旗常姓，据尹郁山先生考证，共分三支："常氏家族，原本是由常、张、李三姓组成的庞大族体，所以被别称为'常常、张常、李常'三大宗系。现已查明，'李常'宗系成员，本姓李，始祖是李伍子，夫人是马氏，改为'常姓'后，将始祖更名为'常邦有'，今聚居舒兰市溪河镇四家子村。'张常'宗系成员，本姓张，始祖原本是二位，更名为'常邦富''常邦礼'，现聚居于乌拉街满族镇大郑村康屯、大常村（屯）、卢家村小常屯、太平山村（屯）、大口钦满族镇镇内、前团村小郑屯、杨木乡等地。"（尹郁山 孙守朋编著《清代汉军旗谱牒资料汇编与研究》第一辑）

常学所出家族即"张常"，所改"常姓"即今乜司马（亦写作聂司马）村常氏祖先。乜司马屯常氏1854年谱序记载："粤稽我常氏，乃大明开平王讳遇春九代孙、南安王讳朗之后裔也。朗，因时乱，弃爵隐居辽阳，常氏子孙，由是繁衍……"常朗后代世居辽阳，至八世孙宝书之子九世孙邦国，"贸易打牲乌拉，于国朝顺治年间，奉旨：'将本地汉人，编入旗籍，同满洲人等，一体当差。钦此'。邦国遂入正白旗籍……"

在打牲乌拉，陈汉军正白旗、正黄旗、镶黄旗均为满洲籍旗人，均于后金时在辽阳入旗籍，属盛京内务府包衣，打牲乌拉总管衙门筹备时拨迁而来。

小郑屯1917年谱序，至常朗八世孙宝书之前，所奉祖先与乜司马常氏相同，至九世即乌拉始迁祖为邦富。由谱序可以推想，在从辽阳始迁打牲乌拉前，张常二祖与常朗九世孙邦国结为兄弟，改名常邦富、常邦礼，共以八世宝书为父，同入正白旗。常邦国与常邦富和李姓改常姓的常邦有同时从辽阳拨迁打牲乌拉。到乌拉后，三兄弟分处各地，成为不同村屯的坐地户，各立祖茔。不同出处的常氏，以"常常""张常""李常"相区别。常学出于张常氏一支。

尹郁山先生考证，"常常"即乜司马常氏，第一代掌坛神将是常书喜，第二代是常继孔（无嗣），第三代是常宗焕、常宗堂、常万春，第四代是常树春、常维宣、常延寿，第五代是常致安（常树春之子）、常树君、常果泰（常致安之子）；"张常"宗族第一代掌坛神将是常文长、常文亮，第二代是常柏森（常文长之子）、常志谦，第三代是常恕志（常柏森之子）。

在尹郁山先生另一文《乌拉街汉军旗香文化的形成与复现》中，对被称为"张常氏"坛香组织（即今常学坛）的传承，这样记道：第一代掌坛人，是"张常氏"常族第九世孙常奎安大神将。此人家住大常村大常屯。师从乜司马村的"常常氏"常族大神将，具体人不详；第二代传承人，是常文长、常文亮二位大神将。常文长，又名"常学"，是十世孙，常奎安的独生子，师从其父，后来迁居大郑村康屯。常文亮，是常双保的独生子，师从叔父常奎安。常文长（常学）是乌拉街出了名的"领秧歌人"；第三代传承人，是常柏森、常志谦、常奎元三位神将。常柏森，是常文长（常学）的独生子，师从其父，"文革"前后是裁缝匠。常志谦，家住乌拉街满族镇太平山村，青年时进城当工人，系张常氏第十三世孙，师从常文长（常学）。以上三人，常志谦是"掌坛人"；第四代传承人，是常柏森的独生子常恕志，家住乌拉街满族镇大郑村康屯。此人只有祖上传承下来的《唱本》而无操祭实践。

从尹郁山先生的记述，闻名的常文长，其父常奎安师从乜司马常氏。从1645年迁乌拉时即已改姓常的张常一族，两百多年后，才从他开始，师从"常常"，建立自己的坛班，这是一个有待深入研究的课题。今常学坛所奉老老师傅，即张常第一代掌坛人常学（常文长）。实际意义上可以说，始自常文长为掌坛的常学坛，像弓通张氏是王学的一个分支一样，是乜司马常氏的一个分支。

2014年底的时候，张俊文作为常学唯一健在的弟子，今常学坛诸成员，均拜他为师，是汉军旗香坛班中最年长者，92岁高龄。我们曾去看望老先生。当时张老先生正患感冒，身体很虚弱，说起过去昔日坛中往事，常常重复几遍，他也不明白我们的问题。对过去的很多往事，他都想不起了，但许多神辞他还能哼唱出来。

常学坛坛班成员

张俊文　1924年生于乌拉街镇大郑村康屯，世居大郑村，汉军镶蓝旗。母亲出于常氏家族，与陈汉军著名掌坛人常学（常文长）为堂兄妹。他身边各兄姊均因病早夭，他少时生病，父母替他许"神前效力"，16岁时拜常学为师。

张俊文未受过学校教育，不识字，他所受传承，以口传心授。至20世纪八九十年代，一些尚在的坛中人尝试重拾旗香文化，其中常学弟子、张俊文师兄常志谦为恢复旗香文化做了许多工作。常志谦终因年事已高身体多病，未能完成重建坛班的心愿。其间某种机缘，张俊文身边聚集多位有入坛愿望的人，并首开汉军旗香招收女弟子的传统，于2003年举行拜师仪式。随着被公认为继常学之后常学一系第一位掌坛人常志谦的去世，张俊文成为接续常志谦的第二位掌坛人。

2015年3月6日至8日（正月十六至十八），常学坛举行的烧太平香仪式，年逾九十岁高龄的张俊文已不能出台，弟子们把他请来，向他行了坛中称为"掏马褥"的敬师礼，表达不忘老师傅的恩情——这是他最后一次参加烧香和接受弟子的跪拜。

张俊文于2015年10月27日逝世。

2015年3月6日至8日，常学坛参祭人员如下：

赵洪阁　女，1966年生于乌拉街镇旧街村。家族先世是否旗人不清楚，但知世居地为今桦皮厂镇。父亲始迁乌拉，曾为旧街村民办教师，母亲出于旧街村满族陈氏家族。初中未毕业，先务农，婚后经营小买卖。因病常去本村乔忠新的亲戚道医周延红诊所求治。在该诊所，先与来此求医的本村村民陈立民相遇，后与亦来此看病的张俊文的侄子张世范相遇，开始知道汉军旗香文化。于2003年初（正月），与陈立民、乔忠新、沈长友等六人，同时拜张俊文为师。后在省内外参加过许多表演，作为目前汉军旗香文化历史上唯一的女性，备受关注。2009年被吉林市人民政府批准为"乌拉陈汉军常张氏续谱习俗市级代表性传承人"。2015年3月6日至8日的烧太平香，她是主要参祭者，以放"鹰神""王子"见长，亦是整个仪式的核心组织者。

陈立民　1954年生于乌拉街镇旧街村，以务农为业。家族来历据家谱记载，始迁祖来自河北永平府福宁县嘎嘎村，至他为第8代。是否旗人不详，祖母出于乌拉陈汉军常氏（名常忠贤）。小学文化，14岁辍学，给生产队放牛。常年在村屯周边的草甸子放牛，遇到许多放牧的老人和妇女，颂唱乌拉一带流行的各种神调，备受熏染。中年以后因病求医，在道医周延红诊所，与赵洪阁、乔忠新、张世范等相遇，了解到陈汉军旗香文化，有心成为其中一员。2003年初（正月）与赵洪阁、乔忠新等一起拜张俊文为师。他长于颂唱、把握全局，一开始就被老师傅张俊文视为可以掌坛的材料。2009年被吉林市人民政府批准为"乌拉陈汉军常张氏续谱习俗市级代表性传承人"。2015年3月6日至8日在大郑村烧太平香，他可谓实际掌坛者。

张世范　1958年生于世居地乌拉街镇大郑村康屯，先世为打牲乌拉汉军镶蓝旗。祖母出于常氏家族，与常学为堂兄妹；张俊文为其伯父。受常张两族的推荐，曾拜张俊文师兄常志谦为师，今常学坛所用神本，是他抄自常志谦的手写本。因病在道医周延红诊所问诊时，谈起旗香文化及所抄神本。经周延红介绍，与陈立民、赵洪阁、乔忠新等相识，2003年正月与他们同拜张俊文为师。2008年冬，他在自家举行了"抬神"烧香仪式。2013年他所在家族续谱，同坛弟子在他家烧了一坛"官香"。2015年3月6日至8日，常学坛烧太平香亦是在他家举行。历次烧香仪式中，他是烧香事主，又是参祭者，长于念诵"十重恩"和放"太尉"。

乔忠新　1964年生于乌拉街镇旧街村，祖籍山东某地（不清楚）乔家庄，其太爷时闯关东来到乌拉街。父亲为汉族，母亲为乌拉满族北旧站望族正白旗佟姓，他随母亲户口登记为满族。初中没毕业开始务农，为道医周延红的姨夫。从小多病，久治不愈。周延红介绍他与张世范、赵洪阁、陈立民等相识，2003年初与他们一起拜张俊文为师，成为坛中一员。他长于耍单鼓，在2015年3月6日至8日的烧香仪式上放"鹰神"和"狼神"。

沈长友 1958年生于世居地乌拉街镇杨屯村，家族口传先世来自山东登州府莱阳县，为汉军旗人。家族老谱毁于"文革"，什么年间迁来乌拉属于什么旗籍都不清楚。但知道祖父沈殿福、大伯沈学良均是汉军坛班中人。2008年拜张俊文为师，张俊文还记得一位叫"沈大个子"，是他的大爷（祖父的哥哥），听说沈姓传自廖学一派。2008年他经坛中人介绍，拜张俊文为师，成为坛中一员。在2015年3月6日至8日的烧香仪式上，放"熊神""打五路"和"金花火神"。

王俊祥 1963年生于乌拉街镇旧街村，念完小学五年级，14岁开始干农活。先世来自山东，家谱在乌拉小常屯，恍惚记得家族是汉军镶黄旗，听人说与著名掌坛人王学是一族，家族续谱时自己没有参加，家族详情说不清。父亲生他时已49岁，他十几岁时对父亲常哼唱的曲调印象很深，加入坛班不久就发现，自己正学的念神的神调和父亲唱的完全一样。听比自己年长很多的同母异父的姐姐说，自己家以前腰铃和鼓都有。姐姐家和乔忠新家是邻居，妻子常桂兰出于常学家族。2012年由乔忠新引荐拜张俊文为师，成为坛中一员。在2015年3月6日至8日常学坛烧香仪式上，他第一次放"虎神"。

胡静波 1967年生于乌拉街镇旧街村，高中毕业。以务农为主，亦外出经商。胡姓家族世居乌拉街韩屯村，为汉军正红旗。乌拉流传的汉军旗香之中五坛（下五坛）"曾谢万胡侯"之"胡"姓，即出于这个家族。从祖父开始迁住旧街村，父亲胡伯和是坛中人，母亲是满族，与赵洪阁的母亲是亲姐妹。2009年参加了坛班在四平的一次展演，被安排放"金花火神"，从此开始参加坛班活动，成为其中一员。

后记：常学坛值得关注的除了坛中张俊文叔侄，其他成员所出家族，亦不是偶然进入这个原本已濒危的领域。现常学坛主要成员如陈立民、张世范、乔忠新，均与常姓为至亲，沈长友其父、祖都曾是汉军坛中人，王

245

俊祥与王学出于同一家族，胡静波出于下五坛胡姓世家。追究起来，坛中除了与常学弟子张俊文有传承关系，还与汉军烧香组织的许多家族有某种血脉亲缘。可以说，常学坛班是乌拉许多失传坛班最后的终结者。与王学坛相比，坛中成员来历相对复杂，有陈汉军旗人，有新汉军旗人，有满族和汉族，所传承的汉军旗香文化，也呈开放性。

2015年12月

对话常学坛掌坛人张俊文关于拜师往事

    2015年3月6日常学坛在张世范家烧太平香，弟子们把师傅张俊文接来。他的身体明显硬朗，看上去很精神。在烧香仪式的间歇，笔者就找机会和他聊了一会儿，虽断断续续，但他也讲出许多从别人那里无法知道的信息。他断续讲述的往昔坛中事，虽然有限，但无疑是非常重要的"三亲"资料。

    整理和张俊文先生对话时，得知老人已去世。采访时留下的录音，应该属于他生前最后的有关汉军烧香的口传资料。这些录音的背景，是常学坛2015年3月6日至8日，烧太平香的间歇。烧香期间他多数时候待在张世范家西屋的小炕上，"掏马褂"（仪式的一个部分）接受弟子跪拜和孝敬的红包时，也是在这间屋子里。有时他也会拿起放在小炕上的鼓，用鼓鞭轻轻地敲一会儿，请他唱一段，他也能唱几句。他唱时的气息很虚弱，神情很虔诚。这几天里，与他断续地聊起坛班往事，虽不连贯，但属于他最后的口传。根据所谈内容分为几段，以我们之间对话原本的一问一答的形式，实录于此，完全保持此则资料的原始性与真实性，同时，也是对刚刚离去的张先生的纪念。

    以下内容，完全根据与张俊文老师傅对话录音进行记录，依相对内容的不同分成两部分。

    对话张俊文——拜常学为师原因及师兄弟

    问：张师傅，您是多大开始学的？

    答：16岁。

    问：为什么学呀？

    答：好闹病。

    问：好闹啥病啊？

答：昏迷不醒。老爹老妈许愿，神前效力。

问：许神前效力就要找个师傅呗？

答：啊，有师傅哇。

问：当时父亲许愿让你神前效力，你明白是怎么回事吗？

（当时他的弟妹、侄子张世范的母亲在旁边，加入我们的对话。对我的问题，张俊文先生未听明白或不回答时，有时她进行补充）

张俊文弟妹：那时我们老太太孩子多，七八岁就没了，一连死了好几个。赶了我大哥又闹病了，俺老太太一看，这不行啊，就许愿烧香，许愿许到老常家。

问：你拜的师傅叫啥名啊？

答：常学（xiáo）哇！

问：那时师傅多大岁数呀？

答：那时都有六十多岁了。

问：师傅有几个徒弟呀？

答：哎呀，五六个呢。有常志谦……

问：常志谦是你师兄啊？

答：是。

问：除了常志谦和你，还有谁呀？

答：没谁了。

问：不是五六个徒弟吗，还能想起谁？其他都姓常吗？

答：有一个姓韩的，叫韩龙凤。

问：叫韩龙凤，他是哪个村的？

答：赵屯的。

问：还有姓啥的？

答：还有姓郑的，叫郑克学（xiáo）。

问：叫郑克学，还有哪？

答：没有了。

问：这是你们四个。这一坛就你们四个吗？

答：我们七个人呢。

问：那几个呢，他们都是谁呀？

答：想不起来了，年头太多了。

问：当时你是最小的吗？

答：我是最小的呀。

问：烧香都在什么时候哇？

答：烧香都是在二三月、十冬腊月。烧香都赶凑家呀，卖呆的多，窗台上都是。

问：你第一次参加烧香是给谁家呀？

答：是给柳条沟，张小九子。

问：张小九子家，还有呢？

答：乌岱屯南沟，老宋家。大口钦常维忠。

问：大口钦老常家，常维忠家。这都是他们请你们去的？

答：是啊。还有常小虎。

问：常小虎家？

答：南翁（记音）家、老金家。

问：这都是烧太平香还是官香啊？

答：太平香。

问：这都是解放前吗？

答：都是这以后的。

问：解放前您参加烧过吗？

答：烧过呀。

问：给谁家烧过？

答：乌拉老计家。

问：给乌拉街老计家烧过，还给谁家烧过？

答：刘化轩家。

问：您拜师以后，经常要去师傅家学吗？

答：师傅上我们家教。

问：是几个徒弟一起教，还是一个一个教？

答：几个徒弟一堆儿教。

问：都上你们家教？为什么上你们家呢？

答：我们家屋子宽绰哇。

问：你们家当时你是老大？

答：我和谁也不挨肩。我老妈养乎我们12个。

问：你是第几个？

答：我是第三个。

问：你上边还有哥哥姐姐？

答：有兄弟，叫张俊才、张俊奎。

问：你是老几？

张俊文弟妹：他是老大，俺家是老二，世范爸爸是老三……

问：世范爸爸是他弟弟，你是他弟妹？

张俊文弟妹：嗯啊，他上面都没站下。

问：他上面好几个？

张俊文弟妹：两三个小子呀，到他才许愿干这个。这不我儿子接他班儿了嘛。

对话张俊文——谈师兄师弟及烧香经历

问：您还记得第一次参加烧香是给谁家烧香？

答：张老（村）屯的，白国凡家。

问：他家是哪个旗的？

答：随旗的，正黄旗，随旗当差。我们是随旗当差，见皇上得走后门，满族可以直接见皇上。

问：这次烧香你多大？你放神了吗？

答：我16岁，放神了，放太尉。两根银针就从这（指两腮）扎过来的。

问：你16岁就放太尉了，你师傅呢？

答：师傅就是常学（xiáo），师傅没放神，师傅在那里做指点。"文化大革命"不是破四旧吗，人家老常家家谱没失落。

问：你16岁时烧香，你师兄常志谦参加了吗？

答：参加了，他放野神。八大野神，有狼虫虎豹，鹰蟒蛇雕。不带离儿的人放不了哇。

问：什么人能放呢？

答：岁数小的人他放不了，他没看着过，怎么放啊？

问：你看过吗？

答：我看过，是跟师傅学（xiáo）。放蛇神，仰巴颏走道。

问：你第一次烧香，蛇神是谁放的？

答：有一个姓郑的，叫郑国明。

问：虎神是谁放的？

答：虎神抓虎崽子。是白大背兜子放的。

问：是你的师兄弟呗，他叫白啥呀？

答：他叫白玉昆。

问：你的师兄弟里，一个姓白的，一个姓常的，你姓张，一个姓郑的，还有姓啥的？

答：没有了。

问：你不是说，你们师兄弟有七八个吗？

答：想不起来了。

问：你第一次参加烧香，鹰神是谁放的？

答：是我徒弟。

问：你16岁不是也刚学吗，就收徒弟了？师傅在不是不让收徒弟吗？

答：他叫白玉昆，是我徒弟。

问：他没拜你师傅吗？

答：他没拜我师傅，我师傅是常学。

问：你师傅长什么样？

答：我师傅常学，挺大长胡子，四方团脸。

问：个子高吗？

答：一般高，和我差不多。

问：他有大长胡子？

答：我师傅膛音好，送亡人声音能听（传）出五里地呀。

问：他唱得好，他鼓打得好吗？

张：好。

问：哪一铺神放得好？

答：放野神放得好。

问：他放哪一个野神哪？

答：雕神。

问：他放太尉吗？

答：他不放太尉。我放太尉，世范他也放太尉。还有一个叫任忠武，八十多岁了，那么大岁数放太尉。

问：还有一位叫任忠武，他也放太尉？也是常学的徒弟？

答：对，也放太尉。

问：就是说你们师兄弟还有一位姓任的。

答：嗯。

问：先锋谁放啊？

答：套着放。就是你出来我进去，我出来你进去。

问：关爷谁放的？

答：童子拜关爷，是我放的。

问：五道谁放的？

答：五道那可多了，36个五道，有五道将军。得抬着，转圈转，抽筋五道，用麻线卷着，放这里，拽着往外抽。

问：王子谁放的？

答：唐王呗，李世民，是我放的。

问：解放前，你最后一次参加烧香，是给谁家烧的？

答：柳条沟，张小九子那儿。卖呆都吃饺子，包6袋面哪。

问：烧香人家里很有钱啊？

答：他家倒没有钱，很一般，德性许的，没钱也得这么办。

问：他家烧的是太平香？也有人许愿为神效力吗？

答：张小九子，拜师了。

问：他这个张和你不是一个张？

答：嗯。

问：师傅教他放什么神？

答：放太尉。

问：和你一样？放太尉师傅要单独教吗？

答：嗯。还有五里屯单沟老宋家，宋万年。

问：宋万年也是你师兄弟？你们一起烧过香吗？

答：烧过啊！

问：宋万年，他烧香时放过什么神？

答：放晌午神。放金花火神，香两头点着，火苗烧通红，拿嘴上叼着。咬一口吐出来，那时候有意思。

问：还放哪铺神有意思？

答：想不起来。

问：你师傅有几个儿子啊？

答：有一个儿子，叫常世光。

问：常世光多大了？还在吗？

答：七十多了，还在，住在郑屯。

问：他学烧香了吗？

答：学了。

问：常世光也学了，和你是师兄弟呗？

答：是。

问：常世光是常学的儿子，常志谦是常学的什么人哪？

答：是他孙子。

以上与张俊文先生的对话，是当时现场录音的实录。他提到的许多人和事，虽然都是往事的碎片，也可谓是历史亲历者珍贵的证言。对话中他

253

提到常学的弟子，包括他，有以下人员——常世光（常学儿子）、常志谦（常学孙子）、韩龙凤、郑克学、郑国明、张俊文、白玉昆、宋万年。

　　据尹郁山先生的记录，常学之子叫常柏森，常柏森之子叫常恕志，均为掌坛人。不同的信息，均录于此，以备进一步研究和考证。

2015年12月

常学之后不该忘记的一位掌坛人——常志谦

和坛中人谈起往事，我们渐渐了解到，汉军烧香文化在中断三四十年以后，曾有许许多多像常志谦、杨志云一样接触过这一文化的老人，为重拾这一文化，付出过许多努力。其中被谈到最多的一位是常志谦。

如今被公认为常学坛常学之后的掌坛人——常志谦，他在为恢复这一文化而努力时与今王学坛弓通坛班中人有很多交集。王学坛传承人有关与常志谦交集的讲述，无疑，也是对今常学坛历史的补充与佐证。访谈时间为2015年2月，张洪年家中。

张忠华讲述与常志谦的交集。

张忠华：在我印象中，以前也没听说老常家有这一坛。我可知道啥呢，他那一家子，根儿还在乜司马呢。过去他们怎么回事我不知道，现在他们是一家子，过去领坛的是谁，我不知道。我知道有个叫常树宽的，八十多岁了。他是察玛，他有神本子啥的，但是没出过台。常志谦是他的侄儿。

常志谦他摧拢这事儿时间挺长的。一开始他听说有我父亲，就上俺们这疙瘩来了，想让我跟他学。虽然不在一个地方，但是过去这屯那屯有几个干这个的，都是谁家的，干这行的都知道。他知道有我父亲，但他不知道我会。那时候我不想干了，什么原因我就不说了。他找我，时间大约二十年前吧，我说我不干。

常志谦跟我说他在五二四厂。他说他在厂子烧锅炉。烧锅炉有时间，有时间就想，想完了就写。那时候他就退休了，退休了卖报。他以为我不会呢。他说他把神本子留下，就他们那个神本子（今常学坛所用张世范抄录本）。我说要留留吧。有一回他来说你看没，我说我没时间，干活哪来时间。他说都过去一年多了，你可真霸劲，你倒看看哪。他不知道我底儿。他那本我也没太看哪。我一瞅，他和我这本不一样，后来给他了。当时他在国营饭店那住。他骑着车，到太平山，乜司马那更不用说，离得近，到他们老屯一道河子。一道河子在哪儿呢？在太平山、大口钦那边拉儿呢，他都去，就这么成了个班子。后来我这不就重操旧业了嘛，他来了说，怨不得你不学，原来你比我强啊，你有徒弟，怎么能跟我学呢。

那以后俺们也沟通切磋。他来，跟我唱，没有鼓，拿笤帚疙瘩，打鼓点儿。他说他那鼓点儿和我们不一样。因为啥呢？原则上每一个坛班，神辞、鼓点、腰铃啊都应该一样、相同，不是说一个班一样。有的人说，这个班这样，那个班那样，说不一样，是各有千秋，把我气的呀，哪那么多千秋哇。我说汉军旗，就是汉军旗，满族就是满族。你祖师爷都是一个，哪来那么多样？祖师爷一开始都给你规定了。你比如说甩腰铃，固定你是腰铃趟——来、回，半趟，这边儿拉来，搁左边儿上，俩人儿上到中间，退回来，再搁右边儿往上上，再上到中间，再搁左边再回来，俩人上到这疙瘩交叉。原来打鼓"当、当、当"，这回交叉了，"当当当，当当当"，俩人交叉了，他上这头，你上那头儿。我不是说过，有一个那叫抹脖鼓吗？那干啥呢，就是说这俩人儿，脸从这么的来了，你怎么回来，就这么一抹鼓，鼓一抹脖，腿、脚，哪个做尖哪个做轴，这么一拧就过来了。不是说你上来，到那头了，完了就转过来了，那看着就不顺眼。不是说干啥像啥吗，里面是有说道、有规矩的。

过去我是小孩，现在我是老年，比老年人还老，所以说我多知道一点儿。有的人不知道这里的说道、规矩，照猫画虎，我这么带劲不，带劲我就这么弄，究竟是什么意思，怎么个内容他不管。他瞎弄讲不出理来，就说各有千秋。就我这种性格，该一是一，该二是二，我要不会就说我不会，别愣充。你要愣充，人家给你设个场面，就像甩腰铃吧，你也没个前后，也没个套路，像扑蝴蝶似的俩胳膊随便舞扎，也舞扎不开呀。我不说嘛，过去都三间房。三间房这两边拉还有个锅台，锅台中间是堂屋，厨房就是堂屋。完了有个"排岔子"，木板的，能拿下来。排岔子是满语，隔板的意思。续谱、烧香的时候，就把它拿下来。尤其在早，没什么文艺活动哇，就是所说的热闹，十二年才烧一回香，人聚得很多。完了一到放神，要甩腰铃，你还得往后挤他。你挤他，才能给你错开一条小道，你舞舞扎扎的，那地方能够吗。假设这不都是人吗，两人甩腰铃就能错开那么个地方，还得说给你挤挤，才有那么大个地方，你说你要那样的话，咱那鼓都是铁的，你削人脑袋上你不得给人赔吗？你那么舞扎也让人笑话呀，像扑蝴蝶似的。

再说常志谦。你看他们的资料片，看见过领子上带"常"字的便服吧？那之前，常志谦来找我。他整的那衣服就像过去那唱二人转的，这大纽襻，一个一个一个的，上面还绣着"乾坎艮震"，我说这不行。他改了，又做一套神衣是啥样的呢，前后是"常"字。我说常志谦你又来了，我说你这还不行。因为咱们这不像那满族（指纯满族），满族是个人各户的察玛，不往别处去。咱们是汉军旗，是凡汉军旗的人家咱都可以去。你到人家外姓，让人家一看，是你姓常啊还是他姓常啊，这你代表不了施主家。你去给人完事儿去了，人家有事儿，请你去，你是给人家了事去了，分主分客，客不能欺主。完了他们就又换一套衣服。

他们头一次烧香，把张俊文找去。那坛与坛是不一样的。这两天你不也看到了，大郑（常学坛）那调门和俺们不一样。

张新华讲述与常志谦的交集。

张新华：常志谦来找我那年，大约（20世纪）90年那时候吧。他来找我，上俺们家，就在我家吃了一顿饭。他听说我会打鼓会唱，甩腰铃我都会。人家自己个带着鼓带着腰铃来的。他个子高、坨大，身体还挺好，他上这儿来不坐车，骑自行车。我那时候刚赔了15万，两个儿子还没结婚呢，我能不干活吗？我干活时他就在地头等着，歇气儿时和我切磋。我说你别来了。他说我就找不着你这样个人儿。我算受过训练的。（19）65年时我被抽上去搞过社教，一个村一个，弓通就我一个。俺们这行一般的我都会。

常志谦是常学最后一个传承人。常志谦唱的那个调跟俺们的一个样，打鼓呢，他那不是打，是往上杆。他说我打得好，要跟我学（xiáo）。他说原先他们的鼓也是这么打，后来断了。解放以后，除了弓通没人扯这个。解放以前日本子倒了以后，也没人搞了。常志谦他们断的时间长，他等在地头和我学打鼓。他鼓不行，但是别的方面人家岁数大，肯定比咱强。常志谦跟我就说过，说俺们往下传的时候，就没学会打这鼓，他主要跟我学打鼓，他会的神辞比我还多。唱、腰铃也行。

常志谦为恢复常学坛所作的努力，是昔日老察玛们努力的缩影，是常学坛走到今天不能忽视的历程。常学坛重组兴替的过程，也是陈汉军旗香文化复兴以后产生的特殊现象，是在当代现实中演变的一种结果。

在坛中人看来，常学坛最后的掌坛人是常志谦。常志谦之后无人接替，属于"扣香"了，经常氏允许，张俊文曾以"大郑常张氏坛"立坛。其所用神本，开头有一小序，这样记道：

作者简历：张世范，吉林省吉林市乌拉街满族镇人，47岁，在常氏和张氏家族的推荐下，拜志谦大伯为师，成了文亮、常学的第八代弟子。

此本是常学坛张俊文侄子张世范的手抄本，此记载说明，张世范曾拜常志谦为师，神本当抄自常志谦处。然而此段记述，他拜常志谦为师，而"成了文亮、常学的第八代弟子"的说法颇为难解。因为从常文亮、常文长（常学）算起，他只能算第三代，而非第八代。或许他的本意指，从上三坛常族即乜司马常氏第一代萨满排下来，传至常文亮、常文长为第六代，常学弟子常志谦为第七代，他拜常志谦而成第八代。同时又有一令人疑惑的是，此序所记，张世范是"在常氏和张氏家族的推荐下"，拜常志谦为师的，没有提拜与常志谦同为常学弟子的自己的伯父张俊文。自己本家有察玛为何不拜？这是否也说明，张世范之所以拜常志谦，是因为常志谦掌坛，他与伯父张俊文可谓同坛弟子。常志谦故去后，张俊文作为常学一系唯一的传人和老师傅，新收一批弟子，成为掌坛人。

张俊文、张世范这一门张氏，为打牲乌拉镶蓝旗。从张俊文师承常学、与常氏最后的掌坛人常志谦为师兄弟关系，其侄及弟子张世范亦为常志谦的弟子等原因，都可谓是常学一脉的最后传人，这是市非遗中心将这一坛最终定名为"常学坛"的原因。

张俊文除了收自己侄子张世范为弟子并举行抬神仪式，这一坛其他成员均以他为师举行过抬神。这个坛班以张俊文为"老师傅"，以常学为"老老师傅"，成为与传自王学的弓通张氏王学坛相对的"常学坛"。

常学坛值得关注的，如今坛中成员无一常姓，而坛中除了张俊文叔侄，其他成员所出家族，有的是否汉军旗或说不清，或不知所属旗分，但都不是偶然进入这个原本已濒危的领域。加之环境与家族潜在影响，坛中每个人从姓氏上与常常还是张常都没有关系，其中除了张俊文、张世范与常学有传承关系外，其他成员，均与汉军烧香组织人家有血缘关系，某种程度上可以说，常学坛班是乌拉许多失传坛班的终结者。这一坛的存在，之于乌拉陈汉军旗香文化，显示出成分的复杂性。

今王学坛掌坛人张忠华与坛中成员张新华，是与常志谦有很深交集的人。他们见证了常学弟子常志谦为恢复中断的汉军旗香文化所作的不懈努力。同时他们以业内人的直觉，感觉到他努力传习的东西，与这一坛应有面目有距离。比如调门、打鼓的方式等，这看似微小的不同，可能潜藏着源流的不同，或是传习中某种变异的反映。这从乜司马常氏神本与坛序和今常学坛神本与坛序，也可看出其中有很大不同。这亦是一个值得研究者关注的问题。

或许由于中断得太久，在恢复与传习的过程中，借鉴其他坛的形式，或吸纳他种文化如满族烧香及民人诸神等内容，而使自己的原生面目变得复杂，显现出昔日坛规不倡导的吸纳性与开放性。

2017年12月

后　　记

松阿里乌拉，是松花江的满语称谓，汉译为"天河"，发源于长白山天池，是东北大地的母亲河。她哺养的历史人群将这条江昵称为"乌拉"，建立的国度以江名为国名，即"乌拉国"。

这里厚积的历史内涵和深藏的文化底蕴是东北文明最丰厚的矿藏，需要一代代文化工作者不断挖掘。笔者于1994年任《江城日报》副刊编辑至今。自1999年在《江城日报》创办文化档案版面之时起，就注重对地方文史的研究，开启了对乌拉文化精魂的追寻。

《乌拉记忆——松阿里乌拉寻迹》是笔者20年来所写文史类内容的精选，其中多数篇章曾在《江城日报》文化档案版和省内外部分期刊丛书刊发，汇聚成集是笔者对过往所有"追寻"的阶段性总结。龙潭区政协能将其纳入"乌拉历史文化研究丛书"序列进行编辑出版，成为"乌拉记忆"的一部分，为全区的文旅事业发展添砖加瓦，笔者备感欣慰和喜悦。

《乌拉记忆——松阿里乌拉寻迹》的整理分辑过程中得到知名地方史学者高振环先生的支持和鼓励，并为之序；众多乌拉文化学者在内容分类、定名、篇目编排、意识形态等方面给出了非常好的建议。在此，对大家付出的心血和智慧深表感谢！书中尚有不足之处，敬请专家学者和社会各界不吝赐教，批评指正。

李桂华

2022年8月7日